SUJET ET HISTOIRE

Faculté des Sciences sociales/Faculty of Social Sciences
        550 Cumberland
        Ottawa, Canada
        K1N 6N5

Collection des Sciences sociales/Social Science Series
Bureau de direction/Executive Board
        André Vachet, directeur/Director
        William Badour
        Camillo Dagum
        Roberto Miguelez

ISBN — 0-7766-3103-9

COLLECTION DES SCIENCES SOCIALES

N° 3

SOCIAL SCIENCE SERIES

SUJET ET HISTOIRE

par

ROBERTO MIGUELEZ

ÉDITIONS DE L'UNIVERSITÉ D'OTTAWA

Ottawa, Ontario, Canada

1973

Introduction

Il ne peut y avoir aucun doute, aussi bien dans leur sémantique que dans leur syntaxe, les théories sur la connaissance sociale et historique ne sont que les sous-produits logiques de conceptions philosophiques en lesquelles s'exprime, avec plus ou moins de cohérence, une vision générale du monde. Mais il apparaît, en retour, que le thème de la connaissance sociale et historique ou, plus exactement, le thème de la communauté, des rapports de l'homme avec les autres hommes constitue le point fondamental à partir duquel se déduisent les autres éléments dans la plupart des visions « typiques » du monde élaborées à un moment historique donné: notre moment historique.

Cela veut dire très précisément: 1° que le combat théorique et méthodologique qui ne cesse de secouer le champ des sciences historico-sociales est, avant tout, un combat philosophique; 2° que les questions concernant la forme et le contenu de ce champ se trouvent au centre du combat philosophique de notre époque.

Nous avons conscience du fait que le résultat de notre travail est un discours qui ne porte que sur des discours. A la lumière de la question fondamentale qui se dégage de cette étude, celle du rapport entre la pensée et l'action sociales et historiques, ce résultat peut paraître paradoxal. Mais, nous en sommes convaincus, dans la vie des hommes et des sociétés le discours fait partie du fait, il a autant de réalité que l'événement, il est lui-même événement. Nous disons: le discours, c'est-à-dire le langage *est* la conscience réelle, pratique. Et la conscience — vraie ou fausse — est inséparable de l'action.

Le thème de cette étude est le naturalisme et l'anti-naturalisme en sciences historico-sociales. Elle est donc une étude des fondements philosophiques de ces sciences. Nous avons dû résoudre, en premier lieu, deux problèmes essentiels que pose l'analyse philosophique: comment établir l'ensemble, la totalité du système, c'est-à-dire comment trouver le ou les thèmes fondamentaux à partir desquels l'œuvre du philosophe devient à peu près cohérente et unifiée; et comment déterminer le degré de cohérence du système et évaluer sa fécondité théorique, autrement dit, comment savoir dans quelle mesure une réponse s'intègre logiquement dans un système et pourquoi celui-ci ne peut logiquement fournir une réponse à certaines questions.

Quand le chercheur se demande comment établir l'ensemble, la totalité d'une philosophie, il présuppose un ordre que le texte recèle mais n'expose pas. Quand le chercheur se demande comment déterminer le degré de cohérence et la fécondité théorique d'un système, il présuppose que le philosophe a réussi à cristalliser sur le plan conceptuel les éléments épars d'une vision du monde et en faire un ensemble, mais que cet ensemble n'a peut-être jamais une cohérence parfaite et que cette vision, poussée à l'extrême, mène dans la plupart des cas à des absurdités ou à des contradictions flagrantes avec la réalité face auxquelles le philosophe s'arrête et recule, ce que l'inconséquence ou l'appauvrissement du système manifestent. Cette problématique de l'analyse philosophique a été posée en toute clarté par L. Goldmann qui souligne le caractère primordial d'une étude immanente de la pensée philosophique.

La méthode que nous avons adoptée pour résoudre ces problèmes est fondée sur les postulats suivants: premièrement, l'ensemble, la totalité d'un système philosophique ne peut pas être établi par l'étude du seul système en question, il peut seulement être établi par la voie d'une analyse de plus d'un système philosophique. La caractéristique principale de cette méthode est donc, qu'elle a recours à la comparaison. Deuxièmement, un problème crucial dans la réflexion philosophique doit jouer le rôle de point de référence par rapport auquel les systèmes acquièrent une organisation particulière.

Le résultat de la comparaison est ce que nous appelons un schème conceptuel en fonction duquel les systèmes philosophiques comparés apparaissent, avec leur organisation particulière, comme autant de cas ou de variantes.

Analyser une philosophie ou, en d'autres termes, fournir l'interprétation d'une philosophie consiste donc, dans cette perspective méthodologique, en ceci: montrer que cette philosophie réalise une des possibilités logiques que permet un schème conceptuel. D'une part, le système de dépendances théoriques dans lequel se trouve la conception philosophique en question, est mis à jour: on répond ainsi à la question « comment établir l'ensemble d'une philosophie, comment mesurer sa cohérence ». D'autre part, le domaine de possibilités que cette conception philosophique se voit réservé, se précise: on répond ainsi à la question « quelle est la fécondité théorique du système ».

Les schèmes conceptuels que l'on dégage par l'analyse comparative nous permettent de rapprocher des systèmes philosophiques en apparence totalement différents qui deviennent, dès lors, les cas ou les variantes de ces schèmes. La diversité philosophique ne disparaît pas pour autant. Au contraire, chaque conception retrouve l'originalité qui lui est propre et la redéfinit en des termes plus précis. Mais cette originalité n'est plus le fait d'une création pure: elle se comprend désormais comme la réalisation d'une des possibilités logiques permises par un schème conceptuel.

Un système philosophique ne coïncide pas par conséquent avec le schème conceptuel qu'il recèle. Celui-ci n'est pas à son tour une construction que l'on compose par juxtaposition de thèses diverses. Un schème conceptuel est constitué d'éléments qui s'opposent et se composent selon ces modes de combinaison que sont les systèmes philosophiques.

Du fait de leur insertion dans un schème conceptuel, les thèmes d'une philosophie — les éléments qui font les schèmes — acquièrent des propriétés d'un type nouveau: des nouvelles propriétés de position d'abord, de signification ou de fonction ensuite. Pourra-t-on dire alors qu'on a établi le « véritable » ensemble, la totalité unique que compose le système ?

Un schème conceptuel ne peut, dans cette perspective, être organisé qu'en fonction d'un problème. Si celui-ci permet de dégager un schème à partir de plus d'une théorie, nous dirons que ce problème possède une importance véritablement cruciale dans la réflexion philosophique. Il s'ensuit toutefois que la même théorie peut déceler des schèmes divers et, inversement, que des multiples schèmes peuvent être dégagés du même ensemble de théories selon la diversité des problèmes en jeu. Cependant, si le nombre de problèmes cruciaux est fini et même réduit comme nous pouvons sans doute le supposer, le nombre de schèmes conceptuels sera alors fini et réduit. Par contre, le nombre de théories différentes sera d'autant plus grand que sera plus poussé le développement des possibilités logiques que permet la combinaison, par opposition et par composition, des éléments qui font un schème.

L'ensemble des schèmes conceptuels qu'on pourrait élaborer par l'application d'une méthode comparative à l'étude de la pensée philosophique constituerait ce qu'on pourrait appeler une typologie.

Comme le remarque L. Goldmann, le problème que rencontre l'analyse de la philosophie n'est pas sensiblement différent de celui qui se pose dans les sciences physiques ou dans les sciences humaines car partout le chercheur se trouve devant une réalité beaucoup trop complexe pour pouvoir l'aborder directement. Aussi doit-il toujours travailler sur le plan du réel — c'est le cas, par exemple, en physique, en chimie ou en biologie — ou sur le plan conceptuel — et c'est le cas dans les sciences non expérimentales — avec une réalité simplifiée qui permet, cependant, au chercheur d'approcher et de comprendre l'objet dans toute sa richesse [1].

---

[1] L. GOLDMAN, *Recherches dialectiques*, p. 40-42.

Le schème conceptuel est, comme le modèle typologique, un instrument de travail destiné à nous aider à comprendre la pensée philosophique. Il sert, comme le type, à juger d'un point de vue immanent aussi bien l'ensemble que le détail d'une œuvre philosophique. Mais, tandis que le type réunit l'ensemble des caractères distinctifs d'une certaine catégorie d'objets, le schème conceptuel se définit plutôt par l'ensemble des rapports qu'entretiennent certains éléments théoriques: il est donc constitué par un champ thématique.

L'élaboration d'un schème conceptuel à partir d'un ensemble de systèmes philosophiques exige que l'on laisse de côté les circonstances qui forment le milieu matériel dans lequel les systèmes ont pris naissance et se sont développés. Il s'agit donc d'une analyse qui considère ceux-ci comme les produits d'une genèse logique plutôt que comme des formations théoriques engendrées par l'histoire ou par la société, et qui aboutit, par conséquent, à une situation dans laquelle l'ordre logique ne coïncide pas nécessairement avec l'ordre chronologique.

Cette exigence est provisoire à double titre: d'abord, parce qu'elle fonde la possibilité d'application d'une méthode qui ne se veut valable que pour l'étude *immanente* de la pensée philosophique. Elle est provisoire aussi parce que cette exigence répond à une autonomie de la pensée philosophique qui n'est que relative.

Cette autonomie relative rend compte de la viabilité de la méthode mais elle limite en même temps la portée d'une méthode qui reste toujours au niveau d'une analyse interne de la pensée philosophique. Or, il s'agit d'une limitation que l'on rencontre dans toutes les méthodologies car aucune d'entre elles ne peut nous permettre de saisir toutes les significations que transporte un objet.

Nous avons soumis à une analyse de ce genre un certain nombre de textes qui se situent dans la perspective de trois grandes conceptions philosophiques de notre époque: la phénoménologie, le marxisme et le néo-positivisme ou empirisme logique. Le rôle de référentiel pour l'étude comparative de ces textes est joué par la problématique de la connaissance sociale et historique. Il s'agit, en premier lieu, d'examiner les conditions qui permettent à cette problématique de s'intégrer dans chaque conception. L'ensemble de ces conditions et la façon dont elles se disposent logiquement donne comme résultat une organisation qui ne coïncide pas nécessairement avec celle qui régit, dans chaque cas, l'exposition des systèmes. L'intérêt de cette nouvelle organisation réside dans le fait que, par elle, chaque système philosophique cesse d'apparaître comme une construction théorique indépendante, et se présente dès lors comme une réponse particulière élaborée à l'intérieur de deux cadres philosophiques plus généraux, de deux schè-

mes conceptuels que nous appellerons « philosophie du *cogito* » et
« philosophie objectiviste ».

Selon quel critère avons-nous opéré le choix de textes philosophiques à soumettre à l'analyse ?

Nous sommes partis de l'hypothèse selon laquelle certaines corrélations décelées chez Husserl et Lukàcs pourraient être l'expression
d'équivalences plus profondes et, dans ce cas, certaines relations d'opposition pourraient être envisagées chez ces auteurs comme le résultat
d'opérations identiques réalisées sur des éléments théoriques différents.
Il était donc question d'un choix portant sur des textes où il nous serait
possible de trouver ce que, justement, nous cherchions.

Cette situation n'a rien de paradoxal car la méthode d'analyse
que nous appliquons a comme but la création de formes adéquates
pour l'interprétation plutôt que la constatation ou l'établissement d'une
vérité. Or, dans ce cas, l'objet est choisi en fonction de sa valeur
d'exemple, il n'est pas un élément de preuve au sens courant de ce
terme.

Nous avons examiné sous cet angle le dernier grand ouvrage de
Husserl *La Crise des Sciences européennes et la Phénoménologie transcendantale* et l'ensemble de textes de Lukàcs publiés sous le titre
d'*Histoire et Conscience de Classe*. Bien entendu, l'examen n'aurait
pas pu se limiter à ces ouvrages s'ils n'exposaient pas, d'une façon
systématique et complète, une théorie philosophique. Mais cette condition une fois remplie nous a permis par ailleurs d'esquiver le problème que l'ensemble de la production philosophique d'un auteur
pourrait poser, à savoir celui d'une modification significative d'une
ou de plusieurs thèses fondamentales. Dans ce cas il faudrait, en effet,
reconnaître les différents systèmes qui se trouvent chez un auteur, à
condition toutefois que chacune des modifications apportées à ces thèses
engendre un ensemble distinct de propositions philosophiques.

Dans *Histoire et Conscience de Classe,* par exemple, objectivation
et aliénation sont indiscernables et l'identité complète du sujet et de
l'objet est postulée comme le résultat du processus de désaliénation.
Il s'agit d'une thèse capitale car elle fonde la possibilité d'une coïncidence entre connaissance et conscience d'abord, ensuite celle d'une
connaissance complète sous certaines conditions et à l'égard de certains faits: les faits socio-historiques. Or, Lukàcs a rejeté par la suite
cette thèse mais ce rejet n'a pas été suivi d'une formulation nouvelle
et systématique du problème de la connaissance sociale et historique.

C'est la raison pour laquelle nous tâchons toujours de nous limiter à l'examen de ces ouvrages de Husserl et de Lukàcs et si nous
faisons appel parfois à d'autres textes de nos auteurs, c'est dans la

mesure où ces textes apportent une précision valable pour certains concepts ou permettent d'éclaircir une certaine problématique.

La première partie de cet essai développe les conclusions générales auxquelles nous a conduit cet examen: la *Krisis* et *Histoire et Conscience de Classe* exposent deux conceptions philosophiques qui constituent autant de cas d'un schème conceptuel unique. Nous dirons que ces conceptions sont deux variantes d'une philosophie du *cogito*.

En effet, elles reposent sur la prémisse suivante: l'interrogation sur le sujet a une priorité de droit car seule l'intelligibilité du sujet peut rendre l'objet vraiment intelligible. Cela, pour autant que, sous une forme ou sous une autre, l'objet est posé comme l'œuvre d'un sujet et le sujet, comme « producteur ». La tâche gnoséologique principale, à savoir, rendre l'objet intelligible, se dédouble ainsi en deux questions: il faut d'abord localiser le sujet, découvrir ensuite le mécanisme de production des objets dans le sujet.

Deux possibilités logiques commandent la résolution de la première question: on peut concevoir le sujet soit comme un sujet singulier, soit comme un sujet pluriel. Chez Husserl, la subjectivité singulière absolue assume le rôle de sujet tandis que chez Lukàcs ce rôle est assumé par la classe sociale. C'est cette forme concrète que prend ce choix logique dans chaque système qui détermine le sens de la réponse donnée à la deuxième question et, par la suite, le contenu particulier des thèses qui composent les systèmes philosophiques de ces auteurs. Aussi la question « Quel est le sujet ? » fixe-t-elle le niveau de coupure entre les deux variantes d'une philosophie du *cogito*.

Comment définirons-nous dès lors chacune de ces variantes ? Les thèses décisives qui structurent les systèmes apparaissent désormais comme autant de solutions élaborées dans le cadre d'un champ thématique aux contours précis. Il y a donc un rapport essentiel d'homologie entre les systèmes qui explique les corrélations décelées. Dans le paragraphe 11 de cette étude nous tentons d'expliciter ce champ thématique commun à nos auteurs qui constitue, en fait, le schème conceptuel par rapport auquel se définissent leurs conceptions philosophiques.

Cette définition rend possible une nouvelle exposition de chaque système: l'homologie que nous trouvons à l'égard de leurs éléments théoriques fondamentaux se double d'un isomorphisme quant à l'« ordre des raisons ». Dans les dix premiers paragraphes de notre étude nous essayons de montrer qu'il est possible d'aboutir, *par une démarche réflexive identique,* à l'ensemble des propositions philosophiques principales de Husserl et de Lukàcs.

Le champ thématique qui constitue le schème conceptuel d'une philosophie du *cogito* peut être organisé autour d'une série dichotomique. A la tête de celle-ci nous trouvons le couple sujet-objet. La définition du rapport où se trouvent les deux termes de cette dichotomie ne recoupe pas cependant le seul champ thématique d'une philosophie du *cogito;* elle recoupe en même temps celui, symétrique, que l'on peut définir par opposition à cette philosophie. En d'autres termes, nous pouvons concevoir un schème conceptuel qui s'organise aussi autour de cette série dichotomique, mais dans lequel tous les termes de la série ont leurs signes renversés.

Cette possibilité n'est pas seulement théorique car les deux systèmes que nous examinons et qui apparaissent comme autant de variantes d'une philosophie du *cogito,* se définissent eux-mêmes aussi par opposition à d'autres conceptions philosophiques; la critique qu'ils pratiquent renvoie donc à un autre schème conceptuel.

Chez Husserl et Lukàcs la forme principale dans laquelle s'exprime cette critique est la dichotomie naturalisme-antinaturalisme. Elle recouvre et explique les dichotomies téléologie-causalité, interaction-causalité et totalisme-atomisme. Elle organise ainsi au niveau de l'épistémologie un champ thématique axé, d'une part, sur le couple sujet-objet, d'autre part, sur le couple nature-société. L'histoire ou, plutôt, l'historique devient alors le thème central de la problématique.

Dans l'introduction à la seconde partie de cette étude nous examinons, en premier lieu, le fondement philosophique que fournit le néo-positivisme à la thèse naturaliste. Ce naturalisme renvoie-t-il à un schème conceptuel que l'on peut définir par opposition à toute forme de philosophie du *cogito* ?

Dans le contexte doctrinal de notre étude cette question peut être formulée en termes du problème que pose l'élaboration d'une « théorie constitutive ». Nous distinguons le problème de l'édification ou du fondement du *corpus* propositionnel de la science objective — objet d'une « théorie constitutive restreinte » — de celui de la « construction » de la réalité objective dans son ensemble — thème d'une « théorie constitutive large » —. Le résultat de notre enquête montre qu'une véritable neutralisation du sujet ne s'est pas produite aussi longtemps que le néo-positivisme a essayé d'élaborer une théorie constitutive restreinte axée sur des déterminations objectives au sens physicaliste de ce terme. Cette neutralisation n'a pu être achevée que par la voie d'une conversion de la relation existant entre le langage et la réalité — physique — dans une pure relation syntaxique à l'intérieur d'un système de propositions. En d'autres termes, seule une philosophie du langage — dans ce cas, du langage de la science — a pu fournir les fondements d'une théorie qui s'oppose à toute forme de philosophie du *cogito*, à la condition cependant, et c'est un point fondamental, de n'avoir pas considéré que le langage lui-même est une activité productrice.

Si les méthodologies que l'on propose en vue de la constitution d'un savoir scientifique trouvent leur fondement dans des systèmes philosophiques, on ne saurait voir ceux-ci libres de toute influence exercée par le savoir scientifique constitué. Notre enquête montre qu'à chacun des grands domaines du savoir scientifique est associée une forme principale de philosophie définie, d'abord, par la présence ou l'absence de la notion de sujet, ensuite, par une conception particulière du sujet.

Ces corrélations expriment, bien entendu, une tendance dont la réalisation se voit soumise, dans chaque cas, à un certain nombre de conditions spécifiques. Mais cette tendance agit d'une façon contraignante sur les systèmes car, d'une part, elle limite leurs possibilités logiques, d'autre part, elle exige de chaque système le privilège d'une certaine problématique qui apparaît, dès lors, comme celle qui fixe le niveau de coupure entre ces possibilités logiques différentes.

Ainsi, par exemple, une philosophie « objectiviste » élève les sciences de la nature à la catégorie de sciences paradigmatiques, ce qui détermine d'emblée deux possibilités logiques et, semble-t-il, seulement deux possibilités en ce qui concerne la question du sujet: ou bien celui-ci est conçu comme un sujet singulier, ou bien la notion de sujet est éliminée du système. Cette élimination n'est rendue possible dans le contexte néo-positiviste du problème que par l'introduction d'un ensemble d'affirmations qui permettent d'opérer cette substitution fondamentale: le problème gnoséologique ne se pose plus en termes du sujet et de l'objet, mais en termes d'une relation — syntaxique — existant à l'intérieur d'un système de propositions.

L'examen de la philosophie néo-positiviste nous montre la seule voie qui permet, dans la perspective de notre problématique, d'aboutir à une théorie qui se définit par opposition à toute forme de philosophie du *cogito*. Quelles réponses au problème de la connaissance sociale et historique peuvent être élaborées à l'intérieur du schème conceptuel d'une philosophie « objectiviste » ?

Les derniers paragraphes de cette étude sont consacrés à l'analyse de la conception de Popper sur la connaissance sociale et historique. Cette analyse montre, en premier lieu, que la neutralisation du sujet ne peut consister dans l'élimination de la notion de sujet dans le système: la problématique de l'histoire exige l'inclusion de cette notion. L'analyse montre, en second lieu, les formes sous lesquelles s'opère pratiquement cette neutralisation.

Ces formes s'organisent dans une série d'antinomies épistémologiques dont le fondement et l'expression synthétique résident dans la séparation du sujet de la pensée historique et du sujet de l'action sociale, autrement dit, dans l'antinomie de la connaissance et de l'action sociale et historique. La démarche de Popper aboutit, en effet, à une situation dans laquelle la pensée de l'histoire et l'action sociale ne peuvent être conçues que comme pensée et action d'un sujet porteur de valeurs, mais dans laquelle aussi les valeurs du sujet pratique échappent à toute détermination historique de même que les valeurs du sujet de la connaissance historique échappent à toute détermination sociale. L'antinomie de la connaissance et de l'action sociale et historique renvoie donc à celle, fondamentale, du fait et de la valeur.

Or, il est toujours question d'un sujet singulier: le sujet de la connaissance historique et celui de l'action sociale est, chez Popper, l'individu. La neutralisation du sujet s'opère donc, dans cette perspective objectiviste, à partir du moment où l'on conçoit le sujet social et historique comme un sujet singulier.

Peut-il y avoir un sujet qui soit, en même temps, celui de la connaissance et de l'action ? Et à quelles conditions peut-on poser un sujet chez qui ce dédoublement se trouve aboli ? Autant de questions pour lesquelles les systèmes de Husserl et de Lukàcs proposent des réponses différentes qui cependant se rejoignent dans ce qui sous-tend leurs derniers aboutissements: la traduction d'un caractère processuel dans la substantialité d'un être.

Où chercher donc ce lieu privilégié à partir duquel le sujet pourrait apparaître comme produit et producteur d'une histoire qui ne serait dès lors ni un pur système de déterminations objectives ni le seul receptacle des significations ?

Seul le discours historique pris dans la singularité de sa structure et de ses fonctions apparaît à la fin de ce long cheminement comme le lieu privilégié où le sujet peut se dévoiler comme produit et producteur d'une histoire.

Première partie

La critique philosophique du naturalisme

1. LA CRISE — THÉORICO-HISTORIQUE — COMME INADÉQUATION DU NATURALISME: HUSSERL.

La *Krisis* a une singulière importance dans la production de Husserl car celui-ci y introduit pour la première fois d'une façon systématique une perspective historique dans l'analyse des problèmes. Elle comprend, outre un essai d'interprétation d'un phénomène historique, un essai de justification historique de la nécessité d'une philosophie.

Le phénomène en question est la crise de l'humanité européenne vécue comme inquiétude profonde sur le sens de l'existence humaine et sur la possibilité de conformer cette existence à une rationalité. Pour Husserl cette crise totale s'exprime d'abord dans la crise de la philosophie en laquelle, ne serait-ce qu'à titre de tâche infinie, réside la vocation de l'Europe, ou plutôt son entière signification. Mais aucune science n'est épargnée puisque chacune se trouve dès le commencement subsumée dans la philosophie conçue comme universalité de conception, totalité de sens.

Essentiel à la formulation du problème, le concept de crise exposait dans son utilisation au risque d'introduire de façon subreptice un point de vue *a priori* (lié à un jugement de valeur *a priori*) à partir duquel on prétendrait établir la nécessité de la construction conceptuelle. Faisant appel au critère interne du désaccord entre les objectifs qui ont présidé à la constitution des sciences et les résultats finalement atteints, Husserl se garde de cet écueil. Sans doute, compte tenu de leur rigueur, de l'apodicticité de leurs systèmes théoriques ou de l'irréfutabilité de leurs succès pratiques, il demeure inadmissible de parler d'une crise des sciences. Mais celle-ci apparaît d'un autre point de vue, quand on met à jour le modèle qui a présidé à leur constitution et que l'on compare l'intention par laquelle la science se constituait comme science avec le genre de résultats atteints, avec la structure actuelle de la science déjà constituée. La disparité existant entre l'une et les autres exige que l'on montre le processus au cours duquel le concept de science s'est vu privé de sa signification originaire. Husserl introduit, en conséquence, la dimension « historique ».

A la Renaissance, affirme-t-il, l'humanisme européen effectua une conversion révolutionnaire. Il se tourna contre sa façon d'exister jusqu'alors — la façon d'exister du moyen âge —, le dévalorisa et voulut se construire librement une nouvelle manière d'être. Son modèle, qu'il trouva dans l'humanité antique, n'était pour l'essentiel que la forme « philosophique » du vivre: se donner librement à soi-même, à toute sa vie, une règle fondée dans la seule raison, dans la philosophie [1].

---

[1] Cf. E. Husserl, *Krisis,* I, 3.

La philosophie ainsi conçue comme considération du monde libre des attaches du mythe et de la tradition en général devint par excellence la connaissance universelle, critique et sans préjugé. L'idée de philosophie impliquait donc celle d'une science universelle et unique englobant les sciences particulières car la philosophie comme idée régulatrice devait comporter dans un système théorique unique le rassemblement de la totalité des propositions apodictiquement évidentes obtenues par une investigation ordonnée et requises pour la révélation de l'univers entier dans sa vérité.

L'examen de la manière dont la science contemporaine a organisé sa tâche et élaboré les méthodes de réalisation de celle-ci nous permet de constater la distance qui sépare cette science de son projet originaire. La science, dit Husserl, a cessé de considérer tous les problèmes appelés couramment et d'une façon obscure « suprêmes » et « ultimes ». Elle a laissé tomber tous les problèmes desquels justement elle tenait son sens: ceux qui concernent finalement l'homme en tant qu'il décide librement de sa conduite envers le monde, en tant qu'il est potentiellement libre d'imposer au monde environnant une forme rationnelle, d'édicter une norme rationnelle et de s'y conformer. Aussi le concept actuel de science, concept « positiviste », n'est, pour Husserl, qu'un concept résiduel [2].

La preuve de cette disparité entre le projet de la science et sa réalisation effective ne se restreint cependant pas au seul niveau théorique. Estimer l'exécution ou la non-exécution d'une intention resterait de peu de conséquences si en même temps n'était relevée la permanence d'une nécessité: celle-là même qui est constitutive de l'intention. Le désaccord entre le projet théorique et les résultats atteints intéresse donc comme expression du désaccord fondamental entre, d'une part, une nécessité vitale et, d'autre part, les modalités et les résultats de l'activité engendrée par cette nécessité.

Dans la détresse de notre vie, dit Husserl, cette science n'a rien à nous dire. Et pourtant les problèmes qu'elle exclut par principe, les problèmes brûlants pour tous les hommes, les problèmes du sens et du non-sens de l'existence humaine, n'exigent-ils pas eux aussi dans leur généralité et leur nécessité pour tous les hommes des réflexions générales et des réponses fondées sur une connaissance rationnelle [3] ?

L'effacement de la signification primitive de la science, tel que le conçoit Husserl, réside dans l'impuissance de la science actuelle à fonder rationnellement les règles des actions par lesquelles l'homme se façonne lui-même et façonne le monde environnant. Cet effacement

---

[2] Cf. ID., *ibid.*
[3] Cf. ID., *ibid.*, I, 2.

repose donc sur l'impossibilité de fonder les décisions qui influent sur notre communauté de même que sur notre destin personnel au sein de celle-ci.

L'élaboration d'un monde conceptuel compris comme réalité d'un type nouveau, séparé du monde essentiellement historique de la vie concrète, s'y opposant même, a entraîné selon Husserl cet effacement de la signification primitive de la science. La dualité ontologique ainsi créée consomme la rupture entre le fait et la norme. Désormais la science n'est science que du *factum,* le critère scientifique exigeant l'exclusion de tout critère de valeur.

L'analyse husserlienne de ce processus de déperdition de sens effectué par la réduction positiviste comporte schématiquement quatre moments.

1° Expérience des corps, des objets matériels, expérience « empirique », praxis réelle, exercée sur le plan de la vie mondaine-intuitive quotidienne.

2° Modification des corps dans la fantaisie, avec découverte implicite de possibilités formelles, déjà non réelles.

3° Dessin de formes idéales, assumées comme pôles invariables, vers lesquels tendent, comme si elles tendaient vers des modèles, les formes corporelles concrètes.

4° Objectivation des formes idéales concrétisées sur un plan absolu, et praxis idéale au lieu de la praxis réelle; oubli implicite du caractère originaire strictement méthodologique de l'opération d'abstraction [4].

Ce processus est fermé d'une façon décisive par Galilée. A l'unique monde réel, effectivement donné dans la perception — appelé par Husserl « monde de la vie quotidienne » — la physique galiléenne substitue déjà un monde d'idéalités mathématiquement abstraites de ce monde réel [5]. Et le monde ainsi créé, « objectif », passera désormais pour le monde « vrai ». Il s'est donc produit ce que Whitehead appellerait une *fallacy of misplaced concreteness.*

En se fixant sur ces objectivations, en s'identifiant avec les faits non historiques, avec les abstractions scientifiques mal concrétisées en réalités, l'Europe se serait séparée de la concrétude du processus de la vie. Avec l'écroulement de la foi en une philosophie universelle fondant la conduite de l'homme nouveau disparaît également la foi dans une raison « absolue » d'où le monde tirerait son sens, la foi

---

[4] Cf. ID., *ibid.,* II, 9 a).
[5] Cf. ID., *ibid.,* II, 9 b).

dans le sens de l'histoire, dans le sens de l'humanité, dans la liberté, bref, dans la capacité et la possibilité pour l'homme de conférer à l'existence humaine, individuelle et générale, un sens rationnel.

L'analyse husserlienne de l'opération d'abstraction scientifique, opération qui aboutit à la construction d'un univers d'idéalités, n'implique le refus ni de la méthode scientifique ni des constructions conceptuelles. La maîtrise de la science contemporaine sur la nature, ses indéniables succès pratiques, interdisent une telle attitude. Mais la critique pratiquée dans la première et la seconde partie de la *Krisis* ouvre le chemin à un nouveau champ de recherches: celui des évidences originaires sur lesquelles se fondent finalement toutes les évidences des produits logico-objectifs. Ce champ est pour Husserl le « monde-de-la-vie » pré-donné comme fondement chez tout homme y compris l'homme de science.

Il n'est pas question ici de montrer comment ce domaine primordial de réalité est pour Husserl accessible à notre connaissance. Comment donc il montre la possibilité d'une philosophie après avoir prouvé sa nécessité. Il importe seulement maintenant de retenir de ce qui précède les aspects suivants.

1° La méthodologie « positiviste » des sciences de la nature se révèle inadéquate quand il s'agit des phénomènes humains.

2° Cette inadéquation n'est pas un phénomène contingent, mais une conséquence nécessaire qui dérive de la structure actuelle de la science, structure qui est conçue par Husserl comme résidu et négation du sens originaire de la science. D'où sa radicale inadéquation.

3° Cette inadéquation est définie comme impossibilité de fonder rationnellement la norme des actions.

4° Le monde réel est considéré comme historicité radicale et comme unité et domaine où l'on exerce l'activité donatrice de sens.

5° Ce monde réel constitue le sol d'une science logiquement *a priori* en tant que fondatrice de toutes les sciences déjà constituées.

2. L'INADÉQUATION DU NATURALISME À PARTIR D'UNE PERSPECTIVE MARXISTE: LUKÀCS.

Le processus analysé par Husserl et par lequel les produits de l'activité d'abstraction de l'homme s'imposent ensuite à lui comme des éléments d'un « monde » objectif, légal et étranger à sa vie, constitue pour Lukàcs une forme du phénomène général de la réification.

Lukàcs reprend l'analyse marxiste de la structure marchande dont le caractère central, défini dans *Le Capital* comme « fétichisme de la marchandise », consiste fondamentalement en ceci qu'« il fait s'opposer à l'homme sa propre activité, son propre travail comme quelque chose d'objectif, d'indépendant de lui et qui le domine par des lois propres, étrangères à l'homme [6] ».

Conçue comme forme structurelle de la société capitaliste, la forme marchande pénètre l'ensemble des activités vitales de cette société en les transformant à son image. La science n'échappera donc pas à cette détermination. Plus encore, la méthode scientifique même — comme mode d'opération — et l'exactitude des sciences de la nature — comme fonction de cette méthode — trouveront, pour Lukàcs, leur condition préalable dans la structure de la société capitaliste.

Nous ne nous arrêterons pas à l'analyse marxiste du processus de production matérielle de la société capitaliste. Elle débouche sur deux constatations qu'il nous faut pourtant expliciter: premièrement, la forme marchande renvoie aux hommes les caractères sociaux de leur propre travail en présentant ceux-ci comme des propriétés sociales naturelles de ces choses; deuxièmement, et par conséquent, elle renvoie aux hommes le rapport social des producteurs à l'ensemble du travail, comme rapport social extérieur à eux, rapport entre objets [7].

Du dédoublement ainsi opéré dans les produits et dans les rapports de production et eu égard à la radicale généralité du phénomène de réification qui se produit dans la période du capitalisme moderne, Lukàcs dégage une série de dédoublements conséquents, à la fois conditions et effets d'un processus de dislocation universelle.

En effet, pour que la forme marchande devienne possible comme forme de la permutabilité d'objets qualitativement différents, il faut trouver un principe formel auquel les objets puissent être soumis et qui, les rendant (formellement) égaux, permette de les comparer. Ce principe se fondera sur l'essence de ces objets comme produits du travail humain, non pas du travail humain concret, toujours qualitativement différent, mais bien du travail humain abstrait. Pour cela, le temps de travail socialement nécessaire pour produire la marchandise, et qui devient le fondement du calcul rationnel, est produit d'abord comme temps de travail moyen, saisissable de façon simplement empirique, puis, grâce à une mécanisation et à une rationalisation toujours plus poussées du processus du travail, comme quantité de

---

[6] G. Lukàcs, *Histoire et Conscience de classe. Essais de dialectique marxiste;* trad. Axelos-Bois, Paris, Les Editions de Minuit, 1960, p. 113-114.
Cette traduction de *Geschichte und Klassenbewusstseins, Studien über marxistische Dialectik* (1923), sera désormais citée par le sigle *GK*.
[7] Cf. Karl Marx, *Kapital*, I, p. 38-39. Cité par G. Lukàcs, *GK*. Nous reproduisons le renvoi du *Kapital* indiqué par Lukàcs.

travail objectivement calculable, la rationalisation étant la base et le résultat de ce processus. En même temps, le processus concret du travail est dans une proportion sans cesse croissante morcelé en opérations partielles rationnelles donc abstraites.

La quantité de travail objectivement calculable s'oppose ainsi au travailleur en une objectivité achevée et close. Simultanément, et par la rationalisation, la relation du travailleur au produit de son travail (comme totalité) est disloquée. Les modifications opérées sont alors, pour Lukàcs, les suivantes.

1° L'objet, devenu « produit » sous la forme marchande, acquiert une forme d'unité qui n'est déjà pas l'unité organique irrationnelle, toujours qualitativement conditionnée, mais l'unité rationnelle d'éléments décomposés de l'ensemble en vertu de la nécessité du calcul du processus de travail.

2° Le processus de travail devient l'unité objective de systèmes partiels rationalisés en vertu des lois spécifiques de la production de l'objet. Et, comme l'unité du processus du travail est déterminé par le pur calcul, ces systèmes apparaissent nécessairement comme contingents les uns par rapport aux autres.

3° Le sujet de la production de l'objet est, à son tour, disloqué. L'homme n'apparaît ni objectivement ni dans son comportement à l'égard du processus du travail comme le véritable porteur de ce processus. Il est incorporé comme partie mécanique dans un système mécanique et aux lois duquel il doit se soumettre qu'il trouve devant lui achevé et fonctionnant dans une totale indépendance. Les propriétés et particularités humaines du travailleur apparaissent de plus en plus comme de simples sources d'erreurs face au fonctionnement calculé rationnellement des lois partielles abstraites.

4° Le temps perd aussi son caractère qualitatif, changeant, fluide: il se fige en un continuum exactement délimité, quantitativement mesurable, rempli de « choses » quantitativement mesurables. Bref, condition et conséquence directe de la production spécialisée et décomposée de façon scientifiquement mécanique de l'objet du travail, le temps se fige en un espace [8].

La méthode scientifique et ses prémisses sur la nature de la réalité reposent pour Lukàcs sur ce mode de présentation et sur ce type d'opérativité engendrés par la structure sociale où la forme marchande a une prédominance qualitative, bref, par le capitalisme moderne.

---

[8]　Cf. G. Lukàcs, p. 114 et suiv.

Comment cette méthode opère-t-elle en effet, et quelles sont ses prémisses ? Toute connaissance de la réalité part, bien entendu, des faits. Mais pour que cette réalité puisse être connue il faut nier l'infinitude des aspects toujours changeants des faits, il faut les soustraire au processus complexe où ils se déterminent comme qualitativement différents. Les phénomènes de la réalité sont alors, dit Lukàcs, transposés réellement ou en pensée de leur contexte naturel dans un contexte épuré permettant d'étudier les lois qui les régissent, abstraction faite de l'action perturbatrice de tous les autres phénomènes [9]. Cette opération peut bien être appelée «abstraction», même s'il ne s'agit pas toujours et seulement de détacher par l'esprit quelque aspect particulier du phénomène, même s'il s'agit généralement d'un détachement réel des aspects, car c'est dans tous les cas une considération à part de ce qui n'est pas séparé dans la réalité, d'un isolement de ce qui, en fait, n'est pas isolé. Et ce processus se renforce, souligne Lukàcs, par la réduction des phénomènes à leur pure essence quantitative, à leur expression en nombre et en rapports de nombres. L'exigence qui se trouve à la base de cette méthode a été déjà posée par Galilée [10]: il faut présupposer que les phénomènes se répètent, que les éléments de la réalité sont constants, que l'ordre de la nature est immuable.

Au fur et à mesure que se développent les techniques mathématiques dans la connaissance de la nature et que l'idée s'y installe que l'objet de la connaissance ne nous est accessible que dans la mesure où nous le créons, la construction du monde à partir des conditions formelles d'une objectivité en général devient, signale Lukàcs, le guide et la mesure de la connaissance du monde comme totalité [11].

Comment faut-il interpréter le rapport entre méthode scientifique et structure du système capitaliste ? On ne trouve chez Lukàcs que des indications sur la question, car son but n'est pas d'esquisser une sociologie de la science mais plutôt une explication sociologique de l'extension universelle de la méthode des sciences de la nature. Nous pouvons cependant faire certaines précisions.

1° La production d'objets (y compris l'objet scientifique) à structure « rationnelle », quantitative, formelle, production qui est soumise à des lois « objectives », est une forme de production appartenant à l'essence du capitalisme.

2° La production d'une nature (y compris la nature « scientifique ») légale, calculable, formellement abstraite, est en même temps une condition nécessaire du capitalisme.

---

[9] Cf. ID., *ibid.*, p. 23.
[10] Cf. ID., *ibid.*, p. 24, note 1.
[11] Cf. ID., *ibid.*, p. 143.

3° L'ampleur de la capacité d'abstraction — exercée en profondeur dans le phénomène, et universelle dans son extension — est une détermination du capitalisme moderne [12].

L'analyse des caractéristiques de la méthode des sciences de la nature, l'exposition de ses prémisses implicites et l'explication sociologique de sa genèse visent chez Lukàcs à montrer l'inadéquation de cette méthode au domaine des phénomènes sociaux. Car il ne s'agit pas de contester l'efficacité de cette méthode appliquée à la nature, il s'agit de montrer qu'on ne doit pas confondre méthode des sciences de la nature avec méthode scientifique ou, plutôt, que celle-ci ne s'épuise pas dans celle-là. Pourtant, puisqu'il faudra donner raison et de l'universelle généralisation de cette méthode et de la conscience qui dévoile — pour la nier — cette généralisation, la signification et la conscience de la méthode des sciences de la nature seront touchées par l'analyse. C'est par ce biais que l'analyse lukacsienne rejoindra celle de Husserl à bien des égards.

Le rejet de l'extension de la méthode des sciences de la nature aux sciences sociales se place, chez Lukàcs, à différents niveaux. Au *niveau pragmatique,* il s'agirait de l'impossibilité de comprendre l'histoire comme processus unitaire, et en conséquence l'intelligibilité même de l'histoire, à partir d'une perspective naturaliste. L'opposition entre la description d'un aspect partiel de l'histoire et l'histoire comme totalité ne se fonderait pas sur une simple différence d'ampleur, mais sur une opposition méthodologique fondamentale [13].

Au *niveau gnoséologique,* il s'agirait du fait que les catégories de la dialectique — comme méthode spécifique de la connaissance des faits sociaux — ne se retrouvent pas dans la connaissance de la nature. La négation ou la méconnaissance de la relation dialectique où se trouvent le sujet et l'objet dans le processus de l'histoire mène à une perspective où l'impénétrabilité, l'immutabilité et la légalité « naturaliste » du réel s'opposent radicalement à l'action transformatrice de l'homme. Mais, par ailleurs, l'extension des déterminations décisives de la dialectique — action réciproque du sujet et de l'objet, unité de la théorie et de la praxis, etc. — à la connaissance de la nature, constitue à son tour une extrapolation abusive qui mène à toutes sortes de malentendus [14].

---

[12] Cf. ID., *ibid.,* p. 23. Lukàcs reproduit ici l'affirmation de Marx: « Ainsi les abstractions les plus générales ne se développent que dans l'évolution concrète la plus riche où une chose apparaît à plusieurs en commun, commune à tous. Alors elle cesse de pouvoir être pensée uniquement sous formes particulières » (Karl MARX, *Contribution à la Critique de l'Economie politique,* p. 168-169).

[13] Cf. ID., *ibid.,* p. 30.

[14] Cf. ID., *ibid.,* p. 21, note 2.

Au *niveau ontologique* le rejet serait fondé sur le concept même de nature. Hegel, dit Lukàcs, distingue déjà lui-même entre une dialectique « purement négative » et une dialectique « positive », cette dernière étant l'« apparition d'un contenu déterminé, la claire manifestation d'une totalité concrète ». Le concept de nature, défini par Hegel comme « être autre », « être extérieur à soi-même de l'idée » exclut directement, souligne Lukàcs, une dialectique positive: le sujet ne peut pas être intégré au processus dialectique de la nature. La dialectique de la nature ne serait ainsi jamais en mesure d'aller au-delà du mouvement saisi par un spectateur désintéressé. Et ce serait à ce niveau ontologique que se fonderait justement la nécessité d'une séparation méthodologique entre la dialectique purement objective du mouvement dans la nature et la dialectique sociale dans laquelle le sujet s'intègre au mouvement, dans laquelle théorie et praxis se dialectisent l'une l'autre, etc. [15].

Le rejet de l'extension universelle de la méthode des sciences de la nature est fondé, chez Lukàcs, sur le postulat de la radicale historicité des phénomènes sociaux. Ce caractère historique est défini dans une première approche comme « continuel changement », comme « implication dans un processus de révolution ininterrompue [16] ». Le problème de l'histoire, en conséquence, est précisé comme celui du « devenir des contenus réels » des formes saisies dans la connaissance des phénomènes sociaux [17].

Comme nous l'avons vu, la prémisse galiléenne de la constance des éléments du phénomène étudié est le présupposé qui fonde la possibilité des sciences de la nature. Du moment où la pensée rationaliste ordonne son opération sur cette prémisse, la voie vers la connaissance tant du qualitatif et du concret dans le contenu, que du devenir du contenu, autrement dit du devenir historique, est, dit Lukàcs, interdite à cette pensée par sa propre méthode. En effet, en partant de la possibilité formelle de calculer les contenus de formes, rendus abstraits, le rationalisme doit nécessairement définir ces contenus comme immuables à l'intérieur de chaque système en vigueur. Il appartient donc par définition à l'essence de tels systèmes — de telles légalités — d'empêcher, à l'intérieur de leur domaine de validité, que rien de nouveau n'arrive [18].

Mais, pour Lukàcs, l'« oubli » de l'historicité inhérente aux phénomènes sociaux, cette exclusion de la nouveauté qui s'opère dans les systèmes légaux de phénomènes conçus dans leur immuabilité,

---

[15] Cf. ID., *ibid.*, p. 254-255.
[16] Cf. ID., *ibid.*, p. 24-25.
[17] Cf. ID., *ibid.*, p. 182.
[18] Cf. ID., *ibid.*, p. 182.

bref, l'extension universelle de la méthode scientifique des sciences de la nature, n'est pas, comme chez Husserl, le produit d'un acte théorique, la déviation d'une conscience faussée par la *prosperity* due aux sciences positives. On n'en trouve pas la cause dans la détermination de la vision du monde de l'homme moderne par l'épistémologie des sciences positives. C'est plutôt, chez Lukàcs, le contraire.

En effet, selon Lukàcs, à un certain degré de développement des relations humaines la réalité sociale elle-même se présente précisément sous la forme propre à la nature, c'est-à-dire avec les caractères d'un système légal, fixe, formel, soustrait au devenir. Et le degré de développement des relations humaines correspondant à cette forme de présentation « naturelle » de la société est justement le capitalisme.

Ici nous rejoignons donc directement le cœur du phénomène de la réification : l'assomption des prémisses et de la méthode des sciences de la nature dans la connaissance des phénomènes sociaux n'est pour Lukàcs que l'expression épistémologique du fait que les produits de l'activité sociale et les formes que prennent les rapports sociaux au cours de cette activité, se présentent à l'homme comme des produits et des formes « objectives », c'est-à-dire, « extérieurs » à l'homme.

L'homme de la société capitaliste est ainsi en face de la réalité « faite » — par lui-même comme classe — comme devant une « nature » d'une essence étrangère; il y est livré sans résistance, et son activité ne peut consister que dans l'utilisation à des buts humains déterminés (la technique, par exemple) des « lois » immuables, « naturelles », par lesquelles le monde environnant, le milieu social, est structuré. Le comportement de l'homme s'épuise donc dans le calcul correct des issues possibles *(Chancen)* de ce cours forcé des phénomènes dont il trouve les « lois » sous une forme « achevée ». Mais même dans cette « activité », dit Lukàcs, l'homme reste, de par l'essence de la situation, objet et non sujet du devenir. Le champ de son activité doit alors être repoussé vers l'intérieur, vers la tentative d'accomplir la transformation du monde par le seul point du monde qui soit resté libre, par l'homme. La praxis devient ainsi une forme d'activité de l'individu isolé ou l'éthique. Sa possibilité est rejetée dans la conscience individuelle. Mais comme la mécanisation du monde mécanise nécessairement aussi le sujet du monde — l'homme — cette éthique demeure également abstraite, seulement normative, et non active et créatrice d'objets : elle n'a qu'un caractère impératif, elle demeure un simple devoir-être [19].

Et nous arrivons ici au point sur lequel débouche l'analyse de Husserl. La coupure entre le fait et la norme est à la base de la

---

[19] Cf. ID., *ibid.*, p. 60 et 171.

méthode des sciences de la nature. Et le résultat de cette coupure, la construction conceptuelle d'un monde objectif, étranger à l'homme, et aux lois duquel l'homme se trouve soumis, s'exprime selon Lukàcs et Husserl par l'impossibilité pour l'homme actuel d'imprimer d'une façon consciente une direction à son devenir.

S'agit-il vraiment d'une correspondance rigoureuse entre l'analyse de Husserl et celle de Lukàcs? Pouvons-nous déjà, à partir de ce que nous connaissons de leurs analyses déceler les moments précis à partir desquels leurs démarches divergeront? Voyons d'abord de plus près certaines questions.

2.1. LE PROCESSUS DE CONSTITUTION [20] DE LA RÉALITÉ OBJECTIVE DE LA SCIENCE DE LA NATURE.

Un premier examen des analyses de Lukàcs et Husserl sur le processus de constitution de la réalité objective de la science révèle entre ces auteurs un accord général quant à la caractérisation de la structure du processus, et à la détermination des moments de ce processus, quant aux prémisses de la méthode naturaliste. Dans les deux analyses il s'agit d'un processus qui comporte les moments suivants.

1° Reconnaissance au niveau préscientifique de l'existence simplement empirique des objets. A ce niveau les objets sont donnés sous forme d'unités qualitativement différentes pourvues d'attributs axiologiques, pratiques, culturels, etc. C'est le niveau des « faits » qui ne sont aucunement de « purs » faits comme semblent le croire soit l'« empirisme borné » sclon Lukàcs [21], soit l'« objectivisme physicaliste » selon Husserl. A ce niveau correspond une praxis réelle, dans le sens d'une activité qui s'exerce sur des objets concrets donc, qui se détermine aussi selon les attributs axiologiques, pratiques, etc., de ces objets.

2° Prélèvement d'objets (ou de certains aspects de ces objets) de la réalité complexe où ils sont naturellement placés et considération abstraite des objets séparés ou des aspects détachés. Découverte de possibilités ou de principes formels auxquels les objets peuvent être soumis [22].

---

[20] Par « constitution » Husserl entend le processus opératif lui-même, mais très souvent aussi l'effet du processus. C'est pourquoi nous avons choisi l'expression « processus de constitution ».

[21] Cf. ID., *ibid.*, p. 22.

[22] La possibilité de modification des corps dans la fantaisie implique évidemment séparation, par abstraction, des corps de la réalité et détachement des aspects des corps, des corps concrets.

3° Dessin de formes idéales ou proposition de conditions formelles générales.

4° Objectivation des abstractions scientifiques, substitution au monde réel d'un monde d'idéalités, formellement abstrait.

Nous devons nous arrêter ici à considérer plus précisément le concept d'objectivation présent dans les deux analyses. Ce concept désigne, chez Husserl, un processus opératif dont les résultats ou produits — ou « formations » — sont les objectivités. Dans ce sens, les expressions « constitution des objectivités » et « objectivation » peuvent être utilisées comme des synonymes. Que signifie, à son tour, le terme « constitution » ? Husserl a donné de ce terme plusieurs définitions. Nous en retiendrons que la « constitution » est la « propriété de l'acte de rendre l'objet représentable [23] », c'est-à-dire la propriété responsable de ce que pour un sujet cognitif l'objet doive recevoir telles déterminations, exister « là » et en soi comme objet démontré ou démontrable, exister là en permanence comme possibilité toujours valable de connaissance [24]. Bref, la constitution est une formation d'objets pour et par la conscience. Il y aura donc autant de degrés et de modes de constitution que de degrés et de modes dans l'être et la conscience.

Si les objets se définissent d'après Husserl comme « les êtres-situés-en-face de nous dans le monde ambiant, commun donc, comme des êtres dont tous les sujets susceptibles de se trouver dans une vie en communauté peuvent avoir l'expérience qu'ils sont identiques, on devra, par voie de conséquence, appeler objectives toutes les déterminations des objets dont « tout le monde » peut également avoir des expériences identiques [25] ».

Bien que dans une perspective tout à fait différente de celle de Husserl quant au processus opératif de constitution des objectivités en général, chez Lukàcs aussi l'objectivité peut être caractérisée comme forme d'existence pour la conscience et il y a pour lui aussi autant de formes d'objectivité que de formes de conscience [26].

Pourtant, et c'est ce qui nous intéresse ici, il faut distinguer dans ces deux analyses un autre concept de l'objectivité, concept qui se

---

[23] E. HUSSERL, *Texte de 1903*, cité par W. BIEMEL dans *Les Phases décisives dans le Développement de la Philosophie de Husserl*, p. 46.

[24] ID., *Inédit B I 33*, p. 7-8, cité par René TOULEMONT dans *L'Essence de la Société selon Husserl*, p. 44.

[25] ID., *Inédit F I 33*, p. 64, cité par René TOULEMONT dans *L'Essence de la Société selon Husserl*, p. 127.

[26] Ceci ressort de plusieurs indications que l'on trouve dans les textes de Lukàcs que nous considérons. Voir, par exemple, la question de la « métamorphose de l'objectivité des objets de l'action » (*GK*, p. 127), la question des « formes d'objectivité dans la société bourgeoise » (*GK*, p. 109), ou « des différentes classes » (*GK*, p. 233).

rapporte directement à une constitution de la réalité du type de celle des sciences de la nature. Nous nous référons à ce que Husserl appelle « objectivisme physicaliste » ou « idéal moderne d'objectivité », et Lukàcs, « formes fétichistes d'objectivité ».

En effet, bien qu'il ressorte de nos considérations antérieures que pour Husserl « tous les actes en général — y compris les actes affectifs et volitifs — sont des actes « objectivants » qui constituent originellement des objets [27] », il est vrai néanmoins que lorsqu'il parle d'« objectivité » dans le sens moderne il se réfère à un acte spécifique de constitution. Quels sont donc les caractères des « formations » de cet acte ? Premièrement, dans le processus objectivant qui s'accomplit par la méthode scientifique — des sciences de la nature — on fait abstraction de tous les prédicats axiologiques, pratiques et culturels qui doivent leur origine à des activités ou à des prises de positions humaines sur les choses. Deuxièmement, le monde de la nature, entièrement indépendant des conditions subjectives, totalement étranger aux personnes concrètes, individuelles et collectives, apparaît comme un monde en soi, se suffisant à lui-même, régi par ses propres lois rigoureuses et exactes. Il apparaît par rapport aux hommes comme un règne « autarcique [28] ».

Cette analyse de Husserl correspond exactement au contenu du concept lukacsien de « formes fétichistes d'objectivité », et ce sont les caractères de l'objectivité husserlienne qui définissent précisément pour Lukàcs le phénomène général de la réification.

Si Husserl et Lukàcs contestent cette conception moderne de l'objectivité ce n'est cependant que sur sa prétention à se présenter comme seul discours sur les objets et seul type possible de savoir de ces objets. Pour les deux analyses la tâche sera donc de montrer qu'il est un domaine de faits où ce type de savoir se révèle inadéquat et de montrer qu'une nouvelle forme d'objectivité saurait rendre compte de ce domaine. Ces analyses nous proposeront donc comme conséquence de leurs démarches deux méthodes que l'on pourra définir en opposition à la méthode des sciences de la nature.

2.2.   L'INCONSCIENCE DE LA MÉTHODE DANS LES SCIENCES DE LA NATURE.

L'objectivité visée par les sciences modernes suppose selon les analyses que nous examinons une « inconscience » de la méthode scientifique telle que pratiquée surtout depuis Galilée. Chez Husserl

---

[27]   E. HUSSERL, *Idées directrices pour une Phénoménologie*, p. 400-401.
[28]   Cf. ID., *Krisis*, spéc. chap. 1.

cette inconscience est appelée « mode de pensée technique [29] », chez Lukàcs elle peut être regardée comme une forme de ce qu'il appelle la « fausse conscience [30] ».

Est-il besoin de souligner que si nous voyons un rapport entre ces deux formes de conscience — ou d'inconscience — nous ne prétendons nullement qu'il y ait ressemblance entre elles ? Ce qui nous intéresse de remarquer est d'abord l'appel de Husserl et de Lukàcs à un certain mode limite de conscience qui n'est pas rapporté à la conscience individuelle ou à son sens psychologique et qui joue pour nos deux auteurs un rôle historique fondamental. Ensuite, il nous intéresse d'étudier comment ces deux formes de conscience s'expliquent dans les analyses de nos auteurs.

Le phénomène du « passage à la technique » se situe, chez Husserl, au moment où la construction d'un monde formel rend possible une praxis qui s'exerce non plus sur les corps empiriques mais sur les concepts abstraits de ces corps. Autrement dit, il s'agit d'un phénomène survenant au niveau de la praxis symbolique. Le « mode de pensée technique » n'est pas, bien entendu, cette pensée symbolique ou formelle elle-même. La création et le développement de théories purement logiques, la mathématisation de la nature, l'utilisation de formules, ce n'est pas seulement légitime, dit Husserl, mais nécessaire. Et le recours à une pensée symbolique n'implique pas nécessairement le phénomène du « passage à la technique ». C'est dans l'oubli du caractère méthodologique des opérations formelles, donc dans l'effacement de la signification des théories et des formules que consiste pour Husserl ce phénomène [31].

Cet effacement, Husserl en trouve les causes dans la dynamique propre à toute pensée symbolique. En effet, « il est facile de remarquer, dit-il, que dans la vie humaine en général, et d'abord dans chaque vie individuelle, de l'enfance à la maturité, la vie originairement intuitive qui, en des activités, crée sur le fondement de l'expérience sensible ses formations originairement évidentes, déchoit très vite et dans la mesure croissante du *dévoiement du langage* ». Sur de larges secteurs et qui vont toujours s'élargissant, elle tombe au rang de discours et de lecture dominés purement par des associations [32]. Lorsqu'il s'agit de la pensée symbolique du plus haut niveau, où le langage est purement formel et les formules strictement quantitatives, ce risque est, pour Husserl, permanent. Il est alors possible de s'en tenir seule-

---

[29] Cf. ID., *Krisis*, II, 9 g).
[30] Cf. G. LUKÀCS, *GK*, spéc. *La Conscience de Classe*.
[31] Cf. E. HUSSERL, *Krisis*, II, 9 g). Il est clair donc que Husserl n'emploie pas le mot dans le sens habituel du concept de technique comme application de connaissances théoriques.
[32] ID., *L'Origine de la Géométrie*, p. 187-188. Souligné par Husserl.

ment au niveau du sens et à la logique de la conséquence, sans se préoccuper du niveau de l'être et sans viser une logique de la vérité — quotidienne — pratique [33].

Pour Lukàcs, au contraire, la méconnaissance de la signification de la méthode, la fausseté de la conscience vis-à-vis des produits de son activité, n'est pas le fait d'un « égarement » de la conscience, elle n'a pas une origine immanente à cette conscience, elle ne peut même pas être saisie en tant que pur phénomène de conscience. Son origine ne se trouve pas dans la dynamique de la pensée symbolique, mais dans la dynamique d'un processus qui se place au niveau de la praxis réelle de la vie des hommes en communauté [34].

2.3. LE DÉVOILEMENT DU SENS DE LA MÉTHODE.

Husserl et Lukàcs tentent tous deux de dévoiler le sens de la méthode scientifique « naturelle ». Leur but, nous le savons, est de montrer d'abord que l'attitude « objectiviste » est fondamentalement a-critique quant à ses présupposés; ensuite, que la mise en lumière de ces présupposés montre l'impossibilité pour cette méthode de saisir un certain domaine de phénomènes défini comme celui d'une radicale historicité. Leurs analyses déboucheront donc sur la proposition de nouvelles méthodes: phénoménologique chez Husserl, dialectique chez Lukàcs.

Sitôt, dit Husserl, que nous nous tournons vers ce qui apparaît comme « naturellement » compréhensible en toute pensée — et spécialement dans la pensée « scientifique » — sitôt que nous voyons le caractère de présupposé de cet « apparaître », un champ infini de phénomènes s'ouvre à nous [35], logiquement antérieur au champ naturaliste et en ce sens fondateur. La phénoménologie aura donc, dès l'origine, une prétention totalisatrice; elle voudra se constituer comme le savoir scientifique par excellence ou plutôt comme un savoir suprascientifique. C'est dans le cadre de ce nouveau savoir que la connaissance des phénomènes historico-sociaux aura sa place et que les techniques de leur appréhension théorique seront donc trouvées.

En est-il de même pour Lukacs ? La critique de l'extension universelle de la méthode naturaliste le conduit-elle à la proposition d'une suprascience ? Dans la plupart des cas Lukàcs se place dans

---

[33]   Cf. René TOULEMONT, *L'Essence de la Société selon Husserl*, p. 228-229. C'est le risque qu'on peut appeler, dit-il, « le poids des acquêts ».

[34]   Lukàcs dit, par exemple: « La barrière qui fait de la conscience de classe de la bourgeoisie une « fausse » conscience est [. . .] objective; c'est la situation de classe elle-même. C'est la conséquence objective de la structure économique de la société et non quelque chose d'arbitraire, de subjectif ou de psychologique » (*GK*, p. 77).

[35]   Cf. E. HUSSERL, *Krisis*, III, 29.

une perspective dans laquelle le caractère scientifique des sciences de la nature n'est pas contesté, ni par conséquent leur méthode pour autant que celle-ci se restreint aux seuls phénomènes physiques [36]. Il rejette seulement l'extension de cette méthode aux faits historico-sociaux, rejet fondé, souvenons-nous, sur des raisons d'ordre pragmatique aussi bien que d'ordre gnoséologique et ontologique. De ces dernières raisons justement résultait la nécessité d'une séparation des méthodes correspondant à la différentiation entre une dialectique objective du mouvement dans la nature et une dialectique sociale du mouvement historique [37].

Cependant, l'analyse de l'opération scientifique telle que pratiquée à l'égard des objets naturels et la mise en lumière des présupposés de cette méthode ne pouvait pas avoir comme seul résultat la découverte d'un secteur de phénomènes jusqu'alors « chosifiés ». L'analyse devait aussi mettre en lumière le caractère « chosifiant » de la méthode à l'égard d'elle-même, la méthode ne se reconnaissant plus comme une opération strictement humaine, soumise aux conditions de toute opération humaine, c'est-à-dire chargée elle aussi de prédicats axiologiques, pratiques, etc. C'est l'« empirisme borné », qui ne se croit plus tributaire que de faits « purs », qui a construit un monde physique abstrait et formel où le monde naturel vrai a disparu. Aussi Lukàcs devait-il être amené à se placer dans une perspective critique à l'égard de la méthode naturaliste restreinte même aux seuls phénomènes naturels. Dans son étude du développement de la philosophie moderne nous trouvons quelques signes d'une telle conséquence de son analyse. Et alors, les affirmations de Lukàcs ressemblent de façon significative à celles par lesquelles Husserl concluait son analyse.

Pour celui-ci, en effet, la science mathématique de la nature a jeté sur le « monde de la vie » un « vêtement de symboles », le remplaçant et le cachant [38]. Mais c'est pourtant ce « monde de la vie » — jamais « thématisé » par la science « objective » ni par la philosophie [39] — qui fonde en dernier recours les validités théoriques. Et sa connaissance seule pourrait accorder à la science « objective » sa signification et sa validité [40].

Pour Lukàcs, les sciences particulières ont laissé « reposer en lui-même, dans une irrationalité inviolée (« incréée », « donnée ») le substrat matériel qui est à (leur) fondement ultime, pour pouvoir

---

[36] Cf., par exemple, G. Lukàcs, GK, p. 29.
[37] La connaissance de la nature est soumise, bien entendu, en tant que connaissance, aux catégories de la dialectique sociale (cf. G. Lukàcs, GK, p. 255).
[38] Cf. E. Husserl, Krisis, II, 9 h).
[39] Cf. id., Krisis, III, A, 29.
[40] Cf. id., ibid., III, A, 32.

opérer, sans obstacle, dans un monde clos — rendu méthodologiquement pur — avec des catégories de l'entendement dont l'application
ne suscite aucun problème et qui ne sont d'ailleurs plus appliquées
alors au substrat réellement matériel [...] mais à une matière « intelligible [41] » ».

Peut-on de là conclure à la nécessité d'un savoir antérieur à celui
des sciences de la nature, d'un savoir « fondateur » dans le sens
husserlien du terme ? Nous en trouvons chez Lukàcs la suggestion
seulement: l'intelligibilité de la cohésion à laquelle, dit-il, les sciences
particulières ont consciemment renoncé en se délestant du substrat
matériel de leur appareil conceptuel, cette intelligibilité, ne pourrait
s'atteindre que sur la base d'une orientation radicalement différente
de la connaissance, en prenant pour objectif la totalité matérielle et
concrète du connaissable. Une telle entreprise exigerait, ajoute-t-il,
que l'on perce à jour les fondements, la genèse et la nécessité du
formalisme de la science; il faudrait encore que l'unité des sciences
particulières ne se fasse pas suivant des liaisons mécaniques, et pour
cela il y aurait nécessité que l'on refaçonne ces sciences de l'intérieur
aussi, par une méthode philosophique intérieurement unifiante [42].
Telle est bien la tâche que se proposait Husserl.

Nous savons que l'analyse lukacsienne essaie de montrer l'impossibilité de saisir l'histoire à partir de la méthode des sciences de la
nature. Plus encore, l'histoire — comme totalité — deviendra objet
de connaissance seulement après avoir dépassé le savoir chosifiant
qui s'exerce en liberté vis-à-vis de la nature physique. Une double
méthodologie est ainsi imposée et justifiée à partir d'un dualisme de
racine ontologique.

Il convient cependant de préciser qu'il ne s'agit pas, chez Lukàcs,
d'une ontologie statique, où la fixation des concepts serait en correspondance avec une fixation de l'être. Au contraire, le caractère à
son tour historique de la nécessité d'une double méthodologie s'accorde
avec une considération de la réalité comme processus dans son
ensemble. Et telle semble bien être la pensée de Lukàcs lorsqu'il dit
à la fin de *La Réification et la Conscience du Prolétariat* que, comme
soubassement concret d'une possible hiérarchisation des catégories
méthodologiques, il faudrait tenir compte de ce que les objets mêmes qui
se trouvent au centre du processus dialectique ne peuvent, eux aussi, se
dépouiller de leur forme réifiée qu'au cours d'un processus de longue
haleine [43]. Une série d'objets semblent, pour Lukàcs, rester même

---

[41] Cf. G. LUKÀCS, *GK*, p. 153-154.
[42] Cf. ID., *ibid.*, p. 139-140.
[43] Cf. ID., *ibid.*, p. 255.

plus ou moins hors d'atteinte de ce processus, et cela concerne en premier lieu les objets naturels [44].

La séparation entre une méthodologie des sciences des phénomènes sociaux et une méthodologie des sciences des phénomènes naturels constituerait donc un moment nécessaire dans la dialectique de la connaissance de la réalité, une différentiation catégorielle qui aurait son fondement dans le processus de la connaissance en tant qu'elle-même est historique.

2.4. Le thème de l'unité de la science.

L'exposé qui précède nous conduit directement à la problématique de l'unité de la science chez Husserl et chez Lukàcs [45]. La critique de l'objectivisme scientifique s'est jusqu'ici présentée sous deux aspects. D'une part on reproche à cet objectivisme de ne pas avoir mis à jour ses propres fondements, sa genèse et la nécessité de son formalisme. Acritique vis-à-vis lui-même, l'objectivisme scientifique laisserait donc sans fondement dernier les sciences qui lui empruntent leur mode d'être. D'autre part, on fait ressortir que seule une interrogation sur l'objectivisme pourrait valoriser celui-ci en lui fournissant son fondement dernier. Mais dès l'origine, sous le prétexte de refuser toute « métaphysique » (au sens de science de l'être), c'est le refus de formuler cette interrogation qui a défini l'attitude « objective [46] ». La conséquence en a été, pour Lukàcs, le fractionnement du savoir sous la forme de systèmes conceptuels partiels destinés à la compréhension de phénomènes de secteurs partiels, particuliers et exactement spécialisés. Dès lors, l'entreprise d'une maîtrise unitaire de la totalité du savoir possible devient impossible [47].

Et pourtant, insisterait Husserl, le problème de la possibilité de la métaphysique renferme *eo ipso* aussi celui de la possibilité des sciences des faits [48]. C'est précisément l'effacement de la signification de la vérité des sciences, signification dont seul un savoir unitaire — une philosophie — se préoccuperait, qui constitue ce que Husserl nomme la « crise » des sciences. Et le souci majeur de Husserl, nous le savons, a été justement la constitution d'une philosophie dans laquelle tout savoir, y compris celui de la science, trouverait son fondement et s'intégrerait comme partie de la totalité théorique retrouvée.

---

44 Cf. ID., *ibid.*, p. 253.
45 Nous tâcherons de mettre en relief les aspects qui nous intéressent, le sujet étant d'ailleurs trop vaste — surtout dans l'analyse de Husserl — pour que nous puissions ici faire autrement.
46 Cf. G. Lukàcs, *GK*, p. 153, E. Husserl, *Krisis*, I, 5.
47 Cf. G. Lukàcs, *GK, ibid.*
48 Cf. E. Husserl, *Krisis, ibid.*

Pouvons-nous cependant assimiler les deux points de vue de Husserl et Lukàcs ? L'unité de la science chez Husserl se limite avant tout à l'unité du domaine philosophique *stricto sensu,* soumis à une investigation radicale et complète. Ceci veut dire, entre autres choses, que seule la réflexion peut opérer l'unification du savoir, qu'elle seule peut constituer la totalité théorique. Comme le dévoiement de la pensée en « technique » n'admettait chez Husserl d'autres causes que celles inhérentes à cette pensée même, ainsi la possibilité de constitution d'un savoir totalisateur reste, chez lui, un événement d'ordre purement théorique. Pour Lukàcs, au contraire, cette possibilité de constitution d'une totalité théorique est l'expression dans la pensée de la réalisation d'une totalité — réelle —. Nous verrons plus tard quelles sont les conditions de cette réalisation et quelle est la nature des totalités auxquelles se réfère Lukàcs. Il suffit de remarquer ici que nous retrouvons chez lui l'idée que c'est dans une dynamique placée hors de la conscience qu'on trouve les possibilités de la conscience — y compris celle de saisir théoriquement la réalité comme un tout —.

2.5.   UNE PREMIÈRE OBSERVATION SUR LES MÉTHODES.

Nous pouvons qualifier d'*immanentes* les explications husserliennes et celles de Lukàcs de *transcendantes*. Car ainsi que nous l'avons vu, ce qui oppose nos deux auteurs en regard de l'explication des phénomènes théoriques c'est la question de l'autonomie du domaine de ces phénomènes. Et bien entendu les méthodes respectives exprimeront cette opposition.

Souvenons-nous que le concept de « crise » chez Husserl avait été fondé sur une analyse « immanente » du processus de constitution de la science objective. C'est le critère d'une incohérence entre les buts originairement proposés à la science et les résultats de la pratique scientifique qui permettait à Husserl de parler de « crise ». Et le cheminement réflexif par lequel se découvrait l'incohérence en question aboutissait à l'examen critique de la « dernière authenticité originaire » manifestée dans l'orientation et dans la méthode de la science. La technique de l'investigation husserlienne se caractérise dès le commencement de la *Krisis* comme « réflexion rétrospective historique » qui dévoile, montre et vérifie le « sens interne » ou *telos* de la science[49]. Cette technique trouve un large appui dans le postulat de l'autonomie des processus théoriques.

Chez Lukàcs c'est plutôt par une analyse du processus réel — au cours duquel « le mouvement de la société qui est (le) propre mou-

---

[49] Cf. ID., *Krisis,* I, 7.

vement (des hommes) prend pour eux la forme d'un mouvement des choses, au contrôle desquelles ils se soumettent au lieu de les contrôler [50] » — que sont dissoutes les objectivités réifiées. Cette analyse est conduite selon ce qui a été appelé la méthode sociogénétique, caractérisée par Marx de la façon suivante: « Cette conception de l'histoire prend [. . .] pour point de départ le procès de production réel qu'elle analyse à partir de la production matérielle de la vie immédiate; elle considère la forme de commerce correspondant à ce mode de production et engendrée par celui-ci — donc la société civile à ses divers niveaux — comme le fondement de toute l'histoire. Son rôle consiste, d'une part, à démontrer l'action de cette société en tant qu'État et, d'autre part, à expliquer, à partir de cette base, l'ensemble des diverses productions théoriques et des formes de la conscience: religion, philosophie, morale, etc., tout en recherchant sa genèse en s'aidant de ces productions [51] ».

« Ce n'est pas la prédominance des motifs économiques dans l'explication de l'histoire qui distingue de façon décisive le marxisme [. . .] (mais) le point de vue de la totalité [52]. » La primauté du concept de totalité chez Lukàcs ne s'oppose pas à l'affirmation de Marx. Bien au contraire, la justesse de la perspective, commandée par la totalité comme catégorie fondamentale, ne se révèle dans toute sa clarté, dit Lukàcs, qu'à la condition de placer au centre de la recherche le substrat matériel réel de la méthode [53]. La dépendance du domaine des productions théoriques, au regard du domaine de la production matérielle, est un postulat de la méthode lukacsienne.

3. L'ANALYSE DE LA PHILOSOPHIE MODERNE DANS LA PERSPECTIVE DE L'ANTINATURALISME.

Nous avons jusqu'ici tenté de montrer comment, dans le cadre de deux philosophies prises comme modèles, le rejet du naturalisme se présente comme nécessité préalable à l'étude effective des problèmes proprement humains. Dans les deux cas, ces problèmes se définissent comme problèmes de l'action et de l'action historique, plus exactement comme problèmes d'une détermination « libre », « rationnelle », « authentique », des décisions d'un sujet qui est sujet de l'histoire. Dans les deux cas aussi, l'analyse et la critique du naturalisme partagent certains traits essentiels.

C'était, souvenons-nous, dans la constatation d'une situation existentielle perçue comme « crise » que l'inadéquation de la méthode

---

[50]   Karl MARX, *Le Capital*, cité par G. LUKÀCS, *GK*, p. 70-71.
[51]   ID., *MEGA* 1, 5, p. 27, cité par Maximilien RUBEL dans *Karl Marx*, p. 179.
[52]   G. LUKÀCS, *GK*, p. 47.
[53]   Cf. ID., *ibid.*, p. 28.

naturaliste devenait évidente. La résolution de la crise passait, chez Husserl et chez Lukàcs, par la mise en œuvre d'une méthode dont les catégories se définissaient en opposition à celles de la méthode des sciences naturelles. Les deux analyses se plaçaient, d'ailleurs, dans le cadre d'une considération historique des problèmes. Comment doit-on comprendre ce caractère historique ?

La mise en évidence de la disparité existant entre le *telos* qui a présidé à la constitution de la science et les résultats obtenus par celle-ci obligeait Husserl à montrer le processus au cours duquel le concept de science se voit privé de sa signification originaire. Husserl se devait donc d'introduire dans sa recherche la dimension historique. Cela pour deux raisons. D'abord la transmission des produits de l'idéalisation et de la méthode de construction des sciences s'est opérée sans que pour autant une génération hérite de l'autre la conscience de la méthode. Nous avons vu que la cause s'en trouve dans la dynamique propre à la pensée symbolique. Aussi la théorie de la connaissance apparaît-elle chez Husserl comme une tâche proprement historique [54]. Ensuite, la conscience, si elle exige d'elle-même l'entière justification de ses contenus et de ses démarches, doit de toute nécessité s'interroger sur la provenance de ceux-ci, c'est-à-dire sur ses expériences antérieures. Ici déjà se précise le concept de l'historique chez Husserl: il est lié d'une part à la notion de processus temporel, d'autre part à l'existence d'une conscience réflexive en laquelle sont perçues la succession et la liaison des événements dans le temps.

Chez Lukàcs, le fondement à la fois catégoriel et historique de la recherche est fourni par la dissolution des formes réifiées en un processus qui restaure les rapports humains véritables. Il s'agit bien du fondement historique, car l'histoire apparaît chez Lukàcs comme un produit — jusqu'ici inconscient — de l'activité des hommes eux-mêmes, et comme la succession des processus de transformation des formes de cette activité. Fondement catégoriel aussi, car le niveau de clarté atteint par la conscience que prend l'homme des fondements de son existence, la conscience qu'il a de lui-même, s'exprime en une structure hiérarchisée de catégories. Tout problème catégoriel devient ainsi un problème historique, une théorie de la connaissance est aussi pour Lukàcs une tâche historique [55].

Genèse de la conscience et conscience de la genèse sont toujours inséparables. Aussi faut-il nous arrêter ici aux analyses que font nos auteurs de la genèse de cette conscience qui, à un certain moment de son histoire se fait conscience de soi dans son « égarement » pour

---

[54] Cf. E. Husserl, *L'Origine de la Géométrie*, p. 201 et suiv.
[55] Cf. G. Lukàcs, *GK*, p. 230.

se reconnaître en même temps dans la plénitude de ses possibilités. Il s'agit, dans une analyse comme dans l'autre, de la conscience théorétique réfléchissant sur son activité, c'est-à-dire de la conscience « philosophique ». Il s'agit donc, d'une analyse de la philosophie.

3.1. LA MÉTHODE DE CONSTRUCTION FORMELLE DU MONDE.

Galilée sert de point de départ aux deux analyses, bien que chacun de nos auteurs reconnaisse dans la pensée grecque l'origine des éléments qui se développeraient de manière radicale au début des temps modernes [56].

Avec Galilée en effet se précise pour la première fois l'idée que, par une régulation causale universelle, tout ce qui coexiste dans le monde entretient avec chacun des éléments de l'ensemble une connexion générale médiate ou immédiate. Ainsi le monde n'est pas seulement une totalité, mais bien un tout, une totalité unitaire, bien qu'infinie. D'ailleurs, souligne Husserl, cela est évident *a priori,* si peu que nous saisissons vraiment des liaisons causales particulières, si peu qu'il nous soit donné par des expériences antérieures de pouvoir indiquer la direction des expériences futures [57].

La nouveauté notoire de cette idée n'est pas seulement la conception de la réalité comme totalité unitaire et infinie, assumée par une science rationnelle qui domine systématiquement cette totalité; elle réside aussi en ce que ce monde infini est conçu, non pas comme un monde dont les objets deviennent accessibles à notre connaissance un à un et d'une manière incomplète et comme par accident, mais comme un monde où une méthode rationnelle et systématiquement

---

[56] Nous trouvons ici un exemple particulièrement clair des analyses « immanentes » et « transcendantes » de Husserl et Lukàcs. En effet, tous les deux reconnaissent que les éléments développés plus tard radicalement par la philosophie moderne se trouvent dans la pensée grecque. Tous les deux soulignent que le radicalisme de la conception moderne réside dans une considération « infinie » des problèmes (problèmes concernant la totalité du réel). Mais tandis que pour Husserl la question reste circonscrite à la sphère autonome du développement des structures conceptuelles et, corrélativement, du développement des structures intelligibles de la réalité (d'un « *a priori* fini et fermé » correspondant à la géométrie euclidienne, à un « *a priori* universel systématiquement unifié » correspondant à une « théorie de la multiplicité » — comprise comme « théorie de totalités compossibles en elles-mêmes d'objets en général qui sont seulement pensées dans une généralité formelle vide, idée qui repose sur la *mathesis universalis* de Leibniz), pour Lukàcs le fait que la philosophie grecque se soit posé originairement les problèmes de la philosophie moderne (problèmes qui découlent, d'après lui, du phénomène de la réification) sans avoir encore « vécus comme formes universelles de l'ensemble de l'être », trouve son explication dans une sphère hétéronome à celle des structures conceptuelles: la philosophie grecque, dira-t-il, « avait un pied dans cette société-ci (la société marchande) et l'autre encore dans une société à structure « naturelle » (cf. E. HUSSERL, *Krisis,* II, 8 et II, 9 f), G. LUKÀCS, *GK,* p. 142).
[57] Cf. E. HUSSERL, *Krisis,* II, 9 b).

unifiée, atteint finalement — dans un progrès infini — chaque objet selon la plénitude de son être en soi [58].

La connaissance « philosophique » du monde (si l'on conçoit la philosophie comme « science de la totalité de ce qui est », comme on le maintiendra jusqu'à l'époque moderne) ne sera donc possible et n'aura de sens, que si l'on peut élaborer une méthode pour *construire* le monde et l'infinitude de ses causalités. Et encore faudra-t-il que la méthode permette cette construction comme systématique et d'une certaine façon *a priori,* à partir de l'ensemble limité de ce qui est vérifiable dans l'expérience directe, et que l'on puisse rendre compte de manière irrécusable de la justesse de cette construction, malgré son infinitude.

C'est dans les sciences mathématiques modernes que cette méthode trouva son modèle. Il faut pourtant remarquer qu'en fait le modèle méthodologique et la conception philosophique se trouvent ici confondus. Cette conception restait possible tant qu'une méthode se portait garante de cette possibilité. Mais en même temps, c'est une conception philosophique qui présidait à la mathématique dans son développement radical comme elle présidait à l'usage de la mathématique comme modèle.

Comme le souligne Lukàcs, si le système ainsi conçu saisit l'irrationalité du donné, c'est comme une tâche, selon des rapports semblables à ceux qu'entretiennent les mathématiques avec l'irrationalité d'un contenu préexistant. Pour les mathématiques en effet cette irrationalité apparaît seulement comme incitation à refaçonner le système des formes donnant naissance à des corrélations, comme incitation à changer le sens de ce système, de telle sorte que le contenu qui apparaissait d'abord comme « donné » apparaisse désormais également comme produit: ainsi se résout en nécessité la facticité [59].

Bref, la méthode de la construction, de la création de l'objet à partir des conditions formelles d'une objectivité en général — méthode déjà annoncée dans la théorie platonicienne des idées-formes (mathématiques) — devient le guide et la mesure de la connaissance du monde comme totalité. L'objet de la connaissance ne peut être connu de nous que dans la mesure où nous le produisons. C'est justement ce que Lukàcs, interprétant ou redéfinissant l'expression kantienne appelle à son tour « révolution copernicienne »: « [...] ne plus accepter le monde comme quelque chose qui a surgi indépendamment du sujet connaissant mais le concevoir comme le propre produit du sujet [60]. »

---

[58] Cf. ID., *ibid.,* II, 8.
[59] Cf. G. LUKÀCS, *GK,* p. 151-152.
[60] Cf. ID., *ibid.,* p. 143.

Dès lors c'est sur la recherche dramatique du sujet-producteur du monde que s'axeront chez Lukàcs comme chez Husserl les analyses du développement de la philosophie moderne. Il nous importe de signaler sur quels points ces analyses critiques, qui partagent certaines présuppositions fondamentales, amorcent des orientations divergentes, et finalement antagonistes.

3.2. LA NATURALISATION DU PSYCHIQUE.

Un extraordinaire progrès a été marqué dans les mathématiques et la physique, dit Husserl, quand y a surgi l'idée que le monde en soi est une unité systématique rationnelle dont la structure essentielle est accessible à la connaissance en tant que purement mathématique (et comme telle à notre disposition et connue d'avance). Mais les premières difficultés d'une extension universelle de la méthode mathématique, extension consécutive au caractère exemplaire qu'on attribuait à cette méthode, apparurent bientôt dès qu'il s'agit d'appliquer la méthode au domaine des phénomènes psychiques.

Chez Galilée déjà, par l'abstraction qu'impliquait sa méthode, de tout ce qui échappait à la mathématisation, l'élaboration d'un monde de corps clos sur lui-même et corrélativement l'idée d'une causalité naturelle fermée sur soi, préparaient la dissociation proclamée par Descartes. Comme il semblait évident que le monde rationnel de la science était un monde corporel existant en soi, il fallait que le monde en soi fût un monde scindé en une nature en soi et en un type d'être différent de cette nature: l'être psychique. Cependant l'idée que la méthode scientifique naturelle perdait de ce fait son caractère exemplaire et sa capacité d'application universelle ne fut pas saisie dès ce moment. Comme le souligne Husserl, de par la façon dont on le rapportait à la nature, le monde de l'âme se constitua plutôt à son tour comme un domaine nouveau d'application de la méthode. La constitution d'une psychologie naturaliste par Hobbes fut le premier essai de thématisation de l'être psychique dans le cadre du physicalisme rationaliste. « Le caractère exemplaire de la conception physicaliste de la nature et de la méthode scientifique naturelle y opère [...] de telle sorte qu'on assigne à l'âme un type d'être analogue par principe à celui de la nature, et à la psychologie un progrès théorique à partir de la description jusqu'à la dernière « explication » théorique analogue à celle de la biophysique [61]. »

Cette « naturalisation » du psychique qui se poursuivrait à travers toute l'époque moderne jusqu'aujourd'hui revêt pour Husserl une importance décisive. Car si avec cette « naturalisation » s'accentue sous

---

[61] E. HUSSERL, *Krisis*, II, 10 et 11.

forme de disciplines séparées le dualisme impliqué dans la conception physicaliste de la nature, son développement radical conduit par ailleurs à rendre inintelligibles les constructions rationnelles des sciences jusque-là considérées comme exemplaires, de même qu'elle rend inintelligible l'activité dont ces sciences sont les produits. D'autre part ce mouvement de « naturalisation » du psychique inaugure un nouveau mode de philosopher et amène des philosophies systématiques dont la méthode et la finalité sont tout à fait nouvelles. C'est ce que Husserl appelle la « transformation de l'objectivisme scientifique en un subjectivisme transcendantal ».

Dans cette perspective justement deviennent compréhensibles les raisons pour lesquelles Husserl intitula initialement le cycle de conférences que nous sommes en train d'examiner, *La Crise des Sciences européennes et la Psychologie,* ainsi qu'en font état les affirmations que l'on trouve au début de son exposé: « Le caractère problématique dont souffre la psychologie non pas seulement de nos jours, mais depuis des siècles — une « crise » qui lui est propre — a une importance capitale pour la manifestation de certaines intelligibilités dans les sciences modernes, énigmatiques et impossibles à résoudre même dans les mathématiques, et corrélativement, pour l'apparition d'un certain genre de problèmes généraux inconnus des temps antérieurs. Tous ces problèmes se ramènent au problème de la subjectivité [62] ... »

Ce dont il s'agit c'est de donner immédiatement les fondements du nouveau rationalisme et de montrer le sujet-producteur du monde comme subjectivité purement existant-en-soi. Telle est la tâche que Descartes se propose et en une telle tâche, souligne Husserl, se trouve le principe historique d'une « critique de la connaissance », c'est-à-dire d'une critique qui se veut radicale de la connaissance objective [63].

3.3. LA CRITIQUE CARTÉSIENNE DE LA CONNAISSANCE OBJECTIVE.

En quoi consiste cette transformation inaugurée par Descartes et qui devient pour Husserl le *leit-motiv* qui domine toute l'histoire de la philosophie moderne, comme une tension toujours renouvelée entre des principes antagonistes ? Au lieu de rester sur le terrain du monde simplement pré-donné par l'expérience et de s'interroger sur sa « vérité objective », sur ce qui est valable sans conditions concernant ce monde, sur ce que le monde est en soi, le transcendantalisme affirmera que le sens de l'être du monde vital pré-donné est une *création subjective,* qu'il est le produit de la vie pré-scientifique vécue, le monde « objectivement vrai » de la science n'étant qu'une création

---

[62] Cf. ID., *ibid.,* I, 2.
[63] Cf. ID., *ibid.,* II, 17.

d'un degré plus haut. De sorte que seule une interrogation radicale de la subjectivité peut offrir le fondement de la vérité objective et atteindre le sens dernier de l'être du monde. Le premier en-soi n'est donc pas l'être du monde tel qu'il se présente simplement ou tel qu'il est accepté a-critiquement. Il ne s'agit pas de poser la simple question de ce qui lui appartient objectivement comme font les sciences. Le premier en-soi est, dit Husserl, la subjectivité en tant qu'elle est, justement, ce qui objective l'être du monde [64].

Pourtant, l'idée que la subjectivité productrice du monde est de nature psychologique apparaît déjà chez Descartes et se prolonge à travers l'empirisme depuis Hobbes jusqu'à l'expérience du scepticisme total comme contresens chez Hume, co-déterminant la signification entière de la problématique. Cette idée a barré le chemin de la constitution d'une psychologie authentique, mais elle a détruit aussi selon Husserl la possibilité d'une réponse authentique à la question du procès de constitution du monde par la subjectivité. Elle a empêché que l'on s'engageât dans la voie de la solution du problème de la fondation radicale de toute objectivité. Descartes, de même que Galilée, est pour Husserl un génie qui découvre une vérité et la recouvre en même temps.

En effet, c'est bien chez Descartes qu'est posée pour la première fois l'exigence d'une fondation nécessaire de tout savoir et spécialement du savoir objectif, du savoir des sciences. Chez lui s'exprime sous la forme du doute méthodique comme méthode réflexive obligatoire, la conscience de l'absence de toute validité objective inhérente à la connaissance objective. Mais en même temps chez Descartes aussi le sujet producteur du monde, s'il se découvre simultanément, se cache. Isolée par Descartes dans une *époché*, la « *mens* » qui figure comme base cognitive absolue de la fondation des sciences apparaît en même temps, souligne Husserl, comme thème légitime en elles, comme thème légitime de la psychologie. De telle sorte que, paradoxalement, ce qui par ses fonctions prête un sens au monde fait partie, à son tour, du monde [65].

Développant conséquemment le programme originaire de Hobbes et de Descartes, c'est Hume qui, dans cette voie de la naturalisation (objectivation) de la subjectivité productrice du monde, porte au paroxysme les inévitables contradictions. « Toutes les catégories de l'objectivité, scientifiques aussi bien que préscientifiques, celles dans lesquelles la vie scientifique comme celles dans lesquelles la vie quotidienne pense un monde objectif et extérieur au psychisme, deviennent alors des fictions. En conséquence, la raison, la connaissance, les va-

[64] Cf. ID., *ibid.*, II, 14.
[65] Cf. ID., *ibid.*, II, 19.

leurs véritables, les idéaux purs de n'importe quelle espèce y compris les éthiques, deviennent des fictions [66]. » Pour la première fois les constructions péniblement élaborées par une raison orgueilleuse d'elle-même deviennent incompréhensibles à la raison; la vérité objective sur laquelle repose la confiance de l'homme se révèle une tromperie insoupçonnée; la sécurité naïve se dissout et un scepticisme qui embrasse tout la remplace. Hume, continue Husserl, au lieu de poser radicalement la question du sujet-producteur authentique, au lieu d'entrer en lutte avec le non-sens, au lieu de démasquer les évidences naturelles supposées où le psychologisme prend racine et de pénétrer ainsi dans une authentique théorie de la connaissance, se borne au rôle du scepticisme « académique [67] ».

3.4. LE CARACTÈRE CENTRAL DE LA CRITIQUE DE KANT.

Selon Husserl, c'est avec Kant et en réaction contre le positivisme de Hume [68] que se pose de nouveau après Descartes l'interrogation sur la source ultime de toutes les formations cognitives. Dans le développement de la ligne de pensée post-cartésienne culminant en Leibniz et dont les problèmes sont affrontés directement par Kant, le radicalisme des *Méditations* qui avait ouvert et caché un champ nouveau et décisif est abandonné. Le « dogmatisme » que Kant se propose de déraciner est, souligne Husserl, celui de l'admission pure et simple de ce que, justement, Descartes avait essayé de fonder en retournant dans sa recherche vers la source dernière de la connaissance: le droit absolu des sciences objectives (de la philosophie en tant qu'unique science universelle objective). Le dogmatisme rationaliste post-cartésien avait débouché finalement, soit dans la recherche d'un univers systématique de « lois logiques », — dans un tout théorique de vérités appelées à figurer comme des normes pour des jugements qui devaient être objectivement vrais —, soit dans des réflexions sur les sujets en tant qu'ils aspirent à la vérité objective. La théorie systématique de cet univers de vérités avait manifestement par elle-même, dit Husserl, la signification d'une ontologie générale. Ainsi, l'événement scientifique était l'œuvre de la raison pure opérant exclusivement avec des concepts innés dans l'âme connaissante. Et le dogmatisme résidait, précisément, dans le fait qu'on acceptait comme évident que ces concepts, que les lois logiques et que les légalités de la raison

---

[66] Cf. ID., *ibid.*, II, 23.
[67] Cf. ID., *ibid.*
[68] Husserl ajoute qu'on ne doit pas regarder la philosophie kantienne comme une tentative de solution des problèmes éludés par Hume. Comme l'on sait, Kant n'appartient pas à la ligne qui se prolonge depuis Descartes à travers Locke, et son interprétation du scepticisme est conditionnée, dit Husserl, par sa propre origine dans l'école wolfienne (cf. E. HUSSERL, *Krisis*, II, 25).

pure en général, aient une vérité métaphysico-objective. Le « réveil » de Kant fut justement la conscience du fait qu'entre les vérités de la raison pure et l'objectivité métaphysique, il restait un abîme d'incompréhension: comment précisément ces vérités rationnelles pouvaient réellement garantir la connaissance des choses.

Pour Lukàcs comme pour Husserl, Kant est le point de départ d'une prise de conscience décisive. Car après Descartes c'est chez Kant que se posent de nouveau et cette fois avec une clarté totale les problèmes implicites dans la conception moderne de la connaissance. Chez Lukàcs aussi il s'agit d'un Kant qui développe, jusqu'à ses dernières conséquences, ce qui originairement se trouve chez Descartes, Spinoza et Leibniz, qui prend un tournant particulier chez Berkeley et Hume mais qui, en tout cas, sous une forme ou une autre, s'achève par l'acceptation dogmatique et naïve de l'équivalence entre une connaissance rationnelle, formelle et mathématique, et d'une part la connaissance en général, d'autre part, « notre » connaissance [69].

La conception d'un sujet-producteur du monde connu et corrélativement la conception d'un objet produit par le sujet connaissant, conduisaient inévitablement, dans le cadre du rationalisme mathématisant moderne, à la question de savoir: « pourquoi et de quel droit l'entendement humain saisit précisément de tels systèmes de formes comme son essence propre, par opposition au caractère « donné », étranger, inconnaissable, des contenus de ces formes [70] ». Cependant jusqu'à Kant cette question n'était pas posée et ce rapport de l'entendement au « donné » était accepté, selon Lukàcs, comme allant de soi. En plus de réveiller la philosophie de son sommeil dogmatique Kant définira à nouveau en ses justes termes le problème jusqu'alors esquivé.

Deux questions, dit Lukàcs, recouvrent toute cette problématique. D'abord la question du contenu des formes. En second lieu le problème de la totalité et celui de la substance dernière de la connaissance, c'est-à-dire la question des objets « derniers » de la connaissance. Seule la saisie de ces objets parachèverait les divers systèmes partiels en une totalité. Mais en réalité ces objets ne sont rien d'autre que « des expressions mythologiquement conceptuelles pour le sujet unitaire ou pour l'objet unitaire, de la totalité des objets de la connaissance pensée comme achevée (et complètement connue) [71] ».

---

[69]   Pour Lukàcs cette acceptation s'exprime chez Berkeley et Hume sous la forme du scepticisme; chez Spinoza et Leibniz sous la forme d'une confiance illimitée dans la capacité humaine de saisir l'essence « vraie » de toutes les choses (cf. G. LUKÀCS, *GK*, p. 143-144).

[70]   Cf. ID., *ibid.*, p. 143.

[71]   Cf. ID., *ibid.*, p. 147.

Kant entreprend dans la *Critique de la Raison pure* la tâche de montrer l'impossibilité de connaître ces objets. Quant à la question des contenus des formes, Kant y répond en postulant une « cause » non sensible des représentations affectant la faculté qui fournit de tels contenus. Cette « cause » ou « objet transcendantal » nous est inconnu, affirme Kant, quoique l'on doive logiquement supposer cet objet « donné en lui-même avant toute expérience ».

La question, dit Lukàcs, se pose alors ainsi: les faits empiriques (qu'ils soient purement « sensibles » ou que leur caractère sensible constitue simplement le dernier substrat matériel de leur essence de « faits »), doivent-ils être pris comme des « donnés » dans leur facticité, ou bien ce caractère de donné se dissout-il en formes rationnelles, c'est-à-dire se laisse-t-il penser comme produit par « notre entendement » ? Mais il semble qu'on ait là affaire à un dilemme tout à fait insoluble, continue-t-il. Car, ou bien le contenu « irrationnel » se dissout intégralement dans un système de concepts et alors la pensée retombe au niveau du rationalisme dogmatique et naïf: elle considère la simple facticité du contenu irrationnel du concept comme non-existante; ou bien le système est contraint de reconnaître que le donné, le contenu, la matière, pénètrent dans la structure du système lui-même de façon déterminante et ainsi, il faut renoncer au système comme système: le système n'est qu'un enregistrement aussi complet que possible des faits dont la cohésion n'est plus rationnelle [72].

Alors que chacune de ces possibilités sera isolément développée à un moment ou l'autre de l'histoire de la pensée, la philosophie classique elle, et c'est son mérite, voudra maintenir l'opposition de la forme et du contenu, développer conséquemment les implications de cette opposition (en autant que le permettaient les conditions de la formulation théorique), et tenter pourtant de la surmonter systématiquement. Ainsi sa persévérance à construire un système rationnel, en dépit de l'irrationalité du contenu — du donné — clairement maintenue et reconnue comme telle, devait nécessairement agir dans le sens d'une relativisation dynamique de l'opposition [73]. Ici encore le modèle méthodologique des mathématiques modernes agit comme guide. C'est le problème de la production des objets de la connaissance (au sens que donne la méthode mathématique au terme « production ») qui s'exprime d'une autre façon dans la question des relations des formes rationnelles et des contenus irrationnels des donnés [74].

---

[72] Cf. ID., *ibid.*, p. 147-151.
[73] Cf. ID., *ibid.*, p. 151.
[74] Lukàcs observe que c'est le modèle méthodologique et non pas la méthode elle-même des mathématiques, qui préside aux tentatives de solution du problème de la connaissance en général. Dans le cas particulier des objets mathématiques, il est clair que production et possibilité de compréhension coïn-

La relativisation dynamique des oppositions — motif de la philosophie kantienne et post-kantienne — prend pour Lukàcs la forme concrète d'une relativisation toujours plus poussée de l'objet de la connaissance par rapport à son sujet. L'« approche transcendantale » inaugurée par Kant — quoique originairement motivée chez Descartes — et définie par Husserl comme « interrogation réductive sur la dernière source de toutes les formations cognitives », n'est autre chose pour Lukàcs que le premier pas d'une tentative qui doit inévitablement prendre le chemin de l'intériorité en tant que le problème se précise au niveau de la pure pensée.

Kant occupe donc dans les analyses de Husserl et Lukàcs une position centrale. C'est lui qui mit à jour pour la première fois le noyau problématique obscurément pressenti dès le commencement de la philosophie moderne. Et c'est une analyse critique de la philosophie kantienne qui mettra à jour, selon Husserl et Lukàcs, les noyaux problématiques d'où tirent leur signification les perspectives anti-naturalistes que nous considérons.

En effet, dans les deux cas le « dogmatisme » (ou la « naïveté »), dont la philosophie kantienne est la première tentative systématique de dépassement, est caractérisé comme acceptation du mode de connaissance rationnel et formaliste comme la seule façon possible de saisir la réalité. Dans les deux cas, ce « dogmatisme » a une connotation positive et négative. Positive, parce qu'il a conduit la pensée à rejeter la forme de présentation immédiate (la donnée) comme forme véritable; parce qu'il a amené à la conception selon laquelle la pensée ne peut comprendre que ce qu'elle-même produit. Négative, en tant que ce dogmatisme a interdit la découverte du principe qui permettra le dépassement du problème et, corrélativement, parce qu'il a interdit la découverte de l'« authentique » sujet-producteur du monde. Chez nos deux auteurs, il s'agit donc d'une critique axée sur le manque de radicalisme dans la recherche de cet « authentique » sujet-producteur du monde. Mais à ce point se produit la divergence qui nous intéresse. Reprenons encore une fois la ligne de leurs recherches respectives.

Dans la *Krisis* Husserl commence l'élaboration de ses propositions par une analyse de la philosophie kantienne. Par la mise en lumière des présupposés sur lesquels s'affirmait le rationalisme prédominant; par la preuve de la nécessité d'interrogations radicales sur ce qui est accepté comme évident, et par l'introduction du point de vue « transcendantal », Kant croyait pouvoir dépasser les inextricables obscurités

---

cident entièrement. Mais en tant qu'il s'agit d'objets empiriques, « production » ne peut signifier autre chose que « possibilité de comprendre conformément à l'entendement » (cf. G. Lukàcs, *GK*, p. 152).

dans lesquelles se débattait la raison quand elle réfléchissait sur son opération. Mais, dit Husserl, Kant n'avait pas conscience de ce que sa propre démarche philosophique reposait sur des présupposés acceptés sans critique. Ceux-ci ont pourtant déterminé le sens de ses interrogations et provoqué finalement une rechute dans les positions naturalistes, rechute s'exprimant cette fois-ci comme psychologisation du « foyer » transcendantalement subjectif des formations de sens par lesquelles le monde se révèle comme objectivité [75]. Avec cette psychologisation, l'« authentique » sujet-producteur du monde se trouve occulté de nouveau et la recherche de l'opération constitutive sur laquelle s'établissent a posteriori toutes les autres opérations — dont l'opération scientifique — s'arrête encore à mi-chemin. Corrélativement à ce retour à une conception naturaliste de la subjectivité transcendantale, c'est comme « naturellement » valable qu'apparaît chez Kant le monde vécu environnant. Ce que se proposera Husserl, ce sera d'abord de thématiser ce monde, non pas en s'interrogeant sur l'en-soi du monde mais plutôt sur le mode de relation du monde avec le subjectif, avec le « foyer » transcendantal déjà dénaturalisé.

Il ne faut pas s'étonner de ce que l'analyse de Husserl porte entièrement sur la *Critique de la Raison pure*. C'est là, dit Lukàcs, que Kant se propose, par l'opposition théoriquement insurmontable entre la chose en soi et le donné phénoménal, de mettre en évidence la limite structurale de toute connaissance. Or, chez Husserl, il ne s'agit pas d'accomplir un saut hors de la contemplation, mais plutôt de mener à bien l'exigence d'un radicalisme théorique déjà inscrit, comme programme, aux origines mêmes de la philosophie moderne. Pour Lukàcs, au contraire, les conclusions de la *Critique de la Raison pure* continuent d'être, à cet égard, essentiellement valables, et c'est dans la *Critique de la Raison pratique* et à partir de l'affirmation kantienne que les obstacles théoriquement insurmontables peuvent être surmontés dans la pratique, que désormais il fixe le centre de son analyse.

L'orientation vers le dépassement de la pure contemplation où le sujet et l'objet de la connaissance s'affrontent inexorablement pose tout de suite, dit Lukàcs, l'exigence de découvrir un niveau de l'objectivité où la dualité du sujet de l'objet (la dualité de la pensée et

---

[75] « Dans la *Déduction transcendantale* de la première édition de la *Critique de la Raison pure*, Kant essaie, dit Husserl, de poser un fondement direct qui descende jusqu'aux sources originaires, mais bientôt il l'interrompt [...] » (E. HUSSERL, *Krisis*, III, 28). Aussi: « La déduction transcendantale de la première édition de la *Critique de la Raison pure* se développe déjà proprement sur le plan phénoménologique; mais Kant l'interprète à tort comme un plan psychologique et pour cette raison l'abandonne de lui-même à nouveau » (E. HUSSERL, *Idées directrices pour une Phénoménologie*, p. 204).

de l'être n'en étant qu'un cas) soit dépassée, où sujet et objet coïncident, soient identiques. Or, cette unité conçue comme activité, il s'agissait — comme plus tard le soulignera clairement Fichte dans la deuxième introduction à la *Doctrine de la Science* — de comprendre toutes les formes dualistes du sujet-objet comme dérivées de l'« acte » du sujet, comme ses produits. Il fallait donc auparavant montrer le sujet de l'« acte » pratique.

Or, le sujet *individuel* est conçu comme le sujet de l'acte, et ce n'est que dans l'acte éthique, dans la relation du sujet individuel — agissant moralement — avec lui-même que l'on croit pouvoir trouver ce niveau d'objectivité où la dualité peut être dépassée. Mais alors, comme nous verrons tout de suite, la dualité indépassable entre une forme éthique pure, purement tournée vers l'intérieur (forme de la maxime éthique chez Kant) et la réalité étrangère à l'entendement, la donnée, l'expérience, s'impose, dit Lukàcs, de façon encore plus abrupte à la conscience éthique de l'individu agissant qu'au sujet contemplatif de la connaissance [76].

Récapitulons brièvement les conséquences qui se dégagent d'après Lukàcs de la considération éthique du principe de l'activité dans la *Critique de la Raison pratique* : premièrement, le fait éthique de la conscience individuelle s'est métamorphosé en une simple facticité trouvée et ne peut plus se penser comme « produite »; deuxièmement, la nécessité se maintient pour la nature (pour le « monde extérieur ») et la liberté qui doit être fondée par la découverte de la sphère éthique, se réduit à la liberté du point de vue dans l'appréciation des faits intérieurs dont tous les fondements et toutes les conséquences sont intégralement soumis au mécanisme de la nécessité objective (naturelle); troisièmement, la dualité du phénomène et de l'essence se transporte dans le sujet lui-même: le sujet aussi est divisé en phénomène et noumène, et la dualité irrésolue, insoluble et éternisée dans son caractère insoluble, de la liberté et de la nécessité, pénètre jusque dans sa structure la plus intime; quatrièmement, l'éthique ainsi fondée devient par conséquent purement formelle. Puisque tous les contenus qui nous sont donnés appartiennent au monde de la nature (et sont soumis aux lois objectives), la validité des normes pratiques ne peut se rapporter qu'aux formes de l'action intérieure en général. Le principe de l'action productrice du sujet nous fait défaut dès l'instant où il faut produire à partir de lui le premier contenu concret [77]. Et conclut Lukàcs, ces conséquences découlent nécessairement de ce que Kant reste au niveau purement individuel de la connaissance agissante.

---

[76] Cf. G. LUKÀCS, *GK*, p. 157-158.
[77] Cf. ID., *ibid.*, p. 158-159.

Il ne faut pas s'étonner non plus que dans l'analyse de Lukàcs la *Critique de la Raison pratique* serve de point de départ aux considérations visant à montrer l'« authentique » sujet-producteur du monde. Car, en opposition à Husserl, il s'agit, chez Lukàcs, d'un radicalisme qui s'installe désormais sur le terrain de la pratique. Cette recherche s'attachera en conséquence à exposer les formes servant à penser le principe de la pratique et corrélativement les formes relatives au sujet de cette pratique (et les limites nécessaires de la pensée kantienne, ainsi que les conditions extra-théoriques de cette nécessité). Par ailleurs elle montrera la structure de la praxis véritable et, corrélativement, l'« authentique » sujet de cette praxis, ainsi que les conditions extra-théoriques par lesquelles il a été possible et nécessaire que soit montré ce sujet. Cette recherche s'inscrit comme chez Husserl dans un programme dont les étapes constituent, comme les moments d'un processus, des degrés de radicalisation dans l'interrogation par le sujet-producteur. Et la réponse, comme chez Husserl, représente l'aboutissement de ce processus lentement préparé au cours du développement de la philosophie occidentale.

Notre but a été de montrer comment Husserl et Lukàcs comprennent le développement de la philosophie moderne à partir d'une perspective anti-naturaliste, et de préciser le noyau problématique où s'articulent finalement les réponses de nos auteurs. Nous tenterons maintenant de dégager le sens de leur critique de la civilisation occidentale.

4.   LA CRISE DE LA CIVILISATION EUROPÉENNE COMME REFLET D'UNE CRISE THÉORIQUE.

Husserl conçoit la « crise radicale de l'humanisme européen comme impuissance de l'homme contemporain à donner un sens rationnel à son existence individuelle et générale ».

Cette exigence pour l'homme de se conformer à la raison n'est pas selon Husserl un impératif transcendant, une ordonnance émanant de quelque volonté commandant de l'extérieur l'histoire. Mais elle ne s'identifie pas non plus à un principe immanent que toute vie humaine porterait naturellement en elle. La foi en une raison « absolue » dont le monde dériverait son sens, la foi de l'homme en soi-même, en son être propre et véritable est, pour Husserl, une idée régulatrice, une tâche de l'épistème, de la raison elle-même. Elle constitue donc un programme et une option.

Mais dès qu'elle se veut conforme à la raison l'humanité se donne déjà une forme, acquiert un sens. Et s'étant définie par le choix de ce programme l'humanité ne peut plus s'accomplir qu'en le réalisant. Dès lors nous comprenons ce que signifie pour elle l'oubli de l'objectif qui la constitue comme telle: une crise totale.

Or, selon Husserl c'est bien par ce choix de la conformité à la raison que l'humanité européenne s'est constituée à un moment décisif, celui de la civilisation grecque. Cette exigence de rationalité a une histoire qui manifeste progressivement la raison universelle congénitale; mais aujourd'hui, en ce moment, elle manifeste d'abord, comme crise vitale de l'humanité européenne, son non-accomplissement.

Ce n'est donc pas au sens habituel que l'on dira historiques les considérations de Husserl, car elles ne porteront pas seulement sur de simples successions temporelles. Plutôt, on recherchera d'abord le fondement premier des fins impliquées dans le choix de l'exigence de rationalité, on cherchera comment à chaque moment historique ces fins survivent déposées comme des sédimentations à mesure que progresse leur réalisation, tâche infinie. Bref, ce dont il s'agit, chez Husserl, c'est de rendre compréhensible le *telos* qui confère son être propre à la civilisation européenne.

Cet idéal d'une conformité à la raison est-il seulement le produit d'un choix accidentel, définit-il un mode d'humanité possible parmi d'autres ? Ou bien la civilisation grecque dévoile-t-elle pour la première fois ce que l'humanité recelait essentiellement comme *telos*? Des considérations simplement historiques ne suffisent pas pour résoudre ces questions. Il faut en outre, dit Husserl, démontrer la véritable possibilité d'une humanité conforme à la raison, il faut amener la raison latente à la compréhension de ses possibilités [78]. Ce sera le thème de la troisième partie de la *Krisis*.

Si le départ de l'analyse husserlienne se situe dans la Grèce antique ce n'est pas parce que la distinction entre l'être « simplement donné » de manière non problématique, et l'être véritable y surgit, ni parce que l'attente de l'être véritable comme programme de la raison y naquit. Chaque homme, affirme Husserl, sait cette différence au plus profond de lui-même, de même que ne lui est pas étrangère, même dans la vie quotidienne, la vérité comme but et comme tâche. Mais c'est en Grèce que pour la première fois s'accomplit le dépassement des formes relatives et particulières de représentation de cette distinction et de cette tâche, au moment où la philosophie grecque conçoit l'idée d'une connaissance universelle se rapportant à la totalité de l'être, et la propose comme programme.

Toutefois l'Antiquité n'arriva pas à concevoir la possibilité d'une tâche infinie: la syllogistique aristotélicienne, la géométrie euclidienne et en général toute la mathématique ancienne restent pour Husserl marquées par un *a priori* fini et fermé, elles connaissent seulement des problèmes finis. C'est au début des temps modernes, lorsque surgit

---

[78] Cf. E. HUSSERL, *Krisis*, I, 6.

l'idée d'une totalité d'être rationnelle et infinie en même temps que naît le projet d'une science rationnelle dominant systématiquement cette totalité, que se dessinent les conditions décisives de l'accomplissement de la tâche obscurément conçue par la philosophie grecque. Cette tâche correspondait alors au nouveau programme d'une mathématique des horizons infinis (algèbre, mathématiques des continus, géométrie analytique). Et c'est avec Galilée, avec l'idée d'une science mathématique de la nature que cette conception avance vers sa réalisation effective.

Nous avons déjà vu comment survient le phénomène de l'idéalisation dans ce que Husserl appelle le « mode de penser purement géométrique » et nous avons noté la fonction objectivante de ce mode de penser. Il est certain et explicable, ajoute notre auteur, que Galilée adopta cette opération idéalisante sans sentir la nécessité d'en percer les fondements et sans chercher à en éclaircir le développement depuis son origine dans le monde sensible pré-géométrique, dans la pratique. Il ne sentit pas non plus la nécessité d'approfondir les problèmes concernant l'origine de l'évidence mathématique. Partant du fait que toute application de la méthode mathématique permet toujours de dépasser les conceptions subjectives pour atteindre une vérité « non relative » donc, la connaissance de ce qui est véritablement [79], Galilée se met à la tâche d'appliquer la méthode des mathématiques non plus aux formes abstraites — aux abstractions idéalisées (formes-limites des corps du monde matériel) —, mais aux formes empiriques réelles données concrètement comme « formes » d'une « matière », d'une « plénitude sensible ». Aussi ce que tente Husserl c'est de reconstruire le processus réflexif qui aurait dû amener Galilée à considérer cette tâche comme réalisable.

Ce processus a chez Husserl une structure semblable à celle du raisonnement que nous avons déjà rencontré à propos du traitement « géométrique » des corps. Ainsi Galilée aurait dû réfléchir sur les faits suivants.

1° Les corps empiriques réels se présentent dans l'intuition perceptive sensible liés en des façons non arbitraires mais sensiblement typiques. Donc, que notre monde ambiant empiriquement donné a un style général empirique.

2° Nous pouvons nous représenter dans notre imagination ce monde transformé n'importe comment; mais que nous nous le repré-

---

[79] « Bien que, ajoute Husserl, ce soit seulement sous la forme d'une approximation de la figure géométrique idéale faisant fonction de pôle directeur, approximation qui doit devenir toujours plus grande en partant du donné empirique » (E. HUSSERL, *Krisis*, II, 9 b).

senterons nécessairement dans le style même de notre connaissance actuelle du monde. Que nous pouvons donc nous proposer comme thème le style général et invariable du monde.

3° Cela explique justement le fait que les objets et ce qui leur arrive ne se présentent ni ne se déroulent n'importe comment, mais qu'ils sont liés *a priori* par cette forme invariable. Autrement dit, nous voyons que tout a une connexion médiate ou immédiate, qu'il y a une régulation causale universelle par laquelle le monde se présente comme une totalité unitaire, comme un tout — bien qu'infini —.

4° Ce style causal universel de notre monde sensible rend possible la formulation d'hypothèses, d'inductions, de prévisions se rapportant aux choses inconnues du présent, du passé et de l'avenir [80].

C'est alors que surgit naturellement chez Galilée comme possibilité vraie l'idée d'une nature déterminable constructivement, en tous ses aspects, à la façon du constructivisme mathématique. La mathématique, dit Husserl, avait déjà frayé le chemin en ce qui concerne les formes spatio-temporelles: d'abord en créant un monde d'objectivités idéales par la méthode d'idéalisation du monde des corps — bien que seulement par rapport à leur caractère formel spatio-temporel —; ensuite en montrant qu'on peut avoir une connaissance des corps sensibles selon ce caractère (propre à tous les corps) qui seul l'intéresse pour autant qu'elle est mathématique des formes. Mais il s'agit d'une connaissance radicalement nouvelle, à savoir une connaissance rapportée à ses propres idéalités.

Le problème se pose alors pour Galilée d'étendre à tous les aspects du monde sensible la méthode déjà appliquée à l'aspect spatio-temporel (abstrait). Plus exactement, le problème se pose d'une objectivation systématique des qualités réelles qui complètent concrètement les moments formels spatio-temporels du monde matériel: les « plénitudes sensibles ».

La difficulté réside ici pour Husserl en ceci que justement ces plénitudes ne peuvent être traitées *directement* de la même façon que les formes elles-mêmes. Les qualités se présentent aussi selon des gradations (plus ou moins rouge, plus ou moins froid, par exemple), mais il n'y a pas ici de mesure exacte, aucune possibilité d'un accroissement de l'exactitude. Car, et Husserl reprend ici la conception déjà esquissée dans les *Ideen I,* l'exactitude présuppose un monde d'idéalités objectivé d'avance par idéalisation et construction, et il n'est pas possible d'objectiver les qualités sensibles en un sens analogue

---

[80] Cf. ID., *ibid.,* 9 b) et c).

à l'objectivation des formes spatio-temporelles: l'idéalisation est ici impossible [81].

L'idée d'un monde en-soi, objectivement déterminable dans son ensemble, devrait pourtant impliquer que ces qualités soient taxées de « manifestations » de ce monde, c'est-à-dire susceptibles de mathématisation indirecte sinon directe. Or, dès que Galilée conçoit l'idée que « tout ce qui se révèle comme réel dans les qualités sensibles spécifiques doit avoir son *index* mathématique dans des événements du domaine des formes, conçu naturellement toujours comme déjà idéalisé », cette idée, selon Husserl, devient possible [82]. Avec cette idéalisation du monde impliquée dans l'hypothèse galiléenne — idéalisation, bien entendu, d'un nouveau genre — se donne aussi comme allant de soi, ajoute Husserl, une causalité universelle exacte qui précède et dirige toutes les inductions des causalités particulières, c'est-à-dire la conception d'une causalité universelle idéalisée. Toute la science de la nature, devenue dès lors mathématique appliquée, n'est que le cours infini des vérifications de l'hypothèse de Galilée [83].

La coordination réelle des idéalités mathématiques réalisée dans les « formules » est l'opération décisive qui ferme le processus. Le moment du « passage à la technique », par lequel la pensée devient thématisation de formules, entraîne l'« effacement de la signification » de la science naturelle mathématique. La pensée originaire, qui conférait un sens authentique à ce procédé technique et une vérité aux résultats acquis se voyait ainsi, dit Husserl, éliminée. C'est donc dans une « perspicacité transformée » que se produit toute la collaboration entre la physique expérimentale et la physique mathématique, et l'extraordinaire travail qui y est fournit sans cesse [84].

Qu'y a-t-il donc de décisif selon Husserl avec la création de la science de la nature et ses conséquences ? D'abord la conscience du caractère méthodologique de l'opération d'abstraction constituant le monde objectif de la science de la nature, s'est perdue. En fait la pensée géométrique dont héritait Galilée n'atteignait pas la conscience effective de sa propre nature. Ainsi la géométrie, dans une intuition propre, immédiatement évidente et *a priori,* par la pensée travaillant cette intuition, semblait créer pour Galilée une vérité absolue, propre et permanente qui, en tant que telle, était certainement déjà applicable.

Ensuite, conséquence de la « disparition de signification » de l'opération objectivante, l'unique monde réel se voit remplacé par le

---

81 Cf. ID., *Idées directrices pour une Phénoménologie,* spéc. troisième section, chap. 1er, par. 72, 73 et 74.
82 ID., *Krisis,* II, 9 c).
83 Cf. ID., *ibid.,* II, 9 d) et e).
84 Cf. ID., *ibid.,* II, 9 f) et g).

monde des idéalités, des objectivités, monde exact, produit d'une abstraction mathématique. Toute réflexion méthodologique ne s'arrête dès lors qu'à la nature idéalisée. Ainsi se ferme la possibilité de comprendre le but final en fonction duquel justement toutes les constructions de la science acquerraient un sens pour l'homme — but final résidant *en cette vie* et se rapportant à son monde vital —.

Finalement, le monde se dédouble en nature et en monde spirituel. Conçu selon une relation particulière avec la nature, le monde spirituel se voit appliquer les méthodes de la science de la nature[85]. Pour Husserl c'est à la méconnaissance du véritable sujet-producteur du monde des idéalités (nature physique) que conduit la naturalisation du psychique. Elle conduit également à l'incompréhension de ce monde des idéalités lui-même, à l'incompréhension du monde pré-scientifique, pré-donné, quotidien, dont le sujet est aussi producteur. Et toute l'histoire de la philosophie moderne sera celle des tentatives répétées toujours vouées à l'échec pour résoudre l'énigme de la relation entre le sujet et le monde par la voie de la résolution de l'énigme de l'authentique sujet du monde.

La crise de la civilisation européenne n'est, pour Husserl, que la conséquence présente de cet égarement permanent de la raison à l'endroit de sa propre et authentique nature, de son opération et de la nature de ses produits. Et pour autant que le problème de la possibilité de la raison « physicaliste », « positive » est compris dans le problème de la raison constituante de façon universelle et dernière, cette raison « physicaliste » se trouve donc elle aussi en crise.

D'abord crise théorique, la crise de l'humanité européenne n'est pratique et vitale que par voie de conséquence. Préparée par des « égarements » purement théoriques, la résolution de cette crise ne pourra s'effectuer, nous le verrons, que par la compréhension correcte des problèmes théoriques, par la revalorisation du théorique. La sphère des idées se conçoit ainsi comme autonome et suffisante. L'histoire des idées, débutant par la création grecque de la philosophie — concept apparaissant comme le motif permanent de l'histoire européenne, et de toute histoire humaine en tant que véritablement humaine — paraît commander toute l'histoire concrète. L'idée grecque originale surgit de façon obscure et spontanée, la Renaissance la reprend pour

---

[85] Husserl rappelle la théorie de Galilée sur la subjectivité des qualités sensibles spécifiques — conçue plus tard conséquemment par Hobbes comme théorie de la subjectivité de tous les phénomènes concrets de la nature sensiblement intuitive et du monde en général: les phénomènes sont dans les sujets et ils y sont seulement comme des conséquences causales d'événements ayant lieu dans la nature véritable; événements qui, d'autre part, existent seulement comme des propriétés mathématiques (cf. E. HUSSERL, *Krisis,* II, 9 i).

la préciser au début des temps modernes mais la séduction permanente du mode théorique naturaliste la fera abandonner comme par « enchantement ». Finalement, c'est l'effacement de cette idée qui explique pour Husserl l'absence de signification de l'existence humaine actuelle, absence vue concrètement comme détresse de notre vie.

5. LA PRIMAUTÉ DE LA MÉTHODE HISTORIQUE ET LA RÉSOLUTION DE LA CRISE CAPITALISTE.

A Husserl, Lukàcs sans doute pourrait appliquer l'observation qu'adressait Marx à ceux qui reprochaient à la science d'avoir perdu le sens de la totalité par trop de spécialisation: ce reproche, disait-il, est conçu « comme si cette dislocation n'avait pas pénétré de la réalité dans les manuels, mais à l'inverse, des manuels dans la réalité ». Car chez Lukàcs il ne s'agit pas d'une crise qui se produit dans la conscience comme conséquence d'une structure de conscience. Il s'agit au préalable d'une crise économique, conséquence d'une structure socio-économique clairement définie: celle de la production capitaliste.

Lukàcs trouve dans les analyses que Marx développe surtout dans *Le Capital* le schéma théorique de son étude des particularités de ce phénomène dans la perspective fondamentale de la réification. C'est par la structure de la société capitaliste telle qu'analysée par Marx que Lukàcs rend raison de la crise, structure qui par ailleurs rend finalement raison de tous les phénomènes particuliers de conscience, y compris ceux de la conscience théorique. C'est en conséquence dans la structure économique que l'on doit chercher, selon Lukàcs, les motifs des « égarements » de la raison.

Nous avons esquissé plus haut l'analyse de Lukàcs concernant la correspondance entre la pénétration universelle de la forme marchande conçue comme structurelle de la société capitaliste et les formes d'objectivation que revêt l'ensemble des phénomènes, tant subjectifs qu'objectifs. Nous avons relevé également ce caractère propre à un certain niveau de développement des rapports humains: la réalité sociale se présente avec les caractères de l'objectivité propre à la nature physique. Aussi, dit Lukàcs, la réflexion de la pensée bourgeoise commence par les résultats achevés et ignore le processus de production de ceux-ci; les formes d'objectivité sous lesquelles, dans la société capitaliste, se présente le monde à la conscience cachent les catégories économiques comme catégories des rapports humains. La pensée bourgeoise est prisonnière nécessairement de l'immédiateté. Les limites objectives de la production capitaliste deviennent donc les limites de toute réflexion de la pensée bourgeoise.

C'est pourquoi le marxisme aura fondamentalement un caractère historique. Car s'il faut résoudre le caractère objectif naturel en processus, on devra considérer l'objectivité naturelle non pas comme fixe, immuable, extérieure et autonome, mais plutôt comme une forme de présentation de la réalité à la conscience, en rapport avec une forme de conscience dont précisément il s'agit de faire la critique.

Corrélativement à cette dissolution les catégories de la nature physique elle-même se révèlent à leur tour comme des catégories sociales. « Ce qui, à une étape déterminée de l'évolution sociale, dit Lukàcs, passe pour la nature, les caractères de la relation entre cette nature et l'homme, et la forme dans laquelle a lieu la confrontation de l'homme avec la nature, bref, ce que la nature doit représenter quant à sa forme et à son contenu, son extension et son objectivité, est toujours socialement déterminé [86]. »

Ainsi Lukàcs propose une « sociologie de l'erreur » (sous la forme d'une sociologie de la conscience « fausse ») et les fondements d'une sociologie de la connaissance scientifique (de la vérité scientifique particulière des sciences de la nature).

Une conséquence majeure découle de cette manifestation du système de rapports unissant la théorie et les conditions matérielles d'existence. Si les « égarements » de la raison ne sont pas imputables, finalement, à la raison, s'il n'y a pas une autonomie de la raison, si les possibilités et les limites de la raison sont déterminées, cela signifiera la nécessité d'un déplacement de la réflexion, plus encore, la nécessité du déplacement de la réflexion ou de la conversion par la pratique. Ce qui apparaît forcément comme subjectif ou arbitraire pour celui qui fait de la théorie quelque chose d'absolument indépendant des conditions matérielles d'existence trouve son explication chez Lukàcs au niveau réel, décisif, des rapports d'homme à homme, sans que pour cela soit éliminée du tout la légalité et soit niée la possibilité d'une objectivité. « Simplement, cette objectivité est l'objectivation de soi de la société humaine à une étape déterminée de son évolution, et cette conformité à des lois ne vaut que dans le cadre du milieu historique qu'elle produit et qu'elle détermine à son tour [87]. » C'est cette possibilité de détermination du système légal socio-historique par la pratique — sociale — qui s'exprime théoriquement comme proposition d'un radicalisme absolu, dans le sens d'une négation — dialectique — de la théorie, ou de l'unité de la théorie et de la pratique.

Sous cet angle, le caractère particulier de l'analyse lukacsienne de la philosophie moderne s'éclaire. La philosophie moderne est née de la structure réifiée de la conscience et c'est dans cette structure que prennent racine les problèmes qui la spécifient. C'est dans le

---

[86] G. Lukàcs. *GK*, p. 269-270.
[87] Cf. ID., *ibid.*, p. 171.

développement de la société bourgeoise dans laquelle tous les problèmes de l'être social cessent de transcender l'homme et se manifestent comme produits de l'activité humaine, que trouve son fondement la question du sujet et de l'objet radicalement posée par Kant comme problème du sujet-producteur du monde [88]. Aux rapports de domination et de servitude qui apparaissaient visiblement comme ressorts immédiats du processus de production correspondait jusque-là au contraire la conception médiévale du monde comme quelque chose qui surgit indépendamment du sujet connaissant par l'intervention, par exemple, d'un Dieu créateur [89]. La conception d'une connaissance référée à la totalité de l'être et, corrélativement, d'une science unitaire, systématique, de tous les phénomènes de la nature et de la société s'explique par le caractère universel que prend la forme marchande dans la société capitaliste. Tout autrement, à une société où la forme marchande ne fait que des apparitions épisodiques, où elle ne pénètre pas l'ensemble de toutes les manifestations vitales de la société, correspond une considération finie des problèmes, la conception d'un monde séparé (séparé, par exemple, dit Lukàcs, en monde « sublunaire » et monde « supra-lunaire [90] »). La contradiction entre la subjectivité et l'objectivité des systèmes formels modernes et rationalistes, l'incompatibilité entre leur essence de systèmes « produits » par nous et leur nécessité fatale étrangère à l'homme, ne sont rien d'autre que la formulation logique et méthodologique de l'état de la société moderne. Car, d'une part, les hommes brisent, dissolvent et abandonnent, dit Lukàcs, toujours plus les liens simplement « naturels », irrationnels. D'autre part et simultanément, ils élèvent autour d'eux, dans cette réalité par eux-mêmes créée, une sorte de seconde nature dont le déroulement vient à leur faire opposition — comme autrefois les puissances matérielles irrationnelles (i.e. les rapports sociaux qui leur apparaissaient sous cette forme) — en conformité rigoureuse avec une légalité aveugle [91].

Par cela s'explique aussi l'apparition du modèle méthodologique mathématique comme idéal de la connaissance: à l'inexorabilité irrationnelle, à une causation dont l'appréhension doit, par exemple, se subordonner à la foi, s'oppose maintenant, conséquence de lois connues et connaissables, une inexorabilité rationnelle. C'est par le déplacement de la production de valeurs d'usage à la production de valeurs d'échange que s'est opérée la rupture des liens simplement « naturels », irrationnels, déplacement qui a exigé la destruction de

---

[88] Cf. ID., *ibid.*, p. 171.
[89] Cf. ID., *ibid.*, p. 113 et 143.
[90] Cf. ID., *ibid.*, p. 144.
[91] Cf. ID., *ibid.*, p. 163.

l'unité qualitative irrationnelle de l'objet et son objectivation comme variable quantitative d'une série d'objets formellement — rationnellement — égaux.

Bref, la philosophie moderne n'est pour Lukàcs rien d'autre que l'expression conceptuelle du capitalisme, tel que ce dernier apparaît à la conscience de la classe bourgeoise conformément à la situation de celle-ci dans le processus d'ensemble de la production. Cette conscience de classe repose sur l'opposition insurmontable entre l'individu (capitaliste), l'individu d'après le schéma du capitaliste individuel, et l'évolution soumise à des « lois naturelles », nécessaires. Et c'est dans la radicale historisation des termes, que Lukàcs trouve la voie de solution de cet antagonisme formulé comme opposition sujet-objet, nécessité-liberté, théorie-pratique, dans la dissolution du caractère figé et « naturellement » objectif de cette opposition par l'unification dialectique des contraires. Cette perspective est donc celle d'une radicalisation maximale du criticisme par le principe de la pratique, criticisme systématiquement élaboré par la philosophie moderne et dont les limites n'étaient que l'expression des limites structurales de la société capitaliste.

En effet, si les formes d'apparition de la réalité — sociale — à la conscience théorique ne sont pas seulement de simples formes de pensée, mais en même temps des formes objectives de la réalité — sociale capitaliste —, leur dépassement ne peut donc être, s'il doit être leur dépassement réel, un simple mouvement de pensée: il doit les supprimer en pratique, en tant que formes de vie de la société. Le criticisme de la philosophie allemande, ainsi que le criticisme de Husserl restent sur le plan de la seule pensée comme revendication philosophique pure, et leur mouvement — ce que nous verrons ensuite — conduit inévitablement à la subjectivisation chaque fois plus accentuée d'un sujet individuel producteur du monde.

Le principe de la pratique, comme négation dialectique de la philosophie a, pour Lukàcs, sa condition et son complément dans la conception de la réalité comme « complexe de processus ». Selon cette conception, les tendances de l'évolution historique naissent parmi les facticités figées et réifiées de l'expérience et ne sont donc nullement une réalité transcendante, bien que plus élevée. Elles sont la réalité vraie [92]. Le principe de la pratique conduira irrémédiablement aussi — comme exigence logique du système chez Lukàcs — à la conception de la classe sociale comme sujet de l'histoire.

---

[92] Cf. ID., *ibid.*, p. 250.

6. LES DEUX CHEMINS
DE LA DISSOLUTION DE L'OBJECTIVITÉ NATURALISTE:
RETOUR À L'INDIVIDU COMME SUBJECTIVITÉ (HUSSERL)
ET CONCRÉTION MAXIMALE DE L'INDIVIDU HISTORIQUE
DANS LA CLASSE (LUKÀCS).

Nous avons vu qu'à Kant revient selon Lukàcs le mérite d'avoir formulé avec clarté la problématique depuis lors cruciale dans l'histoire de la pensée moderne. Une telle formulation impliquait, comme condition nécessaire, le rejet du « dogmatisme » dans la considération du problème de la connaissance, c'est-à-dire la thématisation de ce qui se présente à la conscience naïve comme équivalence entre les formes de la pensée, et la réalité. La « révolution » commencée par Kant ne détermine pourtant pas de manière exclusive toute la problématique postérieure. Dans la philosophie moderne, nous dit Lukàcs, deux voies sont ouvertes dont les termes deviennent maintenant visibles. D'un côté la pensée moderne, d'une façon plus ou moins déclarée, plus ou moins subtile, continue d'accepter inconditionnellement l'équivalence entre les formes de la pensée et la réalité, rejette comme « métaphysique » tout essai de construire une science unitaire de l'être en général, se réfugie dans une conception « scientifique » (au sens naturaliste de la scientificité). Dans cette voie se situent pour Lukàcs toutes les sciences particulières en tant que, justement, elles ne se proposent rien d'autre que de comprendre des phénomènes partiels, c'est-à-dire des secteurs de la réalité; en tant qu'elles ne constituent autre chose que des systèmes partiels qui essaient de s'adapter progressivement à de tels secteurs en supposant comme « donné » le substrat matériel qui est, à la rigueur, son fondement ultime[93]. En d'autres termes, pour Lukàcs les sciences particulières reposent sur une objectivité non interrogée et qu'elles ne se proposent pas d'interroger.

D'un autre côté, la philosophie classique allemande assume la problématique ouverte par Kant, rend progressivement radical le mouvement criticiste, jusqu'à pousser au paroxysme les oppositions logiques dans lesquelles, nécessairement, sont formulées les oppositions réelles, et jette ainsi les fondements méthodologiques de la découverte du véritable sujet de l'histoire. Lukàcs rend raison sociologiquement de cette possibilité réservée à la philosophie classique allemande: la société bourgeoise « maîtrise dans une proportion croissante, dit-il, les détails de son existence sociale [...] mais en même temps elle perd — dans une proportion également croissante — la possibilité de maîtriser en pensée la société comme totalité ... » La philosophie classique allemande naît justement à cette étape de l'évolution de la classe

---

[93] Cf. ID., *ibid.*, p. 153.

« où ce processus est déjà si avancé que tous ces problèmes peuvent être rendus conscients comme problèmes; mais en même temps, elle naît dans un milieu où ils ne peuvent intervenir dans la conscience que comme problèmes de pure pensée, purement philosophiques [94] ».

En opposition donc à l'acceptation dogmatique d'une réalité simplement « donnée » et étrangère au sujet, la philosophie classique allemande essaie selon Lukàcs de rendre raison de la réalité comme production d'un sujet et, corrélativement, du sujet comme producteur de la totalité des contenus. Ce programme se précise bientôt autour du problème de la découverte de « ce foyer d'unité à partir duquel (la) dualité du sujet et de l'objet sur le plan empirique, deviendrait compréhensible, déduite, produite [95] ».

Comme pour Lukàcs, Kant occupe pour Husserl une position privilégiée. Nous avons essayé de montrer plus haut comment les perspectives qui commandent leurs analyses re-structurent la pensée de Kant, soit dans l'axe de la *Critique de la Raison pratique* quand il s'agit du dépassement des contradictions de la pensée — théorique — (attitude contemplative) par la pratique réelle chez Lukàcs; soit dans l'axe de la *Critique de la Raison pure* quand il s'agit de pousser toujours plus radicalement la réflexion: seul chemin du dépassement des contradictions de la pensée prisonnière du naturalisme — contemplatif — chez Husserl. Comme pour Lukàcs, Kant représente pour Husserl la tentative la plus significative, quoique ratée, pour dépasser le rationalisme prédominant, celui-ci s'exprimant sous la forme d'une acceptation dogmatique de l'équivalence entre connaissance en général et connaissance d'après le modèle des sciences naturelles (modèle rationnel-mathématique). Pour Husserl comme pour Lukàcs, la critique kantienne du dogmatisme ne prescrit pas à la pensée occidentale le seul développement d'un criticisme renouvelé et sans cesse radicalisé. A partir de Kant s'ouvrent, selon Husserl, deux lignes de pensée: acceptation ou rejet de la problématique kantienne, acceptation ou rejet du dogmatisme gnoséologique.

La première de ces attitudes, l'objectivisme philosophique, porte l'empreinte de ce que les sciences positives conservent comme « impulsion »: une tendance physicaliste et des formes de dualisme psychophysique [96]. La seconde attitude résulte de successives réflexions

---

[94] Cf. ID., *ibid.*, p. 154-155.
[95] Cf. ID., *ibid.*, p. 157.
[96] Tandis que pour Husserl le renoncement à saisir la totalité (et, corrélativement, le renoncement à la conception unitaire de la science) s'exprime comme transformation du sens des sciences au moment de leur conversion en *arts*, pour Lukàcs ce renoncement se trouve déjà dans les origines mêmes des sciences particulières.

de radicalité maximale dans le cadre d'un transcendantalisme philosophique. Cette dernière attitude est adoptée explicitement par Husserl. Il présente lui-même sa réflexion comme le terme, la forme finale d'un développement historique. Alors, en cette réflexion, le mouvement des idées atteindrait son intégrale signification et par elle deviendrait possible la construction historique de l'humanité européenne.

6.1. LA DISSOLUTION DE L'OBJECTIVITÉ NATURALISTE CHEZ LUKÀCS.

Nous avons déjà vu quelles conséquences tire Lukàcs de la considération kantienne d'un sujet de la pratique réduit à la conscience individuelle: les antinomies attachées au problème de la production du monde sont reformulées chez Kant comme antinomies logiquement irréductibles. La légalité du monde naturel et la liberté purement intérieure de la pratique morale individuelle — en tant que réduite à la liberté du point de vue dans l'appréciation des faits intérieurs — apparaissent finalement dans la *Critique de la Raison pratique* comme des fondements séparés et inconciliables de l'existence humaine, donnés dans leur séparation irrévocable. Ainsi il devient clair que le simple dépassement de l'attitude contemplative ne suffit pas. Mais le critère de la pratique n'est pas défini univoquement comme négation de la théorie, du moins en tant que la nature essentielle de l'opération théorique n'est pas clairement définie. En quoi consiste donc pour Lukàcs l'attitude contemplative, théorique, et comment s'établit son opposition à la pratique ?

Selon Lukàcs, la théorie et la pratique se rapportent effectivement aux mêmes objets, et ces objets se donnent de façon unitaire comme des complexes indissolubles de forme et de contenu. L'attitude théorique vise les éléments formels des objets. Quand elle arrive à détacher les éléments formels de tout contenu (défini dès lors comme « facticité contingente ») et donc à dominer théoriquement les objets qu'elle vise, cette attitude atteint, pour notre auteur, son point culminant.

Au contraire, l'attitude pratique du sujet viserait le contenu qualitativement unique, le substrat matériel de chaque objet. La pensée naïve croit pouvoir extraire les contenus à partir des formes elles-mêmes et attribue de cette façon à ces formes des fonctions métaphysiques actives. Ou encore, continue Lukàcs, elle conçoit le matériel étranger aux formes — de façon également métaphysique — comme inexistant. Le problème de l'irréductibilité de la facticité, ne surgit alors pas. Dès l'instant cependant où la liaison indissoluble entre l'attitude contemplative du sujet et le caractère purement formel de la connaissance devient conscient, il faut soit renoncer à résoudre le problème de l'irrationalité de la matière, soit chercher la solution en direction de la praxis [97]. Ce sont, précisément, les deux directions philosophiques possibles dont nous parlions plus haut.

Kant ne se borne pas, selon Lukàcs, à montrer la liaison indissoluble entre l'attitude théorique et le caractère formel de la connaissance, il signale aussi le chemin de la pratique comme le seul possible pour résoudre les problèmes insurmontables au niveau théorique. Mais le critère de la pratique, tel que conçu par Kant, ne résout pourtant pas le problème de la production de la réalité (de la production des contenus). Au contraire, la validité des normes éthiques, par rapport auxquelles s'exerce en fait la pratique, ne se rapporte qu'aux formes de l'action. Les contenus, c'est-à-dire la matière, l'irrationalité, se définissant comme purement contingents, échappent de nouveau à la compréhension et au contrôle effectif. Ainsi il apparaît, dit Lukàcs, que l'essence de la pratique réside dans la suppression de l'indifférence de la forme à l'égard du contenu. Le principe de la pratique n'est réellement atteint que si la validité du concept correspondant de forme n'a plus pour fondement et pour condition méthodologique une absolue indépendance à l'égard de toute détermination de contenu, une pure rationalité. Comme principe de transformation de la réalité, ce concept doit être taillé à la mesure du substrat matériel et concret de l'action pour avoir quelque efficacité [98].

Ici Lukàcs rejoint, à partir d'un point de vue complémentaire, son analyse de la forme d'objectivité de la réalité capitaliste, de même que son analyse du rapport qui s'établit nécessairement entre celle-ci et son sujet. En effet, c'est en dernier ressort un sujet purement contemplatif régi par la causalité légale universelle qu'implique la conception formelle de l'objet de la connaissance rendant possible le traitement mathématique de la réalité et la mise à jour de cette légalité universelle et nécessaire. La possibilité d'action de ce sujet se restreint au choix du point de vue d'où les effets de ces lois, calculés mathématiquement, lui offriront, compte tenu des buts visés, les meilleures chances de succès. De nouveau, les possibilités théoriques du sujet reproduisent les possibilités réelles — sociales — de l'individu dans la société capitaliste; les caractères théoriques de la réalité objectivée reproduisent la réalité objective de la société capitaliste: ce sujet individuel de la connaissance n'est que l'individualité — monadique — de l'homme de la société capitaliste.

Un nouveau pas est franchi dans l'analyse de Lukàcs par l'examen du principe fichtéen de l'art comme principe de la pratique. S'il fallait en effet découvrir un principe formel qui ne fût plus marqué par l'indifférence vis-à-vis du contenu, l'art, dont le principe est jus-

---

[97] Cf. ID., ibid., p. 160-161.
[98] Cf. ID., ibid., p. 160.

tement la création d'une totalité concrète en vertu d'une conception de la forme orientée vers le contenu concret de son substrat matériel, semblerait être capable de dissoudre la relation « contingente » des éléments au tout, de dépasser la contingence et la nécessité comme contraires simplement apparents [99].

Lukàcs signale que déjà Kant, dans la *Critique du Jugement*, avait attribué au principe de l'art le rôle de médiateur entre les contraires autrement inconciliables et la fonction d'achever le système grâce à une solution du problème de la relation de la forme au contenu. Il était donc inévitable que le nouveau principe de la pratique — défini par une rationalité non plus formelle — se localisât dans l'« entendement intuitif » kantien, pour lequel le contenu n'est pas donné, mais « produit » et qui est spontané (c'est-à-dire, actif) et non réceptif (c'est-à-dire, non contemplatif) [100].

Mais alors deux voies s'ouvrent, semble-t-il, comme les seules possibles: ou bien la réalité acquiert un « sens » seulement en tant qu'elle est esthétisée, ou bien le principe esthétique est élevé au rang de principe façonnant la réalité objective. Dans le premier cas, le sujet devient à nouveau, quoique d'une autre façon, sujet contemplatif. Dans le second, le nouveau foyer de production de la réalité, l'entendement intuitif, doit être mythologisé [101].

La question du sujet producteur se précise alors, et décisivement, dans la production du sujet producteur. La philosophie allemande se trouve pour Lukàcs en condition de dégager pour la première fois la nouvelle « substance » philosophiquement fondamentale « au sens vrai, complet et fort »: l'histoire [102].

Cette « découverte » de l'histoire, qu'implique-t-elle dans le contexte d'idées que nous examinons ? D'abord, il devient clair que l'incapacité d'appréhender le fait historique est inhérent à la méthodologie des sciences (naturelles). Cette méthodologie suppose, en effet, la définition des contenus des formes comme immuables, la constance des éléments. Et en tant que l'histoire se définit comme devenir des contenus, les limites de la méthodologie naturaliste se révèlent donc dans la méthodologie elle-même.

Ensuite, l'opération par laquelle la méthodologie des sciences de la nature rend immuables les contenus des formes trouve sa fin dans la réduction des phénomènes à leur pure essence quantitative, à leur

[99] Cf. ID., *ibid.*, p. 174.
[100] Cf. ID., *ibid.*, p. 175.
[101] Cf. ID., *ibid.*, p. 177.
[102] Cf. ID., *ibid.*, p. 181.

expression en nombres et en rapports de nombres. On ferme ainsi méthodologiquement le chemin de la connaissance de la nouveauté qualitative, nouveauté essentielle au phénomène historique.

Enfin, la possibilité de la découverte de l'histoire (comme méthode) reste fermée tant qu'on considère la méthodologie des sciences (naturelles) et leur mode d'être comme paradigmatiques. C'est pourquoi lorsqu'elle se révèle comme « substance », l'histoire implique la destruction de l'équivalence entre connaissance rationnelle, formelle et mathématique, et connaissance en général. Elle nécessite une logique d'un type nouveau, une logique de contenus qui se transforment — à côté d'une logique des formes et des contenus formalisés par le processus d'abstraction.

En effet, en tant que l'opération d'abstraction et de mathématisation de la méthode scientifique (des sciences naturelles) constitue un monde de « réalités » figées, séparées de l'homme, fermées en elles-mêmes, autonomes, les produits de l'activité humaine acquièrent la nature de « données »: l'activité productrice de l'homme se masque et devient, paradoxalement, contemplation. Lukàcs souligne que ce paradoxe ne réside pas dans l'incapacité des philosophes classiques à analyser de façon univoque les faits en présence desquels ils se trouvent; elle est bien plutôt l'expression idéelle de la situation objective que ces philosophes ont pour tâche de comprendre [103]. La contradiction entre le programme de la philosophie moderne — comprendre le monde comme monde produit par « nous » — et les résultats de la réflexion sur le rapport entre le monde et nous, n'exprime comme contradiction pensée que la nécessaire contradiction réelle de la structure de la société capitaliste.

Or, l'histoire, ou plutôt la nécessité logique de la connexion entre genèse et histoire, dissout — lorsqu'il s'agit de la réalité sociale et de son sujet producteur — l'objectivité naturaliste en processus. Elle dissout aussi la légalité qui s'oppose à l'homme en se le subordonnant en une légalité constituée, c'est-à-dire produite par l'activité de l'homme et maîtrisable par celle-ci.

Mais alors se pose de nouveau et d'une façon concrète, le problème du sujet de la genèse, du sujet de l'action. Le programme qui consiste à montrer l'unité du sujet et de l'objet vise maintenant la découverte du sujet de l'histoire, du « nous » dont l'action est réellement l'histoire. Car, dit Lukàcs, l'unité du sujet et de l'objet doit réellement trouver le lieu de sa réalisation et son substrat dans l'unité

---

103 Cf. ID., *ibid.*, p. 163.

entre la genèse des déterminations pensées et l'histoire — concrète — du devenir de la réalité [104].

Hegel représenterait le point extrême dans la conscience du problème, le point où les possibilités et les limites de la pensée — bourgeoise — atteignent leur sommet. C'est à partir de lui que Marx élaborera le point de vue grâce auquel se révèle, pour Lukàcs, le « nous » de la genèse, le sujet authentique de l'histoire: le prolétariat.

La critique lukacsienne de la position de Hegel est une critique interne: même en ne considérant pas le caractère mythologique du sujet découvert par Hegel (l'« esprit du monde » ou plutôt ses figures concrètes, les « esprits des peuples »), ce sujet ne serait pas capable de remplir la fonction qui lui est assignée dans le système. Car, en tant que l'esprit du peuple n'est qu'une détermination « naturelle » de l'esprit du monde, il n'est qu'apparemment le sujet de l'histoire: l'activité devient donc transcendante au sujet même de l'activité, et la liberté se réduit de nouveau à la liberté de réfléchir sur des lois « objectives », étrangères à l'homme, et qui le dominent [105].

Le dépassement définitif du problème, la découverte du « nous » authentique de la genèse, du sujet de l'histoire implique le dépassement des limites nécessaires de la pensée bourgeoise. La possibilité de montrer le prolétariat comme sujet authentique de l'histoire était donc réservée nécessairement au prolétariat lui-même.

Toute l'histoire de la pensée moderne apparaît ainsi dans l'analyse de Lukàcs orientée vers la découverte de l'histoire comme substance primordiale de la réalité sociale. Corrélativement toute l'histoire de la société moderne se révèle orientée vers le moment où le prolétariat se révèle à lui-même comme sujet-producteur de l'histoire.

6.2. LA DISSOLUTION DE L'OBJECTIVITÉ NATURALISTE CHEZ HUSSERL.

Nous avons vu que dans sa forme première la philosophie transcendantale se présentait dans la *Krisis* comme « révolution copernicienne ». Cette révolution s'identifiait à l'interrogation du sujet connaissant comme foyer de toutes les formations du sens objectif et comme foyer de toutes les validités objectives d'être, interrogation utilisant une méthode foncièrement différente de celle de la science « naïvement objectiviste ». Nous avons vu aussi que la critique de Husserl visait, dans l'analyse de chaque tentative effectuée dans la

---

[104] Cf. ID., *ibid.*, p. 184.
[105] Lukàcs ajoute que le concept de « ruse de la raison » avec lequel Hegel essaie de rendre raison de l'histoire déjà faite reste le concept d'une mythologie du moment où la raison réelle n'est pas découverte et montrée de façon réellement concrète (cf. G. LUKÀCS, *GK*, p. 185).

direction de la découverte de l'authentique foyer des configurations de sens, à signaler l'insuffisance de la réflexion critique, insuffisance toujours définie par la présence de présupposés naturalistes dans le système en question. Le programme de Husserl, en conséquence, consiste dans l'exercice d'une réflexion de radicalité maximale, dans la suspension — théorique — de toute sorte de présupposés (de validités) et, en premier lieu, dans la « mise entre parenthèses » des sciences objectives.

A l'opposé de la méthode naturaliste et objectiviste qui considère ses objets du dehors, et pose le monde comme extériorité étrangère et autonome par rapport au sujet de la connaissance, la position de Husserl sera celle d'une considération purement et systématiquement interne de la subjectivité par laquelle le monde se révélera comme constitué dans son sens et le sujet du monde comme subjectivité constitutive de tout sens d'être du monde.

Comment la dissolution de l'objectivité naturaliste s'opère-t-elle chez Husserl ? Par une décision volitive spécifique [106] le philosophe s'abstient de toute pratique scientifique; il s'abstient de toute prise de position critique intéressée à la vérité ou à la fausseté, donc de toute prise de position théorico-scientifique. Il s'abstient finalement de porter jugement sur le projet de la connaissance objective du monde, autrement dit, sur le *telos* de la science.

Dans cette *épaché* que nous exécutons, dit Husserl, les sciences et les hommes de science ne disparaissent pas pour nous. Mais nous, et en vertu de l'*épaché,* ne fonctionnons plus comme co-intéressés ou comme collaborateurs. Il s'établit seulement une orientation particulière de l'intérêt: nous interrogeons maintenant le « monde vécu », le monde préscientifique, le monde de la vie quotidienne.

C'est alors que nous atteignons, poursuit Husserl, une structure universelle non relative — un *éidos* — à laquelle se relie tout état relatif. Par rapport aux structures scientifiques présupposées — *a priori* — dès le remplacement du monde vécu par un monde « en soi » déterminé par des « vérités en soi », les structures du monde vécu préscientifique apparaissent comme analogues. C'est alors que la réflexion atteint une première intellection fondamentale: c'est sur le monde vécu pur que s'instaure l'*a priori* universel de degré logico-objectif caractérisé par le stade de la mathématisation des sciences. En conséquence, tout *a priori* objectif renvoie nécessairement à un correspondant *a priori* du monde vécu, ce renvoi ayant le caractère d'une fondation de la validité.

---

[106] Cf. E. HUSSERL, *Krisis,* III, A, 35, 36, 37.

Cette *époché* pratiquée envers les sciences objectives ne suffit pas néanmoins. Notre interrogation a porté sur le monde vécu, sur les objets donnés en tant que tels. Cette interrogation appartient à l'attitude réflexive primaire et, en ce sens, première car tous nos intérêts ont normalement leurs buts dans des objets [107]. Mais les objets ne se donnent pas à nous simplement: c'est selon des modes d'apparition subjective, dans des modes d'être donnés dont nous n'avons, dit Husserl, généralement aucune idée qu'ils parviennent à la conscience. Alors se dessine une direction nouvelle de nos intérêts théoriques: les modalités d'apparition des objets à la conscience deviennent notre préoccupation. Par l'*époché* systématique [108] et généralisée portant sur toute validité le philosophe, selon Husserl, se libère de la donation du monde (du monde pré-donné). Et cette libération a deux conséquences majeures: d'abord, la formation de sens et la valeur d'être de la science (objective), auxquelles on attribuait la primauté jusque-là, se manifestent maintenant comme une classe d'opération (idéalisante), comme une espèce particulière d'activités et de réalisations; l'appartenance exclusive de la vérité objective à l'attitude de la vie mondaine naturelle de l'homme devient manifeste [109]. Enfin, se découvre la corrélation universelle absolument auto-suffisante, comme ne renvoyant à rien d'autre, entre le monde lui-même et la conscience du monde.

Ainsi apparaît finalement et dans sa plus grande généralité la corrélation entre les étants de n'importe quelle espèce et la subjectivité absolue révélée comme l'authentique sujet producteur du monde constituant le sens et la valeur d'être [110].

7. LA DISSOLUTION DE L'HISTOIRE RÉELLE CHEZ HUSSERL.

Réexaminons un instant le thème de la dissolution de l'objectivité naturaliste dont il vient d'être question. Dès que l'*époché* suspend la validité propre à la science, il reste comme thème le monde vécu, domaine de toute praxis, auquel renvoie finalement sous forme de vérification sensible toute vérification objective.

Trouvons-nous en ce domaine des thèmes susceptibles d'énonciations universelles ? Y a-t-il là matière à énonciation portant sur des faits à établir scientifiquement, selon une « scientificité » d'un type nouveau ?

---

[107] Husserl appelle cette manière de thématiser le monde vécu « attitude rectiligne naturellement naïve » (cf. E. HUSSERL, *Krisis*, III, A, 38).
[108] La méthode proposée par Husserl s'articule en une pluralité de pas ayant chacun le caractère d'une *époché*. Pourtant l'*époché* transcendantale ne peut pas être effectuée pas à pas, elle doit être effectuée d'un coup (cf. E. HUSSERL, *Krisis*, III, A, 40).
[109] Cf. E. HUSSERL, *Krisis*, III, A, 52.
[110] Cf. ID., *ibid.*, 41.

Dans la réflexion [111], le monde vécu apparaît comme horizon de choses expérimentées et possiblement expérimentables. Les choses de ce monde ne se présentent pas à nous de façon « objective », elles sont ce que Husserl appelle « subjectives-relatives ». Néanmoins il y a une certaine universalité de ces faits car, même en tenant compte des diversités imaginables — par exemple, entre les cultures ou les civilisations —, il y a dans ce monde, dit Husserl, une vérité inconditionnelle valable au sujet des objets et malgré toutes les relativités des « choses ». Une telle structure générale peut donc être objet d'étude et des affirmations générales, dont la preuve est accessible à tous d'égale façon, peuvent porter sur elle. Nous l'avons vu, les structures que la réflexion découvre dans le monde vécu sont, pour Husserl, semblables à celles des sciences objectives.

Dépouillé, par l'*époché,* de toute validité affirmée dans ces sciences, le monde se révèle encore comme spatio-temporel bien que cette spatio-temporalité ne soit plus mathématique, comme monde de corps réels mais d'une corporéité étrangère à la physique, comme intégrant une causalité, quoique différente de la causalité définie par les sciences de la nature.

La vie naturelle, qu'elle soit préscientifique ou scientifique, qu'elle soit théorique ou pratique, se situe pour Husserl dans ce monde. Il s'agit pourtant d'une vie dans un horizon universel non thématisé, c'est-à-dire qu'elle suppose le monde prédonné. Toutes les questions « naturelles » sont toujours reliées d'une façon ou d'une autre à cet horizon universel appelé par Husserl l'être réel en tant qu'il a pour tous par avance le sens de « réalité » (réelle).

L'établissement d'une thématique nouvelle sera, nous l'avons vu, dirigé par une transformation de l'intérêt portant sur les métamorphoses subjectives des modes du donné, des modes d'apparition, des modes d'évaluation. Aussi devons-nous porter maintenant notre attention sur cette vie de la conscience qui apparaît ainsi à l'origine du monde.

Dans la vie naturelle normale, les actes étant à l'origine du monde sont accomplis constamment par la subjectivité, mais cette opération est, bien sûr, essentiellement et naturellement cachée. La science que Husserl veut constituer devra justement expliciter le comment, la méthode par laquelle on découvrira ces actes.

Cette science sera nouvelle en deux sens: d'abord, parce que toutes les autres sciences sont construites sur le sol de ce monde que cette science aura pour objet. Ensuite, parce qu'elle sera une science

---

[111]   Cf. ID., *ibid.,* 35 et suiv.

des fondements derniers de laquelle toutes les autres acquerront leur signification ultime.

L'*époché* universelle, la mise hors jeu de toutes les évaluations présentes dans l'ensemble de la vie naturelle rendra possible la nouvelle thématique. Le philosophe alors se libère du monde vécu et par là parvient à la découverte de la corrélation entre le monde et la conscience qui en est prise. La vie de conscience de la subjectivité absolue se révèle comme sens constituant et valeur d'être constituante dans son mode le plus universel.

Ainsi la vérité objective n'apparaît plus à la réflexion que comme un mode d'être au sein d'un plus vaste ensemble. Elle surgirait et se développerait originairement selon Husserl « à partir du besoin de la praxis humaine comme intention d'assurer ce qui est simplement donné comme étant (le pôle objet anticipé comme permanent) devant les possibles modalisations de la certitude [112] ». C'est pourquoi, d'ailleurs, la philosophie comprise comme science universelle objective — et celle-ci a été toute la philosophie traditionnelle pour Husserl — ne serait nullement une science universelle: visant avant tout le « pôle objet constitué », elle reste aveugle devant le « pôle je constituant ».

Dans cet examen « transcendantal » se manifeste donc le sens de l'opération idéalisante des sciences objectives justement comme une espèce, parmi d'autres, d'activités humaines. Les objectivités produites par cette activité particulière apparaissent « créées » par le sujet sur la base d'un fond préscientifique auquel le sujet fait inévitablement appel lorsqu'il s'agit de vérifier leur vérité ou leur fausseté. L'*époché* permet ainsi de restituer à l'opération idéalisante sa signification méthodologique, déjà perdue chez Galilée, et même avant lui, dans les égarements d'une raison depuis lors jamais rectifiée.

Husserl paraît avoir atteint un des buts qu'il se proposait dans les premiers chapitres de son travail. Il n'était pas question d'examiner les résultats théoriques des sciences objectives ou leur méthode d'ailleurs inattaquable quant à la légitimité de ses résultats. Au contraire, et ce n'est pas une autre conviction qui anime, pour Husserl, toutes les philosophies continuatrices et transformatrices du transcendantalisme kantien, il s'agissait de montrer que les connaissances des

---

[112] Cf. ID., *ibid.* Wahl explique cette idée de Husserl de la façon suivante: « ... dès que nous affirmons, dès que nous posons un jugement catégorique, nous le faisons sous l'exigence du besoin, de la praxis... Nous disons: ceci, et par là nous nous opposons à l'idée; ceci, par exemple, est un fantôme ou ceci est une possibilité. Par conséquent, l'indicatif est simplement l'affirmation que nous nous trouvons devant des faits par opposition à des suppositions ou des rêves. Et cela est nécessaire pour la pratique » (Jean WAHL, *L'Ouvrage posthume de Husserl: La Krisis* (fin), p. 64-65).

sciences objectives ne sont nullement des connaissances reposant sur un fondement dernier ni donc un savoir de ce qui, comme ultime vérité, est. Dans la mesure où la critique de Husserl s'adressait au phénomène de *misplaced concreteness,* produit par le « passage à la technique » des sciences objectives, la recupération du monde vécu, concret, de notre expérience humaine semble avoir le caractère d'une véritable recupération de la « substance », de la « matière » de ces sciences.

Tout ce que nous venons de dire se rapporte pourtant à ces sciences objectives dont le modèle ou l'exemple privilégié sont les sciences mathématiques de la nature. Qu'en est-il des sciences dites de l'esprit, de ces disciplines dont l'objet — ou le sujet — est défini par sa radicale historicité ? Il nous faut suivre un peu plus loin la démarche réflexive de Husserl.

Avec l'*époché* transcendantale s'interrompt, dit-il, pour la première fois, l'existence humaine naturelle. Il ne s'agit pas, bien sûr, d'une disparition du monde réel et de toute existence dans ce monde. Celui-ci continue à être ce qu'il était avant pour moi et ce qu'il est encore pour nous tous, pour l'humanité. Il s'agit seulement du fait que le monde se présente à moi, philosophe qui exerce l'*époché,* comme le corrélat pur de ma subjectivité.

Avec cette réduction du monde au phénomène transcendantal « monde » s'opère implicitement la réduction de l'humanité au phénomène transcendantal « humanité ». Avec l'*époché* pratiquée conséquemment le moi reste donc, pour Husserl, la seule et absolue réalité (non naturelle): « L'*époché* crée, dit-il, une solitude philosophique unique laquelle, d'ailleurs, est l'exigence fondamentale d'une philosophie réellement radicale [113]. » Husserl semble avoir ainsi atteint le « foyer » de toutes les configurations de sens, le sujet finalement producteur du monde dans sa totalité: la subjectivité singulière absolue. En même temps, il semble avoir accompli le projet méthodologique d'une interrogation radicale, d'un savoir tout à fait libre de présupposés. Il entreprend donc à ce moment la tâche de constituer le monde à partir de ce moi absolu, de cette solitude unique atteinte progressivement par le philosophe dans une démarche réflexive systématique.

Le premier pas en ce sens sera la constitution des autres moi transcendantaux. Elle est une exigence du système car c'est justement dans l'intersubjectivité (transcendantale) qu'un monde réel, en tant qu'objectif, se constitue comme étant pour chacun. Ainsi la constitution du monde objectif n'est-elle pas l'œuvre du moi absolu et unique;

---

[113] E. HUSSERL, *Krisis,* III, 54.

elle est le produit d'une fonction vitale intentionnelle de la subjectivité, « non pas, dit Husserl, de la subjectivité singulière, mais de l'ensemble de l'intersubjectivité intercommuniquée dans la fonction [114] ».

Mais alors le moi singulier absolu comme « foyer » final, comme sujet dernier producteur de la totalité du monde ne se perd-il pas ? N'y a-t-il pas là pour la pensée réflexive une insurmontable antinomie, la démarche régressive conduisant cette réflexion à poser comme sujet dernier un foyer singulier tandis que la description de la production du monde exige un sujet pluriel, un Nous ? L'antinomie ne serait pour Husserl qu'apparente. Le moi singulier, par une certaine activité constitutive qui lui est propre, dit-il, se rend lui-même transcendantalement déclinable. Il constitue par conséquent à partir de lui-même et en lui-même l'intersubjectivité transcendantale qui constituera le monde, dans laquelle il se compte ensuite lui-même comme un membre simplement privilégié, comme moi des autres transcendantaux [115].

L'intersubjectivité transcendantale ne peut apparaître qu'à partir du moi opératif dernier (« Ego ») et par une réflexion systématique sur les fonctions transcendantales de celui-ci. Cette réflexion doit nous conduire à la compréhension du fait que tout moi transcendantal de l'intersubjectivité en tant que co-constituant du monde est constitué nécessairement comme homme dans le monde. Elle doit nous conduire finalement à l'intelligence du fait que l'humanité n'est que l'objectivation de l'intersubjectivité transcendantale [116].

On a montré ailleurs que la tentative de Husserl pour constituer l'intersubjectivité à partir des opérations conscientielles de l'*Ego* n'a pas abouti. On peut supposer, souligne Schutz, que l'intersubjectivité n'est pas un problème de constitution à résoudre à l'intérieur de la sphère transcendantale, mais une donnée du monde de la vie. On peut conclure valablement qu'elle est la catégorie ontologique fondamentale de l'être dans le monde [117]. Laissons pourtant de côté l'analyse de la tentative husserlienne de fonder une ontologie à partir des processus de la subjectivité. Essayons de préciser le concept de l'histoire à l'intérieur de cette ontologie.

La donnée fondamentale est que la production du sujet producteur du monde se réalise, chez Husserl, dans la « solitude unique » de l'*Ego*. Cet *Ego* transcendantal a-t-il un contenu propre ? Est-il la forme abstraite d'un contenu ? Il ne se confond pas avec le moi

---

[114] Cf. ID., *ibid.*, 49.
[115] Cf. ID., *ibid.*, 54 b.
[116] Cf. ID., *ibid.*, 42.
[117] Cf. Alfred SCHUTZ, *Le Problème de l'Intersubjectivité transcendantale chez Husserl*, p. 362-363.

empirique mais il n'a pas non plus d'autre contenu que celui-ci. La réduction transcendantale a dévoilé les fonctions transcendantales du moi unique et l'*Ego* peut être défini comme le moi de ces fonctions transcendantales. La réduction aurait donc atteint une subjectivité vraiment réelle et concrète et dans cette subjectivité, la vie constituante universelle et non simplement la vie constituante théorique: elle a atteint selon Husserl la subjectivité absolue dans son historicité [118].

Sans doute avant cette réduction, le monde historique est donné comme monde socio-historique. Mais nous savons maintenant que celui-ci n'est historique que par l'historicité de l'*Ego* singulier, autrement dit, par l'historicité intrinsèque de chaque personne individuelle [119]. On a donc ramené l'historicité du Nous à celle de l'*Ego* singulier absolu. Or, cette historicité de l'*Ego* singulier est l'historicité de la conscience: la dépendance de l'historicité du monde réel à l'égard de celle de la conscience est fondée sur la priorité ontologique de la vie de la conscience.

Cette dépendance doit se concevoir à deux moments du processus de constitution: d'abord, comme dépendance de l'historicité de l'intersubjectivité vis-à-vis de celle de la subjectivité de l'*Ego* singulier; ensuite, comme dépendance de l'historicité du monde réel vis-à-vis de celle de l'intersubjectivité constituante. Comment saisir alors les déterminations de l'historicité propre à la vie constituante de cette conscience singulière qui est en dernière instance fondatrice? La réflexion doit se placer à l'intérieur de cette conscience car il ne reste rien de valable en dehors de celle-ci. C'est par la méthode éidétique que la tâche de rechercher la forme essentielle des fonctions transcendantales peut et doit, dit Husserl, se poser [120]. L'historicité sera saisie dans la dimension omnitemporelle de la conscience. Celle-ci est, par essence, temporalité. Il n'y aura donc d'histoire ni de temporalité sans conscience. En rendant absolue l'historicité de la conscience, en rendant dépendante de celle-ci tout autre mode de l'historicité, la démarche réflexive dissoudra l'histoire réelle en processus conscientiels.

Il n'est donc pas étonnant que le dépassement de la crise historique de l'humanité européenne soit posé par Husserl comme réalisation de la conscience — et de la conscience théorique personnelle —, et que de cette manière cette réalisation puisse être comparée à une conversion religieuse [121].

---

[118] Cf. E. Husserl, *Lettre du 16-11-1930*, p. 36.
[119] Cf. id., *L'Origine de la Géométrie*, note 2, p. 204-205.
[120] Cf. id., *Krisis*, III, 52.
[121] Cf. id., *ibid.*, 35.

7.1. LE STATUT DE L'HISTOIRE CONSTITUÉE DANS LA KRISIS.

L'*époché* des sciences objectives nous découvrait, rappelons-nous, un champ universel de phénomènes. Celui-ci est le monde spatio-temporel des choses, et « ces choses sont des pierres, des animaux, des plantes, aussi des hommes et des configurations humaines [122] ». On peut thématiser ce monde, dit Husserl, soit d'une manière « rectiligne naturellement naïve », soit en réfléchissant sur les manières d'apparaître du monde. Mais nous trouvons encore chez Husserl une autre attitude possible et celle-ci serait justement celle des historiens. Après l'*époché* des sciences objectives nous pourrions nous questionner sur le monde préscientifique subjectif-relatif en tant précisément que monde des relativités. Nous pourrions thématiser tous les peuples et tous les temps « en nous intéressant constamment à la relativité des mondes environnants vécus des hommes respectifs, des peuples et des époques dans leur simple facticité ». « Ce mode d'occupation, dit Husserl, appartient d'une certaine façon constamment à la thématique objective, à savoir celle des historiographes, puisqu'ils doivent reconstruire les mondes environnants vécus changeants des peuples et des époques qu'ils considèrent [123]. »

Quel est donc le statut de l'histoire constituée chez Husserl ? Comment doit-on comprendre qu'elle reste une science objective après l'*époché* des sciences objectives ? La question se centre évidemment autour du concept de l'objectivité. Nous devons nous arrêter aux conceptions de celle-ci, d'ailleurs déjà esquissées dans le deuxième paragraphe de ce travail.

Nous pouvons distinguer chez Husserl trois concepts de l'objectivité:

1° L'objectivité est le caractère de ce qui vaut pour tout sujet indépendamment des conditions de fait dans lesquelles le sujet en prend connaissance. (C'est le concept qui permet, par exemple, de distinguer entre qualités primaires ou objectives et qualités secondes ou subjectives.)

2° L'objectivité est le caractère d'une nature dans laquelle on a fait abstraction de tous les prédicats axiologiques, culturels ou pratiques qui doivent leur origine à des activités ou à des prises de positions humaines sur les choses. C'est le concept de l'objectivité des sciences modernes de la nature dans lesquelles tout ce que les sujets ont ajouté à la nature a été écarté.

---

[122] Cf. ID., *ibid.*, 36.
[123] Cf. ID., *ibid.*, 38.

3° L'objectivité est le caractère du monde en soi, se suffisant lui-même, des sciences modernes de la nature. La vérité objective est dans ce sens définie par Husserl en opposition à la vérité subjective-relative [124], mais cette opposition renvoie à une autre: à celle entre le monde vécu et un hypothétique monde en soi, placé vis-à-vis de celui-ci et substrat pour des vérités en soi.

Comme l'histoire constituée reste une science même après la mise entre parenthèse des sciences posant comme véritable le monde des idéalités, elle ne peut pas être dite objective selon ce troisième sens. « Pour ce qui concerne [...] les sciences de l'esprit, dit Husserl, qui dans toutes leurs disciplines spéciales ou générales considèrent l'homme dans son existence spirituelle donc, dans la perspective de son historicité, leur caractère rigoureusement scientifique exige, dit-on, que le savant élimine soigneusement toutes les prises de position norma-tives [125] ... » L'histoire constituée est donc, pour Husserl, une science objective dans la seconde signification de l'objectivité. Elle aurait le statut d'une science objective du monde vécu.

7.2. La portée de la critique husserlienne de l'histoire constituée.

Nous avons dit que la récupération du monde vécu, concret, de la totalité de l'expérience humaine signifiait chez Husserl une véritable récupération de la « matière » des sciences objectives de la nature: cette affirmation exigeait un éclaircissement. La distinction des trois significations de l'objectivité nous permettra de fixer la portée de la critique husserlienne du naturalisme en ce qui concerne et les sciences de l'esprit et les sciences de la nature elles-mêmes.

Les sciences de la nature ou, plus exactement le monde produit par leur opération, participe de l'objectivité en deux sens qu'il est de notre intérêt de souligner: d'une part, il est un monde dépourvu de connotations humaines, c'est-à-dire des prédicats dont l'origine se trouve en des prises de position de l'homme à l'égard des choses; d'autre part, il est un monde « construit-sous » l'unique monde réel, substruction [126] à laquelle la science objective a accordé pourtant le caractère de monde en soi, de monde véritable. Que la nature idéa-lisée des sciences objectives n'est pas autosuffisante, qu'elle n'est pas

---

[124] Cf. ID., ibid., 34 b). A la rigueur, l'opposition entre vérité objective et vérité subjective-relative est proposée, selon Husserl, par les physiciens eux-mêmes (cf. ID., ibid., 36).
[125] Cf. ID., ibid., I, 2.
[126] Substruierende. Le mot apparaît déjà dans les Idées directrices pour une Phénoménologie caractérisant l'opération des sciences d'essences matérielles idéales telle que la géométrie (cf. E. HUSSERL, Idées directrices pour une phéno-ménologie, p. 238).

substrat dernier de « vérités en soi », cela se voit, dit Husserl dans la *Krisis,* sitôt que nous nous apercevons du fait que toute praxis scientifique renvoie finalement à une vérification sensible, autrement dit sitôt que nous comprenons que le subjectif-relatif du monde de la vie quotidienne est le fondement — non questionné — de la validité d'être d'une nature à laquelle la science a pourtant accordé un caractère de nature en-soi [127]. Il s'agit donc d'éliminer l'aliénation objectiviste de la science naturelle, de montrer ses assises dans l'unique monde vrai.

Mais la libération de cette science à l'égard du monde humain, l'abstraction que la science pratique à l'égard de tout ce que les sujets ont ajouté à la nature, reste pour Husserl une condition nécessaire. C'est pourquoi la critique n'affecte ni les résultats ni la méthode scientifiques. Elle se borne à montrer que la nature naturaliste est sans doute objective mais que son objectivité renvoie à l'intersubjectivité où elle se révèle comme le produit d'une espèce particulière d'activité: de celle-là justement qui essaie de n'exercer aucun effet sur ce qu'elle vise. Il suffit de montrer que les sciences de la nature s'ordonnent sur ce repli essentiel et que celui-ci n'est qu'un repli méthodologique dans la signification la plus stricte du mot, c'est-à-dire dépendant d'une « thèse », d'une « position » du sujet.

Par contre chez Husserl les sciences constituées de l'esprit participent de l'objectivité seulement dans un sens. Elles sont naturalistes dans la mesure où elles ont fait et doivent faire, dit-on, abstraction des prédicats axiologiques des objets; par conséquent, dans la mesure où le monde disparaît en tant qu'il présente un intérêt pour l'homme, c'est-à-dire en tant qu'il le motive par son intérêt axiologique et aussi théorique et pratique. Bref, du moment que les sciences constituées de l'esprit ont éliminé en fait ce qui les définit en tant que telles: l'ensemble des relations conscientes de l'homme avec le monde [128].

A la différence de Lukàcs donc, pour qui l'aliénation se place avant tout au niveau des relations humaines, Husserl place l'aliénation objectiviste dans la conception de la nature physique. Plus encore, à la différence de Lukàcs, pour qui la priorité conceptuelle et la liaison causale et historique entre nature physique objectivée et aliénation sociale reviennent à cette dernière, pour Husserl l'objectivité des

---

[127] Cf. E. HUSSERL, *Krisis,* III, 34 e). Ainsi par opposition à la nature idéaliste de la science, qui « n'est pas expérimentale par principe dans son être propre en ipséité », le monde quotidien se définit, pour Husserl, par sa réelle expérimentabilité (cf. ID., *ibid.,* 34 d).

[128] « Conscientes » dans la plus large signification du mot, c'est-à-dire, embrassant toutes les relations où l'homme ne participe pas qu'à simple titre de corps physique.

sciences constituées de l'esprit n'est, comme nous le savons, qu'une conséquence de la méthodologie idéalisante des sciences de la nature. Cette différence, qui détermine dans une large mesure la nature des analyses de nos auteurs, n'affecte cependant pas la portée générale de leurs critiques respectives des sciences constituées de l'esprit. En effet, de même que chez Lukàcs, la critique de l'objectivisme doit nécessairement atteindre chez Husserl *la structure et les résultats* mêmes de ces sciences. La critique des sciences naturalistes de l'esprit doit avoir, et pour des raisons semblables, la même portée que celle adressée par Husserl à la psychologie objectiviste. Plus, la première critique doit apparaître subordonnée théoriquement à la seconde: seule la découverte de la nature exacte des processus de conscience peut nous montrer le caractère décisif qui définit les sujets de ce monde étudié par les sciences de l'esprit.

Ainsi une authentique science de l'esprit devra-t-elle être constituée et remplacer les disciplines socio-historiques naturalistes; ses théories et ses méthodes devront s'accorder sur ce qui différencie le monde de la nature et le monde de l'esprit: sur le caractère radicalement historique du monde de l'esprit. La recherche peut donc s'orienter selon deux directions d'ailleurs inextricablement liées: d'une part, celle qui conduit à une théorie de la connaissance éidétique du domaine de l'historico-social; d'autre part, celle qui aboutit à proposer la méthode adéquate pour l'appréhension théorique des faits de ce domaine. Nous consacrerons les deux derniers paragraphes sur Husserl à chacune de ces démarches.

7.3. LA RAISON COMME LE LIEU DE L'HISTORICITÉ ORIGINAIRE.

La constitution d'une science éidétique historico-sociale et la proposition d'une méthode pour les disciplines dites « de l'esprit » supposent une conception de l'historicité. Jusqu'ici et tout en suivant d'aussi près que possible le développement des idées de Husserl dans la *Krisis* nous n'avons trouvé que des indications sur l'historique. L'histoire traverse à la rigueur cet ouvrage de Husserl plutôt exercée que conceptualisée et nous pouvons trouver seulement dans d'autres textes les esquisses d'une théorie de cette pratique à laquelle Husserl consacra les derniers moments de son activité philosophique. C'est spécialement dans *L'Origine de la Géométrie* qu'il en fournit les éléments théoriques et c'est avec ces éléments que devient possible la compréhension de certaines affirmations de la première partie de la *Krisis,* autrement obscures ou énigmatiques.

Husserl y parle des problèmes abandonnés d'une science réduite par le positivisme, problèmes appelés depuis longtemps « suprêmes » et « ultimes », et qui étaient compris comme thèmes dans la métaphysique. N'embrassent-ils pas finalement, dit-il, les problèmes de la raison dans toutes ses formes particulières ? La raison, n'est-elle pas l'objet « des disciplines traitant de la connaissance (à savoir de la connaissance vraie, authentique et raisonnable), des disciplines traitant de l'appréciation authentique et véritable (valeurs véritables en tant que valeurs de la raison), des disciplines traitant de l'action morale (l'action véritablement bonne, l'action selon la raison pratique) » ? Si l'histoire de l'homme est mise en question, ne s'agit-il pas alors du problème de la raison dans l'histoire, du problème du « sens » de l'histoire ? La problématique entière de la raison a été affectée par la réduction positiviste des sciences, par la conception d'une science portant sur les seuls faits. Et pourtant, se demande Husserl, peut-on séparer la raison et l'être, alors que la raison dans l'acte de connaissance détermine ce qu'est l'être [129] ? A la fin de la démarche entreprise dans la *Krisis,* et dans *L'Origine de la Géométrie* en ce qui concerne spécialement le problème de la raison dans l'histoire, Husserl éclaircit par ses réponses la signification de ces questions. C'est, d'ailleurs, dans ce dernier ouvrage qu'apparaît non seulement un concept de l'historicité lié indissolublement à une théorie de la raison, mais aussi l'idée qu'une éidétique de l'histoire est quelque chose de plus qu'une science essentielle aux disciplines de l'esprit: l'idée qu'elle domine, finalement, tout le domaine des sciences éidétiques, donc tout le savoir sans exception.

C'est dans un essai d'élucidation épistémologique de la géométrie, c'est-à-dire d'une science d'idéalités que Husserl tente de montrer d'une façon exemplaire le caractère historique animant toute objectivité et la source ou le lieu originaire de toute historicité, et ce n'est nullement par hasard. Si, comme nous le verrons dans un prochain paragraphe, la constitution des objectivités idéales a toujours eu pour Husserl la valeur d'un exemple épistémologique théoriquement décisif, elle annonce maintenant une dimension ontologique décisive de l'humanité en même temps qu'elle dévoile d'une façon particulièrement claire, les possibilités intrinsèques de la structure de l'esprit.

Husserl reprend dans *L'Origine de la Géométrie* la question de la constitution des disciplines de la spatio-temporalité pure, autrement dit la question des commencements originaires ou du sens le plus originaire selon lequel ces disciplines sont nées un jour. Il ne s'agira pas, nous dit Husserl dès le début, d'une enquête historique dans le sens habituel. Il ne s'agira pas de rechercher, par exemple, les premiers géomètres qui ont formulé des propositions, des démonstrations, des théories géométriques vraiment pures, ou des recherches des propo-

---

[129] Cf. E. Husserl, *Krisis,* I, 3.

sitions déterminées qu'ils ont découvertes et autres choses semblables: les enchaînements historiques ne sont pas, pour Husserl, enchaînements de faits mais de sens et de valeurs [130].

Ainsi commençons-nous sachant que la géométrie, comme fait de culture, comme sens, est née sur la base d'un « monde pré-géométrique » bien que celui-ci fût déjà monde de culture, c'est-à-dire chargé de prédicats de valeur. Ce « monde pré-géométrique » — le monde vécu — dont la structure essentielle est saisie dans la réduction de l'objectivité naturaliste, était, nous l'avons vu, un horizon spatio-temporel inexact de corps réels. C'est par variations, par transformations imaginaires des formes spatio-temporelles que le proto-géomètre obtient, dit Husserl, des types morphologiques purs, des idéalités quoique encore sensibles car « l'imagination ne peut que transformer à nouveau des formes sensibles en formes sensibles [131] ». Ainsi dorc, dans un second temps et sur la base cette fois-ci des idéalisations imaginativo-sensibles, le géomètre constitue les formes géométriques « pures » qui s'inscrivent désormais dans un espace idéal déjà non imaginaire [132]. Ce moment qualifié par Husserl dans la *Krisis* comme celui du « passage à la limite » inaugure le domaine mathématique en général et avec lui l'horizon du savoir s'ouvre à l'homme comme celui d'un projet ou d'une tâche infinis [133]. Dans l'instauration de cette liberté radicale de l'esprit vis-à-vis de la facticité, l'homme apparaît comme être théorique, comme philosophe dans un sens strict. Ainsi si la création de la géométrie et des mathématiques en général est pour Husserl le premier acte théorique pur, il est aussi le premier acte philosophique pur, la création d'un philosophe qui, avec elle, se « crée » en tant que philosophe [134].

Nous pouvons trouver dans *Idées directrices pour une Phénoménologie* le moment éidétique d'une analyse de l'idéalisation qui porte, dans la *Krisis,* plutôt sur la nature du processus qui y conduit. Dans

---

[130] Cf. ID., *L'Origine de la Géométrie,* p. 174-175.

[131] Cf. ID., *Krisis,* II, 9 a.

[132] Cf. ID., *ibid.* Derrida remarque dans sa belle introduction à *L'Origine de la Géométrie* que la mthématique pure, une fois constituée, ne serait accessible qu'à un « entendement » dont la notion n'a pas de sens technique chez Husserl mais qui se caractérise d'emblée comme une activité libérée de l'imagination et de la sensibilité (cf. Jacques DERRIDA, *Introduction à l'Origine de la Géométrie,* p. 133).

[133] Nous savons qu'à cette première infinitisation opérée par la géométrie euclidienne suit une seconde et à nouveau décisive infinitisation au commencement des temps modernes.

[134] Husserl concoit dans la *Krisis* le processus de l'idéalisation « des nombres et des grandeurs empiriques, des figures spatiales empiriques... », etc., comme *inspiré* par la théorie platonicienne des Idées. Ainsi le créateur de la géométrie dut-il être déjà un philosophe, avant et non pas par sa création. L'antériorité de la philosophie à l'égard de la géométrie peut pourtant être regardée comme une antériorité en droit — celle d'un acte philosophique pur — étant toutes les deux contemporaines en fait (cf. E. HUSSERL, *Krisis,* II, 8).

le paragraphe consacré à la différence et à l'opposition entre sciences descriptives et sciences exactes, Husserl distingue les « essences morphologiques », « issues sans intermédiaire de la simple intuition » et dont les concepts portent sur des types de formes qui peuvent être directement saisies en se fondant sur l'intuition sensible, des « essences idéales », que « l'on ne saurait par principe découvrir dans aucune intuition sensible et qui ont le caractère d'« Idées » au sens kantien du mot, c'est-à-dire le caractère de « limites » idéales dont se « rapprochent » plus ou moins, sans jamais les atteindre, les essences morphologiques respectives [135]. Nous avons déjà vu d'ailleurs quelle est dans la *Krisis* la structure du processus qui conduit d'une « praxis réelle » exercée sur le plan de la vie intuitive, à une « praxis idéale », celle d'un « penser pur » qui se tient exclusivement dans le domaine des formes-limites pures [136].

C'est ce « penser pur », ce déracinement radical vis-à-vis de la facticité, accompli pour la première fois d'une façon totale dans la constitution des sciences mathématiques, qui fonde pour Husserl, l'attitude théorique pure. Celle-ci se définit donc comme projection à l'infini d'une forme irréelle, comme constitution d'un objet *en création,* bref, comme instauration d'un sens-limite vers lequel tend, comme vers un pôle invariable et jamais accessible, la série des perfectionnements. Ce sens-limite de l'attitude théorique pure ne serait autre que l'être véritable.

C'est dans cette attitude théorique pure que se révèle, pour Husserl, la possibilité la plus haute que recèle la conscience humaine en tant que la vie de la conscience a une structure téléologique. Cette possibilité est celle d'une vie individuelle et générale orientée normativement vers la vérité comme vers un pôle infini. La science comme tâche devient chez Husserl non pas seulement le modèle de toute culture, mais aussi le modèle de toute vie humaine authentique. Les sciences mathématiques spécialement ont le privilège d'être les exemples essentiels de l'attitude théorique pure à l'intérieur des sciences. Précisons que ce qui nous intéresse ici est le fait que dans l'instauration de cette attitude théorique pure rendue possible par l'avènement des mathématiques se révèle, pour Husserl, la dimension essentielle de l'historicité elle-même.

Cette tentative de Husserl de saisir la structure de l'historicité par l'analyse d'une science d'idéalités comme la géométrie peut étonner. Le caractère a-temporel — ou supratemporel —, immuable, exact des idéalités géométriques semble fermer par principe la voie à une con-

---

[135] Cf. ID., *Idées directrices pour une Phénoménologie*, p. 235-237. La distinction est reprise par Husserl aussi dans *L'Origine de la Géométrie*, p. 190.
[136] Cf. ID., *Krisis*, II, 9 a).

naissance de l'historique. Les essais qu'entreprend Husserl surtout dans *L'Origine de la Géométrie* sont, en ce sens, un exemple remarquable du souci de cohérence d'une pensée restée fidèle à ses présupposés les plus anciens.

La démarche de Husserl s'organise logiquement en deux moments: premièrement, il s'agira de signaler la dépendance du sens — en l'occurrence, de la géométrie comme sens — à l'égard d'un acte fondateur, originaire; il s'agira ensuite de signaler le sens de cet acte fondateur, originaire, lui-même. C'est alors que Husserl voit dans l'ouverture de l'infini opérée dans l'acte théorique pur, qui a conditionné la naissance des mathématiques, le sens de l'ouverture de l'histoire elle-même. Ainsi dans l'analyse exemplaire de *L'Origine de la Géométrie* le processus de l'« idéation », qui apparaissait dans les *Idées I* attaché à la singularité d'un type de constitution, acquiert la généralité inhérente à un modèle. L'Idée, à son tour, en tant que pôle d'une intuition pure [137], révèle maintenant la possibilité essentielle de toute intentionnalité; médiatrice entre la conscience et l'histoire [138], elle place finalement la condition essentielle de toute histoire à l'intérieur de la conscience: la conscience, ou plutôt ici la raison, est pour Husserl le lieu de l'historicité originaire.

7.4. HISTORICITÉ ET CONSCIENCE.

« Nous nous tenons, dit Husserl dans *L'Origine de la Géométrie,* dans l'horizon historique en lequel, si peu de choses déterminées que nous sachions, tout est historique [139]. » Et pourtant, nous venons de le voir, l'ouverture de l'histoire a pour lui une date précise, elle a un commencement au sein du temps objectif, elle est le produit ou la conséquence d'un acte humain à l'intérieur d'une humanité déjà constituée. Si l'histoire naquit, selon Husserl, en Grèce, avant n'y avait-il pas d'histoire ? Si l'ouverture de l'infini implicite dans l'attitude théorique pure n'est pas une acquisition de tous les peuples, y a-t-il des peuples sans histoire ? Husserl se refère-t-il à l'horizon historique d'une culture particulière dans un temps particulier ?

Nous devons rejeter tout de suite cette hypothèse: « La vie humaine, dit-il, est nécessairement, de la façon la plus large et en tant

---

[137] L'être véritable, la vérité qui est située toujours plus là pour l'attitude théorique pure, est évidemment vide de contenu, il est un objet pur ou plutôt l'objectivité même. Dans ce sens, il est l'objet — pôle — d'une intuition pure. L'Idée, remarque Derrida, est ici « encore moins un être que l'*eidos* [. . .]; car l'*eidos* est un objet déterminable et accessible à une intuition finie. L'Idée ne l'est pas [. . .]. *Telos* de la déterminabilité infinie de l'être, elle n'est que l'ouverture de l'être . . . » (Jacques DERRIDA, *Introduction* à *L'Origine de la Géométrie,* p. 159).

[138] Paul RICŒUR, *Husserl et le Sens de l'Histoire,* p. 282.

[139] E. HUSSERL, *L'Origine de la Géométrie,* p. 199.

que vie culturelle, historique au sens le plus strict[140]. » Comment concilier cependant cette affirmation et l'allusion de Husserl à la non-historicité de certaines sociétés archaïques[141] ?

De même qu'en chaque homme, si primitif soit-il encore, en tant simplement qu'*animal rationale,* la raison fonctionne, ainsi l'historicité habite tout homme en tant simplement qu'il vit dans un monde culturel. D'abord, il s'agit pour Husserl d'une historicité « empirique », prise dans la facticité, dans le fini. Ensuite, il s'agit de l'historicité du projet infini, celle de l'attitude théorique. Finalement, il s'agira d'une historicité d'un type nouveau, née avec l'apparition de la phénoménologie ou plutôt dans « la conversion de la philosophie en phénoménologie[142] ». L'hypothèse *ad hoc* qui rend compte de ces degrés ou niveaux à l'intérieur de l'*eidos* de l'historicité permet de comprendre la naissance de l'histoire survenue en Grèce comme celle de l'histoire pure, authentique, révélant pour la première fois le *telos* de toute historicité.

Ces degrés ou niveaux peuvent apparaître dans une coupure transversale de l'histoire comme coexistants. Ainsi nous pouvons comprendre comment des peuples au même moment historique objectif vivent divers moments d'une histoire essentielle qui traverse le monde. Chez Husserl, cette histoire essentielle, à laquelle doivent se rapporter par nécessité les histoires empiriques, constitue une ligne de développement dont les moments ou les étapes sont ces degrés ou niveaux distingués à l'intérieur de l'*eidos* de l'historicité. Ainsi voit-on que « le mouvement historique dans lequel se révèle la raison universelle « innée » à l'humanisme en tant que réel » est le mouvement d'une historicité progressant dans son propre devenir, autrement dit, le mouvement d'une historicité qui prend davantage possession de son essence. Chaque moment de l'histoire essentielle apparaît comme moment d'une prise de conscience: l'histoire de la philosophie est, chez Husserl, cette histoire essentielle[143].

Dans l'analyse exemplaire de l'origine de la géométrie, l'histoire authentique révélée dans et par la philosophie présuppose l'horizon d'une humanité et avec celui-ci l'horizon d'un monde déjà informé par la culture. Le sujet de l'historicité, celui qui a produit l'histoire, est dans cette analyse l'humanité en tant qu'ensemble des personnes produisant la formation culturelle et fonctionnant comme totalité. Cependant nous savons que l'humanité et le monde constitué dans les opérations intersubjectives sont, à leur tour, le produit ou la formation

---

[140] Cf. ID., *Beilage XXVII,* 1935, cit. par Jacques DERRIDA, *Introduction* à *L'Origine de la Géométrie,* p. 121.
[141] Cf. ID., *Lettre du 11 mars 1935, ibid.,* p. 120.
[142] Cf. ID., *Beilage XXVI,* 1934, *ibid.,* p. 121.
[143] Cf. ID., *La Philosophie comme Prise de Conscience de l'Humanité* et *Krisis,* I, 6.

de l'*ego* unique transcendantal. Si le monde historique est pré-donné en premier lieu comme monde socio-historique, il ne peut donc l'être que par l'historicité intrinsèque de tous les individus ou, plus exactement, par l'historicité intrinsèque de l'*ego* transcendantal. Nous devons trouver dans la solitude de l'*ego* unique la structure de l'historicité dégagée dans la constitution exemplaire des objectivités idéales.

Or, dans la réduction transcendantale l'*ego* apparaît comme vie de la conscience constituante. Il est avant tout temporel, et cette temporalité ne signifie pas chez Husserl la simple succession des phénomènes de conscience, mais la conscience de la fluidité de cette succession. Le courant des phénomènes est centré autour d'un moi, qui fait de la vie de la conscience une vie unifiée toujours dans un présent vivant. Autour de ce présent s'organise le passé dans la réflexion du moi sur ses souvenirs, comme s'organise le futur dans la réflexion du moi sur ses buts. C'est déjà donc dans la mesure où l'*ego* domine le temps qu'il est un être historique; mais nous retrouvons ici les trois degrés de cette historicité intrinsèque à l'*ego* individuel: d'abord, l'activité du moi ne dépasse guère l'actualité vive du présent et ses abords immédiats; elle se donne des buts, mais ceux-ci sont déterminés par les besoins momentanés de la vie simplement empirique. Husserl appelle cette première forme de l'historicité « protentionnelle primitive ». Ensuite, la réflexion peut ordonner les activités présentes vers des objectifs lointains, elle peut ouvrir les horizons de la vie dépassant les limites de la facticité. Finalement, cette vie réfléchie elle-même peut être soumise à une réflexion absolue visant à découvrir la réduction transcendantale, donc l'assomption de la phénoménologie.

7.5. La conscience historique.

Une coupure nette peut être pratiquée à l'intérieur de l'*eidos* de l'historicité, coupure d'ailleurs déjà implicite chez Husserl dans la distinction entre historicité « protentionnelle primitive » et historicité au sens strict: nous trouvons, d'un côté, un mode-limite inférieur de l'historicité; de l'autre côté, deux modes supérieurs, le second et dernier étant le mode-limite représenté par la phénoménologie. Chacun se définit par l'étendue de la prise de conscience historique, ce qui signifie qu'il y a une correspondance entre les degrés de l'*eidos* de l'historicité et les modes de la conscience historique. Plus exactement, le mouvement de la conscience vers une infinitisation toujours plus large n'est que la figure d'un *eidos* dont les degrés sont en même temps les étapes d'un mouvement progressif. Il y a donc une conscience-limite inférieure dont on peut dire qu'elle n'est pas historique, bien qu'elle recèle, à titre de possibilité, et de par sa structure même, la conscience historique au sens strict que nous trouvons d'abord dans la conscience philosophique et finalement dans la phénoménologie.

Mais, puisque l'histoire est chez Husserl inconcevable sans une conscience historique, la naissance de celle-là n'est et ne peut être que la
naissance de celle-ci. Il y a chez Husserl une contemporanéité totale
entre historicité et conscience, entre conscience historique et histoire.
L'historicité se trouve à l'intérieur de l'*ego* individuel d'abord plutôt
comme temporalité finie, ensuite comme conscience historique dépassant les limites de la facticité. Dans ce dépassement la conscience
projette l'histoire sur l'ensemble de l'être, de même que dans chaque
acte constituant elle temporalise les objets constitués. Sans conscience
il n'y a chez Husserl ni histoire ni temporalité.

Comment peut-on rendre compte de l'origine de la conscience
historique? Faut-il chercher les conditions de l'acte fondateur de
l'histoire dans la dynamique d'un processus réel? Ce serait placer
l'historicité en dehors de la conscience, attribuer à une détermination
extrinsèque à la conscience — et dans ce sens, « reale », factice —
le rôle fondamental. Pour Tranc-Dúc-Tháo, c'est la conséquence inévitable à laquelle Husserl se serait « obscurément résolu dans *L'Origine de la Géométrie* [144]. Mais la cohérence de la démarche de Husserl
exige la dissolution de l'histoire réelle en processus de conscience [145].
Une explication historique de l'origine de la conscience de l'histoire
s'avère impossible.

Cette dissolution a une portée tout à fait différente de celle qui
s'est produite à l'égard des objectivités naturalistes. L'élimination de

---

[144] Cf. TRANC-DUC-THAO, *Phénoménologie et Matérialisme dialectique*,
p. 220.
[145] Derrida s'attaque à ceux qui soutiennent que Husserl, « loin d'ouvrir
les parenthèses phénoménologiques à la facticité historique sous toutes ses formes,
laisse plus que jamais l'histoire *dehors* ». On conclura ainsi, dit-il, comme le
fait Biemel, que « les essais de Husserl pour saisir thématiquement l'historicité
peuvent être considérés comme des échecs ». L'argument de Derrida commence
par placer la discussion à l'intérieur du point de vue de Husserl. Ainsi lui
est-il facile de retourner contre Biemel la réponse de Husserl à l'historicisme.
« ... pour parler d'échec dans la thématisation de l'historicité, dit Derrida, ne
faut-il pas avoir déjà accès à un sens invariant et plus ou moins thématique
de l'historicité ? » Nous faut-il cependant souligner qu'une telle condition rendrait impossible toute discussion sur le sujet à moins d'offrir préalablement une
théorie de l'historicité à la façon husserlienne, c'est-à-dire comme théorie éidétique de l'historicité ?
     Derrida affirme que la défaite de Husserl serait flagrante s'il « s'était, à
un moment quelconque, intéressé à quelque chose comme l'histoire » (cf. Jacques
DERRIDA, *ibid.*, p. 122-123). Or, c'est bien de l'histoire qu'il s'agit dans *L'Origine
de la Géométrie*, quoique de « l'histoire intentionnelle d'une science éidétique
particulière » — comme le souligne Derrida lui-même (cf. *ibid.*, p. 14) —,
obéissant à « des règles insolites qui ne sont ni celles des enchaînements factices
de l'histoire empirique, ni celles d'un enrichissement idéal et an-historique »
(cf. *ibid.*, p. 4-5). Husserl ne parle pas de l'histoire: il la fait. Mais cette pratique est régie par une théorie de l'histoire qu'on devrait pouvoir dégager de
sa conception de l'historicité.
     Remarquons finalement que ce n'est pas seulement Biemel qui parle d'échec
dans l'essai de saisir thématiquement l'historicité mais, selon cet auteur, Husserl

l'aliénation objectiviste de la science naturelle nous renvoyait le monde vécu, celui de la vie concrète, « unique monde vrai », duquel d'ailleurs les sciences elles-mêmes ne pouvaient se passer au moment décisif de toute opération scientifique: lorsqu'il s'agit de vérifier — dans l'expérience — la vérité des propositions et des théories. C'est pourquoi cette élimination n'avait pas la signification d'un rejet des théories et de la méthode scientifique. La dissolution de l'histoire réelle chez Husserl a, par contre, la signification d'un abandon du monde vécu, de ce monde où s'exerce la praxis concrète de l'homme.

8. LA PRIMAUTÉ DE LA CATÉGORIE HISTORIQUE DE PRÉSENT.

L'exigence de poser le présent comme point de départ de toute réflexion historique apparaît chez Husserl et chez Lukàcs comme une conséquence logique de leurs conceptions de l'histoire. Soit sous la forme de monade transcendantale constituant le monde depuis une intériorité égologique pure, soit sous la forme de classe sociale construisant dans la praxis la réalité humaine, le concept d'un sujet-producteur conduit directement à l'idée d'un mouvement ou d'un développement survenant dans le temps de l'histoire et atteignant son sommet dans le présent historique comme synthèse ou comme moment qui implique la totalité du passé. Une lecture du passé — de l'histoire — est ainsi rendue possible à partir du présent, mieux c'est le présent actuel qui par force devient la plate-forme d'où le regard peut s'incliner à contempler l'histoire.

Il y a aussi chez nos deux auteurs l'idée que le présent contient un avenir, qu'il renvoie essentiellement à l'avenir et que celui-ci commande, contenu dans l'actuel, la liaison des passés dans le présent. C'est la conscience historique, qui n'est d'abord concevable que comme conscience actuelle, celle qui se place alors elle-même au centre d'une ligne qui va depuis le passé jusqu'à l'avenir et qui place avec elle-même son temps contemporain au centre de l'histoire: le présent vivant reliant le passé comme un tout à l'avenir. C'est la conscience historique, condition de la conscience historienne, celle qui réalisant dans son actualité sa propre intelligibilité, assure l'intelligibilité du mouvement total de l'histoire.

8.1. LA PRIMAUTÉ DE LA CATÉGORIE HISTORIQUE DE PRÉSENT CHEZ HUSSERL.

Dans *L'Origine de la Géométrie* Husserl répond par avance à l'objection d'un historicisme pour lequel il serait incompréhensible ou

---

lui-même (cf. W. BIEMEL, *Les Phases décisives dans le Développement de la Philosophie de Husserl*, p. 58).

absurde de prétendre découvrir l'*a priori* historique, la structure supra-temporelle et de validité absolue de l'historicité. Et Husserl répond en invitant à une réflexion élémentaire sur la méthodologie de l'établissement des faits historiques en général et, par conséquent aussi des faits historiques particuliers, dont le caractère évidemment relatif est à la base de l'objection historiciste. « N'y a-t-il pas déjà, dit Husserl, dans la tâche que se propose une science de l'esprit comme science du « tel-que-cela-a-effectivement-été », une présupposition allant de soi, [...] un sol d'une évidence absolument inattaquable sans laquelle une histoire serait une entreprise dépourvue de sens ? »

D'abord, « nous avons toujours déjà conscience de notre monde présent, et que nous vivons en lui, toujours entourés par l'infinité ouverte d'un horizon de réalités inconnues ». Or, ce savoir n'est pas un savoir appris: la certitude d'horizon est déjà présupposée pour que nous voulions savoir ce que nous ne savons pas encore. Tout non-savoir se rapporte au monde inconnu qui est ainsi d'avance pour nous comme monde. Nous sommes ensuite conscients qu'il s'agit de l'horizon d'un monde humain, d'une humanité qui est la seule humanité dans laquelle nous vivons maintenant. Et il s'agit, pour Husserl, d'un savoir non appris, d'une donnée primitive de la conscience historique. Ne savons-nous pas de plus que « ce présent historique où nous vivons nous-mêmes maintenant a ses passés historiques derrière lui, qu'il en est issu, que le passé historique est une continuité de passés provenant les uns des autres... ? » Finalement, et puisqu'il s'agit d'une chaîne ou d'un enchaînement de passés dans le temps unique de l'histoire du monde humain, n'avons-nous pas par avance le savoir de ce qu'il s'agit dans tous les cas d'une « humanité unitairement unique du point de vue historique, unitaire en vertu de son enchaînement de générations » ? Dans l'assertion même de la facticité historique des faits que l'historicisme fait valoir comme relatifs il y a déjà, conclut Husserl, la présupposition d'une structure essentielle et absolue de l'historicité.

Comment Husserl arrive-t-il à établir cette structure? Il a suffi, nous dit-il lui-même, de faire varier par l'imagination tout ce que nous nommons existence historique, et les déterminations, faute desquelles l'existence historique comme telle ne saurait se concevoir, sont le résidu invariable de ces variations imaginaires. C'est donc d'abord dans une évidence éidétique que le présent apparaît à Husserl comme une catégorie privilégiée de l'historicité: ainsi il peut affirmer que le Primordial en soi est, en l'histoire, notre Présent [146].

---

[146] Cf. E. HUSSERL, *L'Origine de la Géométrie*, p. 207-208. Bien entendu, ce Présent est, en tant que détermination éidétique, le Présent historique en général.

Cette détermination éidétique doit trouver son expression au plan méthodologique, autrement dit nous devons nous attendre à ce que le présent apparaisse comme une catégorie privilégiée dans la saisie théorique de l'histoire. Cette attente se confirme sitôt que nous nous apercevons que, dans la conception méthodologique husserlienne de la « recherche rétroactive », le présent est implicite comme point de départ de toute réflexion historique. Il suffit, pour confirmer cette affirmation, d'une analyse simplement notionnelle car, que signifie une recherche rétroactive sinon une réflexion sur le passé depuis un présent qui doit être déjà constitué en tant que tel, avant et nécessairement ? Ainsi le sens d'une formation historique ne peut-il se déchiffrer que dans la trame de la formation présentement constituée, bien que ce déchiffrement, s'il est celui d'une phénoménologie historique, prenne le caractère d'une recherche de la dépendance du sens de la formation à l'égard d'un acte inaugural et fondateur placé dans un passé et renvoie à un avenir qui est celui de l'accomplissement du sens: nous savons que le sens originaire de toute formation n'est pour Husserl que son sens final, son *telos*.

La structure de l'analyse téléologique est dans un rapport de dépendance essentielle vis-à-vis de la structure de la conscience. Dans une analyse purement égologique le présent se révèle comme la phase primordiale de la temporalité. C'est, comme nous l'avons vu, dans un « flux de présent vivace » que s'effectuent les actes temporalisants de l'*ego,* présent qui s'accompagne toujours d'un halo de rétentions et de protentions. De même que l'historicité du monde socio-historique se fonde, chez Husserl, sur l'historicité intrinsèque de tous les individus ou, plus exactement, dans l'historicité dernière de l'*ego* transcendantal, de même et corrélativement le Présent historique se fonde lui-même sur le présent vivant de la conscience égologique.

Pour qu'une telle recherche rétrospective puisse être un véritable dévoilement historique, pour qu'elle puisse éclairer le sens originaire d'une formation historique à partir de son résultat, il faut logiquement que le présent contienne la totalité des enchaînements de passés. Husserl lui-même explicite ce présupposé fondamental dans *L'Origine de la Géométrie :* « ... l'ensemble du présent de la culture, compris comme totalité, implique l'ensemble du passé de la culture [147] ... »

L'unité de totalisation s'opérant dans le présent historique d'une culture n'est que l'*analogon* de l'unité de la vie de la conscience égologique opérée par le moi dans un présent vivace. La conscience historienne qui se définit par cette opération d'unification est fondée

---

[147] Cf. ID., *ibid.,* p. 202.

sur la capacité de l'*ego* de se concevoir lui-même, par la réflexion, comme dans une unité finalisée, orientée vers un unique but de vie.

Nous savons que l'unification qu'opère la conscience dans le présent n'a pas, chez Husserl, toujours la même portée. Ce présent n'étant pas conçu comme un instant ponctuel, mais comme un temps chargé du passé et de l'avenir, la mesure de l'infinitisation que fixe le projet doit déterminer l'historicité du présent et avec ceci, la portée de la prise de conscience de l'histoire. Ainsi il doit y avoir pour Husserl un présent an-historique — ou « protentionnellement historique » — correspondant à la plus simple unification par l'*ego* du courant de la conscience. Il s'agirait du présent d'une conscience an-historique qui ne peut pas être conscience historienne car son activité ne dépassant guère l'actualité vivante n'est pas encore à proprement parler une activité historique. Et il doit y avoir un présent historique au sens strict, contemporain à l'ouverture de l'avenir, présent d'une conscience qui se déverse sur le passé lointain et qui annonce la volonté de faire l'histoire.

En fixant à l'intérieur de la conscience la source de toute historicité, l'historicité de l'être apparaissait chez Husserl comme « projetée » dans l'acte pur d'une conscience théorique. Le présent se révélait alors comme la catégorie privilégiée de l'histoire. Maintenant il se laisse concevoir comme l'actuel dont l'effectivité — le contenu — est la détermination d'une conscience pure, autonome.

8.2. La primauté de la catégorie historique de présent chez Lukàcs.

Voyons comment chez Lukàcs le principe de la pratique posé comme seul capable de rendre possible la solution des problèmes insurmontables à la pensée théorique fonde la catégorie du présent comme catégorie historique primordiale. Il s'agit, bien entendu, de la pratique conçue comme pratique sociale exercée par le sujet de l'histoire: le prolétariat. Et il s'agit d'un principe qui implique, comme sa condition, la conception de la réalité comme complexe de processus.

Nous avons vu lors de l'examen de la problématique de la philosophie moderne, que les limites de la réflexion de la pensée bourgeoise n'étaient pour Lukàcs que l'expression des limites objectives de la production capitaliste. La pensée bourgeoise se caractérise pour lui comme pensée enfermée dans l'immédiateté en tant que, justement, elle commence par les résultats achevés du processus d'évolution. L'immédiateté du comportement vis-à-vis de l'objet et l'acceptation de l'objet en tant que donné (immédiat) définissent la structure du rapport entre l'homme et le monde dans la société capitaliste: le rapport de contemplation. Cette structure n'est donc pas conçue comme simplement subjective, mais aussi comme l'expression dans la conscience de la situation objective de l'homme dans la société capitaliste. La dissolution des objectivités exige, pour notre auteur, le dépassement de l'attitude théorique (contemplative) et la modification réelle des structures d'une société particulière. L'agent de cette dissolution des objectivités sociales en processus sociaux doit donc être un sujet social.

Pourtant la réalité objective de l'être social est dans son immédiateté la « même » pour tous les hommes vivant dans la société capitaliste. Qu'est-ce donc qui fait du prolétariat l'agent possible de la dissolution ? Qu'est-ce qui fait de lui ce sujet qui, en dissolvant les objectivités en processus dont il est le sujet producteur, se révèle comme le « nous » de la genèse ? De quelle manière concrète peut-il être montré que la bourgeoisie reste nécessairement enfermée dans cette immédiateté tandis que le prolétariat est poussé à la dépasser ?

Pour la bourgeoisie et pour le prolétariat, dit Lukàcs, le caractère réifié du mode d'apparition immédiat de la société capitaliste implique un dédoublement de la personnalité: l'homme est disloqué en élément du mouvement des marchandises d'une part, en spectateur (objectivement impuissant) de ce mouvement d'autre part. Toutefois, cette dislocation prend nécessairement pour la conscience bourgeoise la forme d'une activité. Les objectivités sociales restent, en effet, toujours transcendantes à la conscience de l'individu particulier (du sujet apparent), elles se montrent saisissables seulement à la limite d'un mouvement infini qui avance de partie en partie. Ainsi la séparation rigide du sujet et de l'objet apparaît-elle elle-même comme le produit du sujet.

L'ouvrier, par contre, est placé, selon Lukàcs, immédiatement et complètement du côté de l'objet. En vendant son unique marchandise — le travail — il l'incorpore dans un processus qui lui est absolument étranger. Mais du moment que sa marchandise est inséparable de sa personne physique, l'ouvrier s'incorpore lui-même dans un processus fonctionnant avant lui et même sans lui. Aussi tandis que pour la conscience bourgeoise la dislocation de la personnalité est « recouverte » par une forme d'activité qui cache à cette conscience sa véritable situation, pour le travailleur à qui est refusé cette marge intérieure d'une activité finalement illusoire, la dislocation de la personnalité conserve la « forme brutale d'un asservissement tendanciellement sans limite ».

Placé du côté de l'objet, l'ouvrier s'apparaît comme objet et non comme acteur du processus social du travail. Cette « métamorphose » du sujet en simple objet du processus de production exige un système contraignant le travailleur à objectiver sa force de travail par rapport à l'ensemble de sa personnalité et à vendre cette force comme une marchandise lui appartenant. Bref, cette métamorphose n'est possible que dans le système capitaliste.

Pourtant, elle implique en même temps dans l'homme s'objectivant comme marchandise la scission entre objectivité et subjectivité. C'est cette scission qui rend finalement possible pour le travailleur la conscience de sa situation [148]. Or, cette prise de conscience par le travailleur de son caractère d'objet dans le processus productif n'est que la conscience de lui-même comme marchandise.

Cette prise de conscience entraîne selon Lukàcs celle des rapports de l'ouvrier avec le capital, le dévoilement de soi de la société capitaliste fondée sur la production et le trafic marchands. L'ouvrier reste encore du côté de l'objet mais un changement fondamental s'est produit: d'abord, il ne s'agit plus d'une conscience « portant sur » un objet, mais d'une conscience de soi. Ensuite, cette addition de la conscience de soi à la structure marchande opère une modification structurelle, objective, de son objet. En effet, « le caractère spécifique du travail comme marchandise, qui sans cette conscience est un moteur inconnu de l'évolution économique, s'objective lui-même par cette conscience. Mais en se manifestant, l'objectivité spéciale de cette sorte de marchandise, qui, sous une enveloppe réifiée, est une relation entre hommes [...] permet de dévoiler le caractère fétichiste *de toute marchandise,* caractère fondé sur la force de travail comme marchandise. Le noyau de toute marchandise, la relation entre hommes, intervient comme facteur dans l'évolution sociale [149]. »

En vertu de sa position dans le processus productif de la société capitaliste, il est donc donné au prolétariat de dissoudre en processus dont la nature est essentiellement sociale les objets sociaux immédiatement perçus comme des choses: alors les « choses » sociales se résolvent en des rapports sociaux, en des rapports humains. La signification du principe de la pratique s'éclaircit alors et sa possibilité trouve son fondement: le dépassement de l'immédiateté ne peut consister dans un simple mouvement de la pensée, le radicalisme ne peut pas se confiner au plan théorique. Le dépassement réel exige la suppression des objectivités dans la pratique, c'est-à-dire leur suppression en tant que formes de vie en société.

Les conséquences méthodologiques de cette analyse de Lukàcs deviennent maintenant visibles. Premièrement, la prise de conscience de soi comme marchandise de l'ouvrier — conscience de soi de la marchandise finalement — implique, comme on l'a montré, la con-

[148] Cf. G. Lukàcs, GK, p. 205 et suiv.
[149] Cf. id., *ibid.,* p. 211. Souligné par Lukàcs.

naissance de soi de la société capitaliste dans son ensemble en tant qu'elle se définit précisément comme société à structure marchande. Mais alors la prise de conscience n'est que la connaissance de la société capitaliste comme totalité.

Deuxièmement, la résolution de toute objectivité sociale en processus social donc, historique, définit la société comme totalité historique. La réalité n'est plus la réalité immédiatement atteinte dans l'objet, la réalité des faits de la simple expérience: le devenir se manifeste comme la vérité de l'être, le processus, comme la vérité des choses. Nous atteignons donc la troisième conséquence: aux tendances évolutives de l'histoire revient une réalité plus haute qu'aux faits de la simple expérience [150].

Finalement, puisque le mouvement de transformation des objets en processus est essentiellement pratique, « ce mouvement part nécessairement du point de départ de l'action elle-même ». Or, les objets que la conscience appréhende en premier lieu et dans leur caractère véritable sont les objets immédiats de l'action: le présent devient la catégorie privilégiée de l'histoire [151].

Selon Lukàcs la connaissance de l'histoire a commencé chez le prolétariat par la connaissance de sa propre situation sociale et par le dévoilement de la genèse de sa situation sociale. Il s'agit, pour la première fois dans l'histoire, d'une connaissance radicalement pratique. Elle est préparée par l'histoire et en ce sens elle est un produit historique. Pourtant, il ne s'agit que d'une possibilité: la dialectique de l'évolution pousse objectivement le prolétariat à une prise de conscience dans laquelle s'atteint l'essence de la réalité sociale, mais elle n'est pas capable, de par la nature même du phénomène, d'accomplir cette possibilité par sa seule dynamique.

Cette prise de conscience n'est pas, pour Lukàcs, un acte unique: elle est une série ininterrompue de médiations; elle a donc, à son tour, une histoire. Mais du moment que la conscience est consciente des tendances objectives de la société dans son ensemble, le prolétariat se réalise comme le sujet-objet identique de l'histoire. Le devenir comme médiation entre le passé et l'avenir concrets, c'est-à-dire historiques, est alors saisi comme la réalité authentique et le présent devient la catégorie privilégiée de l'histoire. « L'ici-et-maintenant concret dans lequel le devenir se résout en processus n'est plus, termine Lukàcs, l'instant fluide, l'immédiateté fuyante, mais le moment de la décision, le moment où naît la nouveauté [152]. »

---

[150] Cf. ID., *ibid.*, p. 225.
[151] Cf. ID., *ibid.*, p. 217-218.
[152] Cf. ID., *ibid.*, p. 251.

A la différence de Husserl, il s'agit donc pour Lukàcs d'un présent qui ne coïncide pas nécessairement avec l'actuel. Il n'est pas question pour notre auteur d'un présent historique en général, mais d'un actuel effectif devenu le présent primordial par l'action de l'histoire.

9. LE REJET DU NATURALISME DANS LA PERSPECTIVE HUSSERLIENNE D'UN SAVOIR ÉIDÉTIQUE.

Chez Husserl nous atteignons les points d'aboutissement d'une démarche réflexive axée sur le problème du naturalisme. D'abord, une fois reconnue la naïveté de la prétention empiriste de poser les faits « purs » comme éléments derniers de toute constatation, la réflexion arrivait à postuler un *a priori* universel par lequel les faits se révèlent justement comme tels à toute réflexion. Ensuite, l'exigence d'une interrogation philosophique radicale — définie comme mise en suspens systématique de toute validité et de toute forme de validation jusqu'alors acceptées — aboutissait à la reconnaissance de la subjectivité singulière comme sujet producteur du monde. Ces deux points terminaux peuvent être regardés comme deux moments d'une unique opération réductive embrassant les aspects statique et dynamique de la description phénoménologique en une nécessaire complémentarité.

La réflexion qui conduit à poser comme postulat un *a priori* absolument nécessaire correspond au moment statique de la description. Nous avons vu que l'*a priori* universel du monde historique peut, selon Husserl, s'obtenir par la méthode de la « variation libre ». Si nous soumettons, dit-il, notre existence humaine historique à une variation imaginaire absolument libre, un élément persistant dans toutes les variations, faute duquel notre existence humaine historique ne saurait être concevable en tant que telle, devra apparaître avec une évidence apodictique. Ce qu'on a saisi ainsi, le résidu invariable de toutes les modifications possibles, c'est pour Husserl l'*eidos* ou la composante d'universalité essentielle. Ainsi, déliés de toute attache avec le monde historique dans sa facticité, ce monde devenant lui-même au cours de la variation imaginaire simplement l'une des possibilités de la pensée, nous parvenons à une connaissance dépassant toutes les facticités historiques et, en ce sens, fondatrice de toute histoire de faits [153]. L'*eidos* étant constitué et objectivé, ce moment de la réduction n'est que l'*itération* d'un *noème* et l'opération consiste à l'isoler et à le déterminer dans une évidence spécifique.

L'opération qui découvre la dépendance du sens vis-à-vis de l'acte fondateur constitue le moment dynamique de la description phénoménologique. C'est cette réduction *réactivante* et noétique qui,

---

[153] Cf. E. Husserl, *L'Origine de la Géométrie*, p. 209.

dans son application la plus large, conduit à la subjectivité singulière comme foyer de toutes les configurations de sens et qui, dans ses applications particulières, mène à l'acte originaire qui a créé l'objet dont l'*eidos* est isolé dans le moment *itératif* de la réduction [154]. Dans ce paragraphe nous allons voir comment, dans la perspective husserlienne d'un savoir éidétique, la spécificité des phénomènes historicosociaux et en conséquence le rejet de la conception naturaliste de ces phénomènes, trouve son fondement. Dans le paragraphe suivant nous tenterons de dégager les traits de cette histoire exercée plutôt que conceptualisée que nous trouvons dans la *Krisis* et qui est, à la rigueur, le produit d'une réduction réactivante définie dès lors comme le moment historique de la description phénoménologique.

Quel est le point de départ de la méthode de la « variation libre » ? Dans les *Idées directrices pour une Phénoménologie* Husserl observe qu'il faut partir d'une intuition empirique, d'un fait, mais non pas saisi ou posé comme réalité [155]. Le fait n'est que l'occasion du développement du processus de variation et on ne doit même pas le considérer comme une exigence méthodologique: il est possible, dit-il, de partir d'intuitions fictives et les images absolument libres créées par l'imagination peuvent même avoir une position méthodologique privilégiée par rapport aux perceptions [156]. Il s'ensuit, d'abord, que la validation d'un jugement portant sur des essences ne dépend nullement de la constatation d'un fait, autrement dit, l'expérience en tant qu'expérience — si l'on entend par là une conscience qui saisit ou pose une réalité, une existence — ne joue aucun rôle dans une connaissance éidétique. Mais le caractère apodictique de l'évidence de l'*eidos* suppose que la validité d'un jugement éidétique n'exige pas non plus la présence d'une autre conscience réfléchie effectuant la même variation libre. Sans doute, de même que le sujet de l'acte intuitif peut répéter à volonté cet acte, de même d'autres sujets peuvent utiliser la méthode et coïncider dans la postulation des mêmes objets éidétiques. Pourtant, cette coïncidence intersubjective n'apparaît nullement chez Husserl comme une exigence de l'appréhension des essences. De toute évidence la méthode de variation est justement celle qui convient à la conscience qui opère la réduction du monde, à la subjectivité singulière pour laquelle toute expérience et toute existence — réelles naturelles — ont été mises en suspens.

Si Husserl a eu recours à la géométrie pour exemplifier le caractère non empirique de la validation d'un jugement éidétique ce n'est pas par hasard. « Le géomètre, lorsqu'il trace au tableau ses figures,

---

[154] Cf. Jacques DERRIDA, *Introduction* à *L'Origine de la Géométrie*, p. 32.
[155] Cf. E. HUSSERL, *Idées directrices pour une Phénoménologie*, p. 23.
[156] Cf. ID., *ibid.*, p. 225.

forme des traits qui existent en fait sur le tableau qui lui-même existe en fait. Mais [. . .], l'expérience de la figure dessinée, en tant qu'expérience, ne *fonde* aucunement l'intuition et la pensée qui portent sur l'essence géométrique [157]. » C'est en cela que le géomètre se différencie du savant pratiquant une des sciences de la nature. On pourrait ajouter aussi qu'à la différence du physicien ou du chimiste, le géomètre pourrait valider la géométrie de façon apodictique, même s'il était seul géomètre au monde. Enfin on sait que chez Husserl c'est de la tentative d'expliquer l'universalité et la nécessité des propositions des sciences formelles que naît la méthode éidétique.

En proposant la réduction éidétique comme méthode universelle pour la constitution d'un savoir *a priori* universel Husserl ne fait que généraliser une opération qu'il suppose implicite dans les sciences formelles. Si nous nous rappelons l'analyse faite dans la *Krisis* de l'opération abstractive par laquelle se constitue la géométrie, nous voyons tout de suite qu'il s'agit à la rigueur d'une réduction de caractère éidétique comportant deux moments fondamentaux: d'abord, une expérience de corps empiriques — réels —, ensuite, une modification arbitraire de ces corps dans la fantaisie par laquelle s'obtiennent les possibilités géométriques — idéales —. Mais dans la *Krisis* apparaît aussi, développée d'une manière spéciale, l'idée qu'une opération de réduction semblable à celle qui avait amené à la constitution de la géométrie et des mathématiques en général, se trouve à la base des sciences de la nature modernes.

Souvenons-nous que d'après Husserl le problème qu'a dû envisager Galilée était celui de parvenir à une connaissance de la nature entière — avec ses corps et toutes ses qualités — par l'application des méthodes qui avaient permis la connaissance de la nature dans sa réalité partielle ou abstraite de figure et mouvement (géométrie et arithmétique). Le résultat a été selon Husserl la constitution d'un savoir mathématique de la nature dans son ensemble, autrement dit la conversion des sciences physiques en mathématiques appliquées.

La nature, idéalisée complètement selon le modèle mathématique, apparaît depuis Galilée soumise à un ensemble de rapports nécessaires, c'est-à-dire à un déterminisme universel. Corrélativement, les sciences de la nature ont la capacité d'énoncer des affirmations *a priori,* non seulement au sens où celles-ci sont antérieures à l'expérience (prévisions) mais aussi selon Husserl au sens où ces affirmations sont, d'une certaine façon, indépendantes de l'expérience [158].

---

[157] ID., *ibid.,* p. 31. Souligné par Husserl.
[158] Cf. ID., *Krisis,* II, 9 d).

Ceci suppose-t-il que les sciences formelles telles qu'elles se sont constituées et en tant que sciences éidétiques sont des sciences dont les fondements sont absolus ? Le fait que les sciences de la nature reposent sur des connaissances éidétiques « matérielles » signifie-t-il qu'elles possèdent des fondements absolus ? Nous connaissons la réponse de Husserl. La logique et les mathématiques supposent que leurs systèmes aprioriques sont absolus, que la vérité de leurs propositions est une vérité en soi et que la nécessité des rapports s'établissant entre leurs propositions est une nécessité objective. De leur côté, les sciences de la nature, en généralisant la mathématisation du monde d'une façon totale ont créé ou supposé une nature en soi, exacte, vérifiable objectivement, à laquelle est assigné le caractère de nature véritable. Or, dans les processus de construction des mathématiques et des sciences mathématiques de la nature la signification méthodologique de l'idéalisation s'est perdue, c'est-à-dire qu'on a « oublié » que le sens de tous les objets — formels et matériels —, que le sens même de l'objectivité est le produit d'activités subjectives. L'établissement de la corrélation entre tous les types d'objets d'une part et les vécus subjectifs de la conscience d'autre part permettra, selon Husserl, de dépasser la naïveté qui marque la pensée des logistiques modernes pour laquelle la logique est la science fondamentale apriorique universelle pour toutes les disciplines objectives. Il permettra de fonder absolument toute logique objective en la reconduisant à un *a priori* pré-logique universel purement mondain-vécu [159]. De même en ce qui concerne les sciences de la nature.

Pourtant, la récupération du sens de la méthode en plus de permettre un fondement réellement dernier des sciences objectives a, chez Husserl, une autre conséquence. Elle permet de récupérer le monde qui est finalement le monde véritable et unique de notre vie intégrale, défini par les sciences objectives simplement — et péjorativement — comme subjectif. La récupération de ce monde exige donc, comme sa condition, le dépassement de la façon partielle dans laquelle sont conçues les idéalités, c'est-à-dire le dépassement de la conception objectiviste de l'être idéal.

Comment le monde unique de notre vie quotidienne en est-il arrivé à être remplacé par la nature mathématique des sciences objectives ? Que signifie épistémologiquement l'éclaircissement du sens de l'opération idéalisante des sciences objectives ?

Encore une fois les problèmes peuvent se poser dans les termes d'une théorie de la connaissance des essences. En effet, la substitu-

---

[159] Cf. ID., *ibid.*, III, 36.

tion d'une nature mathématique au monde quotidien apparaît comme conditionnée par le type d'essences auxquelles visent les sciences mathématiques. Dans les *Idées directrices pour une Phénoménologie*, Husserl propose de distinguer entre les « essences morphologiques », qui sont les corrélats des concepts descriptifs et les essences « exactes » qui sont les corrélats des concepts idéaux. Ici aussi Husserl a recours à la géométrie pour exemplifier la nature de ce dernier type d'essences. « Le géomètre, dit-il, ne s'intéresse pas aux formes de fait qui tombent sous l'intuition sensible, comme le fait le savant dans une étude descriptive de la nature. Il ne construit pas comme lui des *concepts morphologiques* portant sur des types vagues de formes qui seraient directement saisies en se fondant sur l'intuition sensible [. . .]. Les concepts géométriques sont des *concepts idéaux;* ils expriment quelque chose qu'on ne peut voir. Cette *idéation* érige les essences idéales en « limites » idéales [. . .] dont se « rapprochent » plus ou moins, sans jamais les atteindre, les essences morphologiques considérées [160]. »

Nous avons déjà vu que l'analyse husserlienne de l'opération par laquelle se constitue la géométrie comportait les moments structurels de toute réduction éidétique. Mais ce qui dans cette constitution apparaît comme spécifique c'est la possibilité d'imaginer des formes-limites, exactes et dans ce sens idéales, à partir des formes des corps empiriques saisies sensiblement. Du moment donc où ces formes-limites sont assumées comme « idées », comme pôles invariables vers lesquels « tendent » les formes empiriques, la substruction de la seule réalité par une nature d'objectivités idéales devient possible, peut-être y est-elle déjà implicite. La récupération du monde s'exprimera théoriquement chez Husserl dans la constitution d'une ontologie matérielle où se retrouveront les concepts employés par les sciences objectives, cette fois non pas référés aux essences idéales exactes, mais aux essences « inexactes », « morphologiques [161] ».

Bref, l'analyse critique de Husserl laisse à leur place toutes les réalisations des sciences objectives, tant des sciences formelles que des sciences de la nature et les méthodes et techniques qui ont rendu possibles ces réalisations. Bien que le dévoilement du sens véritable de toutes les opérations de ces sciences permette l'ouverture de domaines théoriques nouveaux à la réflexion — y compris celui d'une

---

[160] Cf. ID., *Idées directrices pour une Phénoménologie*, p. 236-237. Souligné par Husserl. Les « concepts idéaux » ou « idées » apparaissent explicitement définis dans le sens kantien de « principes régulateurs ». Les essences exactes sont caractérisées par Husserl comme des limites idéales des essences inexactes de la nature. Ainsi, par exemple, le concept-limite « cercle » est en quelque sorte « construit-sous » le concept morphologique proposé par la nature « rond » (cf. note du trad. n° 4, p. 238).
[161] Cf. ID., *Krisis*, III, 36.

« théorie de la science objective en général » — il n'affecte nullement
les résultats de ces opérations.

C'est à ce moment de la réflexion que se présente le problème
des « sciences de l'esprit » ou sciences historico-sociales. Il peut être
posé à partir de perspectives différentes des précédentes bien que,
finalement, complémentaires. Dans une théorie de la connaissance
éidétique il faut commencer par la question de la possibilité de constitution d'une éidétique « régionale » de l'objet social, c'est-à-dire par
la question de savoir si le social empirique se subordonne à un genre
suprême essentiel spécifique ou s'il est compris dans un genre plus
large, par exemple, dans la région « chose ». La réponse à cette
question déterminera, dans le contexte des idées husserliennes, la solution à donner au problème de la possibilité d'une extension universelle des méthodes de la science de la nature. Et puisqu'il y a des
sciences sociales déjà constituées, cette réponse déterminera de plus
la portée de l'analyse critique de Husserl: si une éidétique régionale
du social est possible et si les sciences sociales déjà constituées ne
s'y rapportent pas, autrement dit si elles n'ont pas comme point de
départ la reconnaissance d'une spécificité du social, alors la critique
de Husserl atteindra la totalité des résultats de ces sciences et des
méthodes par lesquelles ces résultats ont été obtenus. Il ne s'agirait
plus de dévoiler simplement la naïveté d'un savoir qui se suppose
auto-suffisant, ni de montrer par conséquent les fondements absolus
sur lesquels ce savoir devrait être établi. Il s'agirait d'une critique
concernant les contenus — les théories — et les méthodes de ces
sciences dans leur totalité.

A son tour, la critique des méthodes des sciences de la nature
présenterait, à la rigueur, une double dimension: d'une part elle con-
cernerait l'inconscience de la méthode naturaliste en tant qu'appliquée
à la nature même; d'autre part elle condamnerait, par principe, toute
tentative pour extrapoler cette méthode. Nous savons que dans la
Krisis la critique de l'objectivisme physicaliste repose justement sur
l'incapacité méthodologique du naturalisme à saisir le monde authentique de l'homme, le monde radicalement historique.

Elle suppose donc une distinction essentielle entre nature et esprit,
entre objet physique et objet culturel, entre chose et personne. Ceci
ne signifie pas, chez Husserl, que l'Être soit divisé en deux et qu'entre
ces deux régions il y ait une coupure indépassable au niveau gnoséologique. D'une part, une science universelle de l'Être est possible et
doit les embrasser toutes les deux [162]. D'autre part, une région est

---

[162]   Cf. ID., *Manuscrit K III 1 IX* (1934-35), cité par René TOULEMONT,
L'Essence de la Société selon Husserl, p. 235.

indissolublement liée à l'autre, les événements psychiques correspondant sans doute à des actions causales exercées par les choses sur l'organisme [163]. Encore tout objet est-il susceptible selon Husserl de recevoir deux statuts, l'un personnaliste, l'autre naturaliste car ce qui finalement distingue les sciences de l'esprit et celles de la nature est la manière différente dont elles envisagent les mêmes objets. Or, le sens de la distinction essentielle entre nature et esprit, entre chose et personne peut, chez Husserl, être saisi à partir de sa caractérisation de la science de l'esprit. Celle-ci est, dit-il, la science « de la subjectivité humaine dans son rapport conscient avec le monde, en tant que ce dernier lui apparaît et la motive dans son faire et son pâtir, et, inversement, la science du monde comme ambiance des personnes ou comme monde qui leur apparaît et qui vaut pour elles [164] ».

Ainsi la personne est décisivement définie comme sensibilité à la motivation, et le monde de la science de l'esprit comme monde qui a acquis un sens pour la personne à partir de l'ensemble de ses expériences, de ses pensées et de ses valorisations. A la différence de la chose dont l'efficience résulte simplement de l'application de forces physiques, la personne est guidée pour Husserl par des motifs, ce qui suppose l'existence d'une conscience, mais d'une conscience active, capable de réfléchir sur ses activités et de les intégrer dans une unité de sens. La condition de cette conscience active et réfléchie est, bien sûr, l'existence d'une vie sociale [165]. A la différence de l'objet physique, l'objet culturel est conçu comme le terme d'une appréhension de nature téléologique de la part de la personne. La méthode téléologique, la seule capable de saisir les phénomènes historico-sociaux, apparaît comme une exigence fondée sur une théorie de la connaissance éidétique. Dans la mesure où la science objective de la nature vise à la constatation de simples choses, c'est-à-dire vise ce qui est défini comme indépendant de tout sujet, donc ce qui est dépourvu de tout prédicat de valeur — et c'est le sens même du concept « scientifique » d'objectivité d'après Husserl —, cette science apparaît logiquement et méthodologiquement incapable de saisir le socio-historique. Dans la mesure où l'on a construit une science historico-sociale dans laquelle tout critère de valeur a été par principe écarté, les contenus et la façon dont cette science a disposé de ces contenus sont affectés dans leur totalité par la critique husserlienne [166].

---

[163] Cf. E. HUSSERL, *Idées II*, p. 160 et 281, cité par René TOULEMONT, *ibid.*
[164] Cf. ID., *Krisis Abh. II*, p. 297, cité par René TOULEMONT, *ibid.*, p. 233.
[165] Cf. ID., *Manuscrit A V 23*, p. 1 et 12, cité par René TOULEMONT, *ibid.*, p. 231-232.
[166] Sous cette critique ne tombent pas, sans exception, toutes les théories sociologiques. Par exemple, Husserl a reconnu dans l'œuvre de Levy-Bruhl une

10. L'ABOUTISSEMENT DE LA CRITIQUE HUSSERLIENNE DU NATURALISME: LA CONSTITUTION THÉORIQUE D'UNE HISTOIRE PHILOSOPHIQUE.

Dans le paragraphe antérieur nous avons essayé de situer le rejet husserlien du naturalisme dans la perspective d'un savoir éidétique. Nous avons commencé par montrer que la réduction par laquelle Husserl atteint les invariants qui commandent toute science de faits — y compris celle des faits historiques — pouvait être regardée comme le moment statique de la description phénoménologique. Après une brève étude du développement de la problématique dominante dans la pensée de Husserl, nous avons été amenés à préciser le sens de la distinction entre phénomènes naturels et phénomènes spirituels — distinction corrélative à celle entre chose et personne —. Nous concluions ensuite en observant que l'exigence d'une double méthodologie était fondée, chez Husserl, sur la reconnaissance du caractère éidétique de ces distinctions. Ainsi ce n'est que par l'application de la méthode téléologique que les phénomènes sociaux peuvent être saisis dans leur spécificité, c'est-à-dire en tant qu'ils concernent des personnes et que ce sont des personnes qui sont concernées par eux. Pour cela, il faut s'attacher à dévoiler le sens de ces phénomènes, ce qui signifie chez Husserl dévoiler leur origine qui est en même temps leur fin.

Aussi nous avons noté dans le paragraphe précédent qu'en plus de ce moment statique de la description pouvait se reconnaître chez Husserl un moment dynamique qui apparaît comme complément nécessaire. Il s'agit d'une recherche de l'acte originaire créateur du sens, recherche qualifiée de « rétrospective » par Husserl, et par laquelle les motifs et les démarches qui ont présidé à l'avenement du sens en question sont mis en évidence. Alors nous avons affaire selon Husserl à une méditation à proprement parler historique et il ne cesse de le répéter au cours de ce travail dans ce sens exemplaire qu'est *L'Origine de la Géométrie*. Historique, nous le savons, dans un sens tout à fait insolite, car il ne s'agit pas d'une méditation sur des faits et sur des enchaînements de faits, mais sur des sens et des enchaînements de sens.

Cette rétrospective historique est celle que développe pratiquement Husserl dans la *Krisis* à propos du sens qui anime la civilisation européenne, et dans *L'Origine de la Géométrie* à propos de l'histoire intentionnelle d'une science éidétique exemplaire. Nous sommes déjà en conditions de comprendre le lien profond unissant ces deux recherches.

« anthropologie conduite dans le style pur des sciences de l'esprit » (cf. E. Husserl, *Lettre à Levy-Bruhl*, cité par René Toulemont dans *L'Essence de la Société selon Husserl*, p. 233).

Demandons-nous d'abord ce qui rend exemplaire la géométrie ou, plutôt, une méditation historique sur la science éidétique « géométrie ». Ce n'est pas seulement le fait que la recherche de l'origine de cette science doit être prise comme le modèle d'une étude authentiquement épistémologique. Ce n'est pas seulement non plus que les résultats de principe atteints dans cette étude sont pour Husserl d'une généralité qui s'étend à toutes les sciences éidétiques exactes et même à toutes les sciences en général [167]. Ce caractère exemplaire vient du rôle que joue dans la philosophie de l'histoire de Husserl l'opération d'idéalisation.

Comme nous l'avons vu, le passage à la limite qui se produit dans le dessin des formes géométriques pures, autrement dit, l'acte idéalisateur, arrache pour la première fois l'homme au conditionnement de la facticité. Les formes-limites de la géométrie, constructions pures de la raison et non pas, pour Husserl, formes sensibles de l'imagination, agissant comme des pôles invariables et à jamais atteints vers lesquels tend la série de perfectionnements, inaugurent une espèce d'objectivité et une attitude théorique qui deviennent, pour Husserl, l'*index* de la culture européenne: l'objectivité d'une tâche infinie ayant pour corrélat « l'homme nouveau aux buts infinis ». Pour la première fois aussi, la raison se manifeste à l'humanité dans l'acte idéalisateur de création de la géométrie: l'ouverture de l'infini qui est l'ouverture de l'histoire authentique est le début d'un processus infini d'auto-élucidation de la Raison.

S'agit-il d'une Raison qui, pénétrant dans l'histoire, poursuivrait depuis lors son incessant mouvement d'auto-élucidation? Certaines expressions de Husserl peuvent nous confondre. Ainsi il parle d'une raison « innée » qui était restée inaccessible à elle-même, plongée « dans la confusion et dans la nuit [168] », d'une raison « congénitale [169] », d'une Raison « qui fonctionne en chaque homme, si primitif soit-il encore, en tant qu'« *animal rationale* [170] ». La simultanéité du premier acte rationnel pur — l'acte idéalisateur — et du début de l'histoire authentique font que l'histoire est chez Husserl de part en part rationnelle et que la Raison ne se laisse concevoir en tant que Raison à l'œuvre que comme historique de part en part. Pour assurer la cohérence de la pensée de Husserl il faut interpréter ces expressions dans le sens qu'une Raison historique habitait l'homme à titre de possibilité éidétique, de même que l'historicité était déjà implicite dans

[167] Cf. E. HUSSERL, *L'Origine de la Géométrie*, p. 199.
[168] Cf. ID., *La Philosophie comme Prise de Conscience de l'Humanité*, p. 124.
[169] Cf. ID., *Krisis*, I, 6.
[170] Cf. ID., *L'Origine de la Géométrie*, p. 213.

l'activité purement empirique de l'homme comme historicité « protentionnelle ».

Si Raison et histoire sont donc indiscernables, si ce qui fait l'histoire ou plutôt ce qui est vraiment l'histoire est le mouvement de la Raison pour s'élucider elle-même, et si la philosophie n'est rien d'autre que « le rationalisme se diversifiant lui-même selon les différents plans où se déploient intention et accomplissement [171] », deux conséquences s'ensuivent. D'abord, nous avons chez Husserl une histoire philosophique de part en part. Non au sens où le déploiement du rationalisme constitue une histoire, ce qui va de soi, mais au sens où l'histoire authentique n'est que l'histoire du rationalisme philosophique. Ensuite, la Raison n'est pas pour Husserl quelque chose d'achevé, mais elle est un développement permanent, un devenir essentiel qui doit être conçu comme processus historique d'accession de la Raison à elle-même.

Ce développement de la Raison qui est chez Husserl l'histoire au sens strict suit, nous le savons, le schéma objectivation-aliénation-récupération de soi, correspondant aux trois moments historiques fondamentaux: création de l'objectivité pure (idéalité) dans la formation du sens géométrique, «oubli» du sens de toute objectivité dans la constitution des sciences de la nature, récupération de ce sens par la phénoménologie. Le schéma est celui du mouvement linéaire d'un sujet pour lequel les conditions de son auto-réalisation sont, en même temps, les conditions de la perte de soi. Cette perte de soi étant conçue comme méconnaissance du sujet à l'égard de lui-même en tant que producteur du monde, elle implique l'impossibilité d'appréhender l'intelligibilité de l'histoire.

Dans cette perte de soi du sujet le rôle principal est joué, chez Husserl, par le langage [172]. C'est le langage qui « produit » l'objectif à partir d'une formation purement intrasubjective, ce qui comme « concept ou état-de-choses géométriques, est effectivement présent, intelligible pour tout le monde, maintenant et pour toujours ». C'est donc par la médiation du langage — et ce terme appartient à Husserl — que « l'horizon d'humanité peut être celui d'une infinité ouverte », que l'histoire s'ouvre à l'homme comme un horizon infini. Il s'agit du langage écrit, car la présence perdurable des objets idéaux, le « pour toujours » de l'état-de-choses géométriques ne peut être assuré parfaitement par la seule langue parlée. Mais c'est le langage écrit aussi qui, par suite d'une dynamique propre à son usage, rend possible la dispa-

---

[171] Cf. ID., *La Philosophie comme Prise de Conscience de l'Humanité*, p. 123.
[172] Cf. ID., *L'Origine de la Géométrie*, p. 181-186.

rition du sens de l'objectivité: il s'agit, pour Husserl, de la possibilité d'un usage « passif » du langage, d'une compréhension de l'expression qui doit être distinguée soigneusement de la mise en évidence de celle-ci par réactivation du sens [173]. Une telle passivité à l'égard des significations, dont Husserl nous parle dans *L'Origine de la Géométrie* a accompagné pour lui la constitution de la science naturelle mathématique: c'est le « mode de pensée technique », décrit dans la *Krisis* comme celui qui se meut dans un monde de formules, qui a été la condition de l'aliénation objectiviste de l'Europe.

Le salut de celle-ci, le dépassement de la crise actuelle de la civilisation européenne ne peut donc avoir d'autre signification que celle d'un retour de la Raison à elle-même par la voie de la réactivation du sens — du motif et de la fin — qui anime cette civilisation. Il s'agit, avant tout, de la nécessité de dépasser la raison physicaliste des sciences de la nature, d'accomplir enfin l'histoire de la philosophie par la constitution d'une philosophie universelle où la Raison se révèle à elle-même sous la forme qui lui est essentielle: comme Raison philosophique [174]. Cette Philosophie universelle est, bien entendu, la phénoménologie.

Bien qu'avec celle-ci une nouvelle et définitive ouverture de l'histoire se soit produite pour Husserl, la « conversion de la philosophie en phénoménologie » apparaît comme la clôture d'une recherche d'elle-même menée par la Raison depuis le commencement de l'histoire véritable. Si donc l'histoire a une structure téléologique dont la fin est la phénoménologie, celle-ci se révèle être, dans la conception de Husserl d'une histoire philosophique, une eschatologie.

11. LE SCHÈME CONCEPTUEL D'UNE PHILOSOPHIE DU *COGITO*.

11.1. LE PROBLÈME DE LA NATURE DU SUJET ET DE L'OBJET ET DE LEURS RAPPORTS.

Un thème s'est présenté comme dominant dans la structuration des conceptions phénoménologique et marxiste que nous venons d'étudier: celui qui s'articule dans les questions « Quel est le sujet? », « Quelle est la nature de ce qui se rapporte essentiellement à un sujet? » et, finalement, « Quel est ce type de rapport ou, en d'autres termes, quel type de relation lie de façon essentielle le sujet et l'objet? ». La réponse donnée à la troisième de ces questions caractérise d'emblée les systèmes de Husserl et de Lukàcs et déterminera, comme nous

---

[173] Cf. ID., *ibid.*, p. 187-188.
[174] Cf. ID., *Krisis*, I, 6.

tenterons de le montrer, leurs positions à l'égard du problème épistémologique des sciences historico-sociales.

Le rapport sujet-objet est conçu par nos auteurs comme un rapport de « production » c'est-à-dire, dans une première approximation, comme un rapport où l'objet est défini essentiellement comme œuvre d'un sujet, comme terme de son activité ou opération. Cette identité de vue, qui sert de fondement aux ressemblances déjà signalées chez nos auteurs, repose sur la découverte d'un trait commun aux rapports sujet-objet idéal (formel) et sujet-objet social: c'est dans les deux cas, un rapport de « production ».

La seconde prémisse de nos auteurs pose la question du sujet et de l'objet au niveau gnoséologique: l'intelligibilité de celui-ci dépend, maintient-on, de l'intelligibilité de celui-là. Que signifie donc « rendre l'objet intelligible » ? D'abord, répondre à la question « Quel est le sujet producteur ? »; ensuite, découvrir le mécanisme de production des objets dans le sujet. Localiser le sujet, décrire la façon dont il produit ses objets, ces deux tâches résolvent le problème de la nature du sujet. En tant que condition de l'intelligibilité des objets, l'interrogation sur le sujet inaugure donc pour Husserl et Lukàcs la recherche gnoséologique fondamentale.

Par « recherche gnoséologique fondamentale » on doit comprendre dans le contexte husserlien une recherche concernant les conditions de l'appréhension de tous les objets sans exception, dans laquelle donc tous les genres d'appréhension sont concernés. Cette recherche ne peut avant tout être menée à bien que par une investigation de ce qui est commun à tous les objets, de ce par quoi les objets sont saisis en tant que tels: ce qui est ici en jeu c'est la recherche des conditions de l'objectivité en général. « Objectivité en général » se réfère ici à cette détermination précisée par Husserl comme ce qui fait de toute forme d'existence une forme d'existence *pour* la conscience, de telle façon que la recherche des conditions de l'objectivité en général se place d'emblée à l'intérieur de la conscience. L'étude du mécanisme de production des objets dans la conscience est le thème de ce que Husserl appelle « constitution » à savoir, l'étude du processus opératif dont les résultats ou produits — ou « formations » — sont les objectivités, et à l'origine duquel se trouve un acte. Que tous les genres d'appréhension soient concernés dans cette recherche signifie que tous les actes en général sont des actes objectivants qui constituent originellement des objets: le sujet n'est donc pas seulement et simplement un sujet cognitif.

Que signifie chez Lukàcs l'affirmation: avec la question sur le sujet commence la recherche gnoséologique fondamentale ? Il ne s'agit pas pour lui de rechercher dans le sujet les conditions de l'appréhension de *tous* les objets en général: il suffit de montrer un seul domaine où l'objectivité soit « produite » dans le sujet pour que la recherche gnoséologique qui en résulte prenne un caractère privilégié. Ce domaine est pour Lukàcs celui des objectivités sociales. Bien que le champ des objets dont la relation au sujet est conçue comme essentielle ait été ainsi restreint, il n'en reste pas moins que la forme d'objectivité en question est aussi pour Lukàcs la forme d'existence pour la conscience.

L'extension du domaine des objets considérés peut être regardée comme un premier point de divergence des conceptions de nos auteurs, autrement dit, comme la question qui, déterminant la perspective des analyses, conditionne la particularité des réponses respectives.

En effet, si l'on affirme que le sujet est producteur de tout type d'objets — de l'objectivité en général —, l'intelligibilité de tout objet — y compris autrui — suppose celle d'un sujet par force singulier. Ce sujet ne sera autre chez Husserl que l'« ego ». Voyons qu'il s'agit d'une conséquence logique: une *époché* conséquemment pratiquée c'est-à-dire embrassant tous les « donnés » sans exception, toutes les « validités », donc une *époché* véritablement universelle ne peut conduire qu'à cette « solitude philosophique unique » — selon l'expression de Husserl — qui est le moi absolu. Si, par contre, l'on affirme la finitude du champ d'objets dont la relation à un sujet doit être regardée comme essentielle, alors le sujet se trouve rapporté à un seul secteur objectif. Le fait que ce domaine soit pour Lukàcs celui des objectivités sociales conduit naturellement à la supposition d'un sujet « pluriel ». Ainsi ce qui dans la formulation générale de la question apparaissait comme problème du rapport entre le sujet et l'objet exige maintenant dans chaque cas une détermination supplémentaire. Voyons d'abord de plus près quelles sont les raisons pour lesquelles ce rapport peut être reformulé chez Husserl en termes de subjectivité-objectivité.

La question revient comme nous le savons à s'interroger sur le résultat final atteint par le philosophe qui exerce la mise entre parenthèse systématique de toute position d'existence. Ce que Husserl qualifie d'« intellection fondamentale », à savoir la corrélation universelle absolument auto-suffisante entre les étants de n'importe quelle espèce et la subjectivité absolue, se fonde sur un argument relativement simple: quelles que soient les choses, du fait même que je les perçois, m'en souviens, y pense de quelque manière que ce soit, porte sur elles des jugements, les valorise, les désire et ainsi de suite, elles ne sont d'abord telles qu'en tant que choses de mon expérience. Plus exactement, les choses se révèlent comme contingentes dans une réflexion stricte, au sens où elles n'ont et ne peuvent avoir en aucun cas et aucune d'entre elles un autre statut premier que celui d'être relatives à une conscience singulière, à une subjectivité.

La réduction transcendantale qu'ouvre l'*époché,* par le fait qu'elle débouche sur l'affirmation de la primauté gnoséologique de la subjectivité singulière et qu'elle fait d'une monade le fondement de l'explication de tout donné, pose immédiatement le problème du solipsisme.

La tentative de Husserl pour échapper aux paradoxes du sujet solipsiste tout en maintenant le caractère subjectif de la genèse des « formations » est en même temps la tentative de fonder dans la vie de conscience les déterminations dites objectives, à savoir celles des objets dont « tout le monde » peut avoir des expériences identiques. La question se pose donc d'élaborer le passage de l'expérience singulière à l'expérience commune, de la validité pour moi à la validité pour tous, sans pour autant rejeter ni la primauté absolue du sujet monadique ni le caractère fondateur des opérations conscientielles. Autrement dit, si, par définition, dans le concept de l'objectivité est implicite la condition d'une communauté de sujets constituants, le problème est de maintenir, malgré le caractère apparemment contradictoire de l'exigence, la primauté de l'*ego* qui est en dernière instance fondateur.

Comme nous l'avons vu, la solution de Husserl consiste à concevoir la constitution de l'objectivité comme une constitution de second degré, dans le sens que sa réalisation a exigé non seulement la constitution préalable d'autrui, mais aussi que l'*ego* singulier « se rend » à soi même un égal des autres: selon les termes de Husserl, que l'*ego* « se rend pour lui-même transcendantalement déclinable ». Le seul privilège de l'*ego* reste alors celui d'être Moi des Autres transcendantaux, ce qui n'influe pas sur la question de l'objectivité. Ainsi la constitution du monde objectif est, dit notre auteur, le produit d'une fonction de la subjectivité, non pas de la subjectivité singulière, mais de l'ensemble de l'intersubjectivité intercommuniquée dans la fonction.

Il n'est pas ici question de savoir si Husserl a réussi ou non dans la tâche d'expliquer comment l'intersubjectivité se constitue à partir des opérations conscientielles de l'*ego*. Il nous intéresse seulement de souligner le fait que dans la constitution des objectivités le caractère subjectif de l'opération n'est nullement perdu: l'expérience commune à tous les sujets — réels ou possibles — ne peut, tout comme l'expérience du sujet solipsiste, rien contenir dans son champ qui ne soit ou bien conscience ou bien constitué par la conscience. Et la reformulation de la relation sujet-objet en termes de subjectivité-objectivité n'ajoute, dans ce sens, qu'une précision à la thèse suivant laquelle le sujet producteur doit être considéré, chez Husserl, comme un sujet singulier.

En effet, la pluralité des monades qui composent l'intersubjectivité aboutit en vertu de la nature même de celles-ci à la formation d'une unité subjective opérant *à la façon de la conscience singulière*. « Des choses séparées, dit Husserl, restent extérieures les unes des autres, elles ne peuvent jamais avoir en commun rien d'identique. Mais la conscience *coïncide* véritablement avec la conscience. » « La communication crée l'unité[175]. » La coïncidence totale des sujets — réelle ou possible c'est-à-dire, déjà acquise ou à acquérir — abolit logiquement la pluralité des subjectivités en une unité indifférenciée donc, singulière. C'est pourquoi Husserl peut parler d'une « personne collective », d'une « personne d'ordre supérieur » et affirmer l'*analogie* existant entre la vie de la personne collective et celle de la personne individuelle. Le principe de l'unicité et de la singularité du sujet producteur reste donc au centre du système husserlien.

Quelles conséquences en tirer ? D'abord, si le sujet collectif maintient toutes les « propriétés » du sujet individuel — si le premier n'est autre chose qu'une sorte de réplique à grande échelle du second, que sa projection (géométrique) dans l'espace et dans le temps — alors l'analyse d'un phénomène donné dans la conscience individuelle peut devenir le type de l'analyse des phénomènes de la conscience « collective ». Deuxièmement, le mode de détermination qui préside à la relation entre la conscience individuelle et ses objets peut être regardé comme le mode de détermination social par excellence. Troisièmement, la forme de liaison entre les phénomènes de la conscience individuelle peut être prise comme *index* de la forme de liaison des consciences individuelles.

La première conséquence conduit à accorder à la phénoménologie le caractère de modèle des « sciences de l'esprit »; la seconde, à postuler la détermination téléologique comme mode de détermination qui régit le domaine des phénomènes historico-sociaux; la troisième conséquence conduit à privilégier la catégorie de la totalité — dont il nous faudra préciser le concept — dans la connaissance de ces phénomènes.

Nous avons vu que le domaine d'objets liés essentiellement à un sujet se restreint, pour Lukàcs, à celui des objets sociaux. Il s'agit donc d'abord de savoir ce qu'est un objet social pour Lukàcs ou, plutôt, de préciser le caractère commun par lequel un univers d'objets se laisse conceptualiser comme « social ».

---

175 Cf. ID., *Manuscrit G G II*, cité par René TOULEMONT dans *L'Essence de la Société selon Husserl*, p. 315. Souligné par nous.

La question suppose, comme nous le savons, le dépassement du phénomène par lequel les choses sociales apparaissent comme « naturelles » à la conscience c'est-à-dire comme indépendantes du sujet producteur. Selon Lukàcs, seul le dépassement du « phénomène structural fondamental de la réification » permet la révélation du caractère commun aux objets sociaux comme caractère du sujet producteur, ou plus exactement comme caractère social du propre travail de celui-ci. Ainsi Lukàcs peut-il écrire que « les objets sociaux ne sont pas des choses mais des relations entre hommes » et que la production et la reproduction des objets sociaux est une production et une reproduction ininterrompue de rapports humains et non pas de choses [176]. Ainsi s'accomplirait aussi l'exigence posée par Marx dans les *Thèses sur Feuerbach* que fait sienne notre auteur: « On doit saisir la « sensibilité », l'objet, la réalité, comme activité humaine sensible [177]. »

Il s'ensuit chez Lukàcs que la prise de conscience par le sujet de sa qualité de producteur *social* — prise de conscience conditionnée par le développement des forces productives — signifie en même temps la connaissance correcte de l'ensemble des rapports sociaux, donc de la société dans son ensemble. Non seulement l'intelligibilité de l'objet suppose celle du sujet: ce qu'on affirme est l'unicité de cette opération apparemment double. Autrement dit, si une situation historique est donnée dans laquelle la connaissance de soi du sujet producteur signifie en même temps la connaissance correcte de la société, alors pour une telle connaissance ce sujet est à la fois sujet et objet: la relation entre le sujet et l'objet est reformulée chez Lukàcs en termes de coïncidence entre le sujet et l'objet sociaux.

Signalons ici trois conséquences de cette approche: premièrement, le privilège méthodologique accordé à la catégorie de la totalité. En effet, en tant que les objets sociaux sont définis comme relations, leur connaissance authentique suppose le dépassement de la forme immédiatement donnée qu'ont les objets, la découverte de leur fonction réelle au sein de l'ensemble des rapports sociaux, la totalité. Deuxièmement, l'affirmation selon laquelle l'interaction est la forme de détermination fondamentale dans le domaine de la société et de l'histoire: du moment que les propriétés possédées par les objets dans leur existence immédiate, autonome et figée sont regardées comme des véritables propriétés « secondaires » (dans le sens classique du mot), leurs propriétés « primaires » résultent de la forme d'existence réelle des objets sociaux, à savoir de la forme d'existence en interaction. Finalement, si les catégories de « totalité » et d'« action réciproque », qui ne se retrouvent pas selon Lukàcs dans la connaissance de la

---

[176]   G. LUKÀCS, *GK*, p. 224.
[177]   Cf. ID., *ibid.*, p. 39.

nature caractérisent la méthode dialectique, alors la dialectique est la méthode spécifique des sciences historico-sociales.

La critique philosophique du naturalisme fondée dans la perspective d'un sujet producteur, aboutit, en somme, aux trois affirmations suivantes sur le plan épistémologique :

1° Un *dualisme méthodologique :* l'étude des phénomènes historico-sociaux exige une méthode différente de celle employée dans l'étude des phénomènes naturels. Cette méthode est, pour Husserl, la phénoménologie, la dialectique pour Lukàcs.

2° Un *dualisme légal :* la forme de détermination dans le domaine de la société et de l'histoire diffère de la forme de détermination régissant la nature. En ce qui concerne le premier domaine la détermination est téléologique selon Husserl, interactive selon Lukàcs; en ce qui concerne le second domaine, ils s'accordent pour y voir à l'œuvre une détermination causale.

3° Le *concept de totalité* appartient à l'ensemble conceptuel spécifique de la connaissance des phénomènes historico-sociaux.

11.2. LE CONCEPT DE « SUJET-PRODUCTEUR »,
EST-IL UNE SIMPLE EXIGENCE METHODOLOGIQUE OU AUSSI UN POSTULAT ONTOLOGIQUE ?

Localisé dans la classe sociale ou, plus exactement, dans la conscience de classe — prolétarienne — chez Lukàcs, dans la subjectivité transcendantale chez Husserl, le sujet apparaît dans les deux cas comme « producteur » de ses propres objectivités. Si l'on définit alors l'objectivité comme forme d'existence *pour la conscience,* le problème se pose de savoir si on doit aussi comprendre l'objectivité comme forme d'existence *par* la conscience, autrement dit, si le concept de sujet joue un rôle sur le seul plan d'une théorie de la connaissance ou s'il le joue aussi dans une ontologie.

La seconde prémisse déjà mise à jour dans les conceptions de nos auteurs et qui précisait la question au niveau gnoséologique, à savoir que l'intelligibilité de l'objet suppose celle du sujet, ne suffit pas par elle-même à justifier le passage d'une théorie de la connaissance à une ontologie. Cette prémisse pourrait signifier seulement que la structure du sujet est la condition *sine qua* il n'y a pas d'objets *pour* le sujet. Pour qu'un problème comme celui du réalisme ou de l'idéalisme puisse se présenter, il faudrait par exemple énoncer une question comme la suivante: l'existence pour le sujet est-elle la condition *sine qua* il n'y a pas d'objets ?

Bien entendu, pour l'idéaliste répondant par l'affirmative, la preuve de son assertion devrait consister à montrer que la structure du sujet est la condition *per quam* il y a des objets. Il lui faudrait encore montrer, afin que sa preuve soit totale, que rien en dehors du sujet n'intervient dans la production des objets. Nous nous proposons dans ce qui suit de montrer que le passage de la phénoménologie comme théorie de la connaissance à la phénoménologie comme ontologie est achevé chez Husserl par une philosophie de l'histoire et que c'est une philosophie de l'histoire que nous trouvons à la base de l'ontologie lukacsienne.

Notre problème se résume par l'interrogation suivante: à quel moment de l'élaboration théorique de chacun des systèmes que nous étudions le passage du concept gnoséologique de « production » — rendre l'objet intelligible — au concept ontologique (ou, peut-être, métaphysique) de « production » — rendre l'objet réel — se produit-il?

La tâche que Husserl commence par se proposer découle directement de la première prémisse que nous avons relevée: si dans la relation entre le sujet et l'objet celui-ci se définit essentiellement comme terme de l'opération ou activité de celui-là, il faut montrer *comment* les objets apparaissent *qua* objets pour un sujet. Ce qui équivaut chez lui à concevoir la production des objets comme simple différenciation interne à la subjectivité et conduit, conséquemment, à l'exigence de décrire ces différences posées dans l'immanence. Dès que Husserl présuppose la nature intentionnelle de la conscience, c'est-à-dire que tout ce que nous appelons objet est déjà par là-même un objet de conscience, la tâche se réduit à étudier la structure de la subjectivité qui précède de manière constitutive tout domaine d'objets. Le concept de « production » référé à la différenciation dans l'immanence se rapporte au concept purement cognitif d'intentionnalité. La « constitution » husserlienne n'est alors qu'une corrélation du donné à la conscience qui lui correspond et le « produit » en tant que simple intelligibilité: le principe « être est être pour une conscience » n'entraîne dans ce sens aucune conséquence métaphysique.

Peut-être peut-on voir dans ce que nous avons appelé le moment statique de la description phénoménologique, l'aspect le plus pur de cette description — d'un point de vue épistémologique — car, justement, il ne s'agit à ce moment d'autre chose que d'isoler les *a priori* du donné et de les déterminer dans une évidence spécifique, c'est-à-dire pour une conscience spécifique.

Le niveau gnoséologique est abandonné dès qu'il s'agit pour Husserl d'expliquer pourquoi un monde d'objectivités apparaît à la conscience « naïve » comme un monde qui lui est étranger, autrement dit, dès qu'il ne s'agit pas seulement de *décrire* le « dédoublement » du sujet mais de l'expliquer, de le comprendre dans sa nécessité. C'est au moment où Husserl élabore une « théorie de l'aliénation », une explication de la « perte » du monde, que se réalise *logiquement* le passage du concept gnoséologique de « production » à son concept ontologique (ou métaphysique) car, comme l'a bien souligné Merlan, le problème de la nature et des fondements de l'aliénation est la contrepartie de la question sur *l'origine* des objets de conscience [178].

Une telle théorie, qui nous permet de comprendre pourquoi le sujet absolu s'est aliéné nécessairement à soi-même, supporte chez Husserl la construction d'une histoire de la philosophie. Encore plus, elle en constitue l'hypothèse explicative centrale. La *Krisis* est l'ouvrage de Husserl où cette histoire de la philosophie élaborée sur une théorie de l'aliénation devient à proprement parler une philosophie de l'histoire. C'est dans *L'Origine de la Géométrie* que d'autre part nous trouvons les éléments principaux de cette théorie.

Pour nous résumer, nous pouvons distinguer chez Husserl un concept de « production » fondant la phénoménologie comme théorie de la connaissance. L'activité ou opération du sujet consiste alors à rendre intelligible l'objet et, dans cette relation de caractère cognitif qui s'établit entre l'un et l'autre, l'objet se définit simplement comme étant *pour* un sujet. Cette théorie de la connaissance suppose une « ontologie de la conscience » où au concept de « production » correspond celui d'intentionnalité comme caractère structurel de la conscience. Et nous pouvons aussi distinguer un concept de « production » fondant une philosophie de l'histoire. Cette enquête sur le sujet fournit les conditions *per quam* il y a un monde d'objets — caractérisé maintenant comme monde essentiellement historique —.

Ajoutons que l'on peut considérer le moment « dynamique » de la description phénoménologique comme celui plus entaché d'ontologisme, ou comme celui le plus apte à nous conduire à une ontologie. En effet, c'est dans la justification de l'opération qui découvre la dépendance du sens vis-à-vis de l'acte fondateur qu'une théorie de l'aliénation trouve nécessairement sa place chez Husserl.

Si l'hypothèse de l'aliénation rend possible la conversion de la phénoménologie en ontologie ou, plus exactement, permet l'introduction d'une dimension ontologique dans le système husserlien, chez Lukàcs, par contre, c'est la compréhension du phénomène de l'aliénation qui permet de jeter les fondements d'une théorie de la connaissance authentique.

Lukàcs dit, en développant l'affirmation célèbre de Vico: « ... nous avons fait nous-mêmes notre histoire et si nous sommes capables de considérer toute la réalité comme de l'histoire (donc comme *notre*

---

[178] Cf. Phil. MERLAN, *Idéalisme, Réalisme et Phénoménologie*, p. 390.

histoire, car il n'y en a pas d'autres), alors nous nous sommes réellement élevés au niveau où la réalité peut être saisie comme « notre »
action [179]. » Ainsi l'intelligence de la relation essentielle, où se trouvent l'objet — social — et le sujet, passe par une prise de conscience
du caractère historique de la réalité. C'est dans cette prise de conscience et seulement dans celle-ci que le sujet se dévoile comme producteur du monde social et nous savons que dans l'expression conceptuelle de cette prise de conscience c'est-à-dire, dans la théorie de
la connaissance historico-sociale, l'hypothèse de l'aliénation joue, pour
Lukàcs, un rôle essentiel. Le terme « production » doit donc avant
tout se prendre au sens de « production réelle » car c'est la production
d'une réalité qui rendra possible cette forme d'intelligibilité des objets
dans laquelle se montre la coïncidence du sujet et de l'objet.

Bref, le concept de sujet producteur est chez nos auteurs une
exigence méthodologique et un postulat ontologique. Dans les deux
cas la conception de l'être apparaît associée avec une philosophie de
l'histoire car le processus de production est doublement historique:
d'une part, ce processus se réalise dans l'histoire, d'autre part, il réalise l'histoire. Dans les deux cas aussi l'hypothèse de l'aliénation relie
les aspects ontologique et méthodologique du concept de production
mais, tandis que chez Husserl cette hypothèse s'ajoute — par l'intermédiaire d'une philosophie de l'histoire — à une théorie de la connaissance afin de permettre le passage à une théorie de l'être — historique —, chez Lukàcs cette hypothèse fait partie d'une théorie de
l'être historique sur laquelle se fonde une ontologie.

Comment s'expliquer cette différence ? Peut-être la clé de la
question réside-t-elle dans le concept de sujet de nos auteurs. Lorsque
Husserl répond à la question « Quel est le sujet ? » en renvoyant à
la subjectivité transcendantale, l'être apparaît comme « déduit » à
partir du sujet singulier et l'historicité de l'être doit renvoyer, comme
à son origine, à l'historicité intrinsèque du sujet singulier. Les questions ontologiques paraissent ainsi secondes dans le système, subor-
données dans ce sens complètement à une intellection de caractère
essentiellement gnoséologique, à savoir que seule la perception immanente est adéquate et indubitable — donc, pour Husserl, que seule
la subjectivité (la conscience) est un absolu existant [180]. Lorsque, par
contre, Lukàcs place le sujet dans la conscience de classe, la problématique n'est pas close: encore faut-il s'arrêter à ce que Lukàcs
appelle la question de la genèse ou de la production du sujet pro-

---

[179] G. Lukàcs, *GK*, p. 183.
[180] Peut-être conviendrait-il pour cette raison de préciser que c'est une
ontologie de la transcendance qui se révèle seconde vis-à-vis d'une ontologie
de l'immanence (de la conscience).

ducteur. Plus exactement, seule cette question, qui n'est autre que celle de l'histoire, va permettre de savoir ce qu'est le sujet. La conception du sujet comme étant à la fois producteur et produit du processus historique pose l'historicité de l'être — du monde (social) — comme première: l'histoire n'est pas seulement l'ordre et la connexion des choses désormais philosophiquement — gnoséologiquement — fondamentale comme le dit Lukàcs, elle est aussi l'ordre et la connexion ontologique fondamentale.

11.3.   RÉALISME ET IDÉALISME DANS UNE PHILOSOPHIE DU « COGITO ».

Appelons « philosophie du *cogito* » celle qui pose le dévoilement du sujet comme tâche première de toute recherche et trouve par une réflexion dans l'immanence la condition de l'appréhension de l'objet. Nous avons énoncé dans le paragraphe précédent les conditions que devrait remplir une telle philosophie pour pouvoir être considérée comme idéaliste. La première de ces conditions était de montrer que la structure du sujet est la condition *per quam* il y a objets; la seconde, montrer que rien en dehors du sujet n'intervient dans la production réelle des objets. Les rapports entre une théorie de la connaissance et une ontologie dans le cadre d'une philosophie du *cogito* passaient chez nos auteurs par une philosophie de l'histoire dont l'hypothèse explicative centrale était celle de l'aliénation. Cette hypothèse explique pourquoi un domaine d'objets produit par un sujet apparaît comme étranger, autonome, existant indépendamment du sujet: elle est la contrepartie de la question de l'origine des objets parce que la compréhension du phénomène de l'aliénation n'est que la reconnaissance de la production *par* le sujet de l'existence des objets. La première condition d'un idéalisme serait donc remplie chez Husserl [181] et Lukàcs. La seconde condition est-elle aussi remplie ?

La question: « Le sujet, est-il déterminé dans ses actes productifs d'une manière quelconque par une réalité existant indépendamment de lui ? » peut être reformulée dans les termes suivants: « La perte et la récupération de la conscience de soi du sujet producteur sont-elles « causées » de quelque manière que ce soit par une réalité réelle-

---

[181]   Merlan se demande, en se référant à l'exigence pour tout idéalisme de fonder le passage de l'absolu dans ce qui ne se connaît pas soi-même en tant qu'absolu: « ... où est-ce que de pareilles considérations auraient leur place dans la phénoménologie ? » (cf. Phil. MERLAN, *Idéalisme, Réalisme et Phénoménologie*, p. 390). Et, en effet, une question comme celle de l'idéalisme (ou du réalisme) ne pourrait pas être posée à l'intérieur d'une phénoménologie considérée *seulement* comme théorie de la connaissance. Dès que l'on commence par une théorie de la connaissance axée sur le sujet, la tentation semble cependant forte d'achever le système par une philosophie de l'histoire où le sujet devient un « producteur » métaphysique. C'est, croyons-nous, le cas de Husserl.

ment extérieure ? ». Si le phénomène de l'aliénation obéit à des « causes » purement immanentes au sujet, alors nous nous trouverons en face d'une forme d'idéalisme.

Or, tel semble être le cas chez Husserl. Dans la *Krisis* et plus particulièrement dans *L'Origine de la Géométrie,* il est question d'un phénomène dont la possibilité d'avènement est immanente au mécanisme de production des objectivités. La « dialectique » de cette production, tout en se développant à l'intérieur du sujet, a une consistance propre qui peut s'imposer à l'intention de celui-ci. Pour Husserl, le langage joue dans ce phénomène un rôle essentiel.

En effet, le langage est avant tout condition de l'objectivité. C'est lui qui rend possible de parler comme « d'un étant objectif (c'est-à-dire, *pour* tous) de tout ce qui est là ». Mais c'est le langage aussi qui peut nous cacher que cet étant est là *par* nous. Dans la mesure où nous avons affaire à un sujet singulier absolu et à un processus qui se déroule d'abord à l'intérieur de la conscience singulière, il s'agit chez Husserl d'un idéalisme de type subjectif.

Il y aurait donc chez Husserl un idéalisme phénoménologique — selon l'expression utilisée dans la traduction des *Ideen I* par Ricœur — qui se place à un niveau purement gnoséologique: il définit toute transcendance comme corrélat de la conscience absolue — toute constitution de la réalité, en conséquence, comme constitution *dans* la conscience —, mais la réalité dont il est question ici pour Husserl s'épuise dans le « sens » — *pour* une conscience —. Cet idéalisme phénoménologique (gnoséologique) pourrait bien s'accommoder d'un réalisme. Nous nous référons ici à la possibilité d'une interprétation réaliste de la phénoménologie husserlienne sur la base de la doctrine des données hyllétiques. Mais un idéalisme subjectif s'introduirait chez Husserl avec la considération historique de la réalité, idéalisme découlant du fait que l'étude de la structure du sujet singulier montre les conditions *per quam* il y a un monde — essentiellement historique —.

Quant à Lukàcs, le reproche d'idéalisme lui a souvent été adressé et, en vérité, les arguments ne semblent pas manquer pour le soutenir. Bien que les conditions du phénomène de la réification ne se trouvent pas pour lui originairement dans la conscience individuelle; bien que ce phénomène ne soit pas dans ce sens originairement subjectif, ces conditions ne semblent pas pour autant moins immanentes au sujet. C'est, en effet, la classe sociale qui, par suite de la façon dont elle réalise la production des objets sociaux, produit en même temps la forme réifiée sous laquelle se présentent à elle-même ces objets. On pourrait en conclure à une sorte d'idéalisme objectif dans la mesure où la conscience qui dépasse la réification et devient le sujet-objet identique — la conscience de classe — n'est nullement une conscience singulière et ne coïncide pas d'ailleurs avec une quelconque conscience empirique. Cette conclusion pourrait encore être renforcée par le fait que, comme Hegel, pour Lukàcs, dans *Histoire et Conscience de Classe,* il y a une coïncidence entre aliénation et objectivation, ce qui lui permet de postuler l'identité du sujet et de l'objet comme résultat du processus de désaliénation.

Dans *Le jeune Hegel* Lukàcs nie cette coïncidence, et distingue clairement aliénation et objectivation: « Cette choséification ou objectivation (dans le travail), dit-il, est une caractéristique du travail en général, de la relation de la pratique humaine avec les objets du monde extérieur, tandis que l'aliénation est une conséquence de la division sociale du travail dans le capitalisme [182]. » Lukàcs souligne dans ce même ouvrage la relation qui existe entre cette question et celle de l'idéalisme.

Bref, une philosophie du *cogito* qui contient une hypothèse de l'aliénation, si elle n'implique pas nécessairement un idéalisme, se rapproche singulièrement de celui-ci: d'abord, par l'orientation même vers un sujet, et encore plus si ce sujet est posé comme conscience; ensuite, par la dimension ontologique que suppose ou introduit une hypothèse de l'aliénation et qui risque de faire concevoir le sujet (ou la conscience) comme un producteur métaphysique.

11.4. NÉCESSITÉ D'UNE HYPOTHÈSE DE L'ALIÉNATION DANS UNE PHILOSOPHIE DU « COGITO ».

L'introduction d'un point de vue historique dans une philosophie du *cogito* semble mener nécessairement à poser l'hypothèse de l'aliénation. Par ailleurs, et comme nous essaierons de le montrer dans un prochain paragraphe, une telle hypothèse détermine, dans le cadre d'une philosophie du *cogito,* les caractères fondamentaux de l'histoire qui en résulte.

En quoi peut consister l'introduction d'un point de vue historique dans une telle philosophie? Nous avons caractérisé une philosophie du *cogito* comme celle qui pose le dévoilement du sujet comme tâche première de toute recherche et trouve par une réflexion dans l'immanence la condition de l'appréhension de l'objet. Introduire un point de vue historique signifie donc avant tout s'attacher au *processus* de cette appréhension. Il ne s'agira pas seulement de découvrir dans le sujet les conditions — constitutives ou régulatrices — de l'intelligibilité de l'objet, mais aussi de « mettre en mouvement » le rapport

---

[182] Cf. G. LUKÀCS, *Der Junge Hegel, und die Probleme der Kapitalistischen Gesellschaft,* VI, 4.

entre le sujet et l'objet, d'examiner le « comment » d'un processus qui se déroule dans le temps. C'est alors que la caractérisation de l'objet comme essentiellement produit par un sujet semble mener nécessairement à la postulation d'une hypothèse de l'aliénation.

En effet, lorsque l'on considère la dissolution de toute « substantialité » dans l'objet comme l'aboutissement du processus, c'est le sujet lui-même que l'on voit retrouvé au terme du processus: la conscience de soi du sujet producteur est l'autre face de la dissolution du caractère objectif — indépendant vis-à-vis du sujet — que possédait l'objet. Mais alors la « substantialité » de l'objet se révèle une illusion historique, c'est-à-dire celle qui marque un moment du processus, ainsi que se révèle historique cette méconnaissance par le sujet de sa qualité de producteur des objectivités réifiées: nous sommes là au cœur de l'expérience de l'aliénation.

Une philosophie du *cogito* peut, bien entendu, rester axée sur une conception « statique » de la connaissance. Dans ce cas, la tâche est celle de trouver dans le sujet les principes et les conditions de la connaissance et de la vérité afin de développer sur leur base le système entier des propositions de la science ou de fournir à celles-ci un « fondement dernier ». Nous pouvons nous attendre à ce que dans une telle conception le sujet soit conçu comme purement cognitif et la vérité comme une propriété des concepts, le système conceptuel étant d'ailleurs régi par une logique « de la fixation et de l'immuabilité ». Dès que l'on abandonne par contre le niveau « statique » de cette étude gnoséologique et que l'on regarde, dans une réflexion rétrospective, le processus aboutissant à la reconnaissance du rapport essentiel de dépendance de l'objet vis-à-vis du sujet, le concept simplement cognitif de celui-ci devient précaire et la nécessité d'une logique « du mouvement et de la transformation » peut apparaître. Le « vrai » est alors saisi non seulement comme « concept » mais aussi comme « sujet » et l'hypothèse de l'aliénation trouve sa place.

Nous pouvons donc reconnaître deux grands types de philosophies du *cogito*: d'un côté, celles qui, opérant une sorte de coupure verticale dans le développement de la relation entre le sujet et l'objet, peuvent être regardées comme des philosophies an-historiques. A ce type appartiendraient les conceptions essentiellement gnoséologiques du rationalisme — intellectualiste et empiriste — dont celles de Descartes et de Hume sont des exemples. D'un autre côté, les conceptions qui considèrent la relation sujet-objet dans une sorte de perspective horizontale, c'est-à-dire dans son développement ou progression, philosophies dont on peut dire qu'elles sont fondamentalement historiques. A ce type appartiendraient les grands systèmes métaphysiques de l'idéalisme dont l'exemple le plus pur est celui de Hegel.

Dans ce second type de philosophies du *cogito* où le sujet n'est pas seulement posé comme condition de toute intelligibilité mais aussi comme « vérité », la nécessité d'une hypothèse de l'aliénation s'impose « du dehors » au système philosophique lui-même. En effet, si le système en question réussit à localiser le sujet producteur, s'il révèle l'identité de celui-ci, c'est dans le système lui-même que s'exprime le savoir de soi de ce sujet. Cette révélation de l'identité du sujet producteur implique nécessairement une étape d'auto-méconnaissance du sujet en tant que producteur absolu et cette méconnaissance ne peut consister, d'après les prémisses d'une philosophie du *cogito,* que dans la supposition d'un objet constitué indépendamment du sujet. L'hypothèse de l'aliénation rend alors compte non seulement de la connaissance en général regardée comme processus, comme développement de la relation entre le sujet et l'objet, elle rend aussi compte du processus général de la conscience. Bref, elle devient, et doit logiquement devenir, l'hypothèse explicative centrale de la nécessité historique du système lui-même ainsi que de tous les systèmes antérieurs. C'est pourquoi les conceptions qui appartiennent au second type des philosophies du *cogito,* si elles sont des conceptions « pures », doivent être doublement historiques: d'abord, parce qu'elles doivent comprendre une histoire de la philosophie — décrivant le processus général de la conscience —, où se développe une philosophie de l'histoire — comme explication de ce processus de la conscience —; ensuite, parce que ces conceptions doivent être expliquées par l'histoire et se retrouver décrites à l'intérieur d'elles-mêmes comme l'aboutissement du processus général de la conscience.

Pour nous résumer, l'introduction d'une perspective historique dans une philosophie du *cogito* conduit naturellement à la formulation d'une hypothèse de l'aliénation. L'introduction d'une telle perspective semble exigée d'ailleurs par une philosophie du *cogito* où l'on considère le sujet comme « vérité » et non plus seulement comme « condition ».

11.5. LES CARACTÈRES DE L'HISTOIRE DANS UNE PHILOSOPHIE DU « COGITO ».

La conception d'un sujet producteur — dont l'opération, vue comme histoire, est caractérisée par le phénomène de l'aliénation — détermine *a priori* les caractères fondamentaux d'une théorie de cette histoire. Autrement dit, cette conception fournit les présupposés d'une théorie de l'histoire. Ces présupposés sont logiquement liés aux prémisses d'une philosophie du *cogito,* de sorte qu'ils peuvent être acceptés comme les limites nécessaires auxquelles est astreinte une théorie de l'histoire qui se veut cohérente avec une telle philosophie. Signalons d'emblée qu'il n'est pas nécessaire de tenir compte des différentes conceptions attachées au concept d'un sujet producteur: ce qui est commun aux philosophies du *cogito* suffit à l'établissement d'un certain nombre de caractères qu'on devra logiquement adjuger à l'histoire. Examinons certains de ceux-ci.

1° *Unicité du développement historique.* En opposition à la conception d'un développement multilinéaire de l'histoire, une théorie de l'histoire conçue dans le cadre d'une philosophie du *cogito* doit affirmer l'unicité du processus historique ou, au moins, l'existence d'un processus historique central sur lequel puisse s'articuler l'explication des développements « secondaires ». La complexité des événements peut être reconnue sans que pour autant l'unicité du processus soit niée: il suffit de poser que les événements constituent des unités ou totalités complexes. L'affirmation de l'existence de plusieurs processus historiques autonomes serait certainement incompatible avec l'affirmation d'un sujet de l'histoire.

2° *Direction unique du développement historique.* Une conséquence directe de la conception unitaire du développement historique est l'attribution à celui-ci d'un caractère « unidirectionnel ». En effet, quelle que soit la direction prise ou à prendre par l'histoire, si cette histoire est une, une sera par force sa direction. Cette conception s'oppose d'ailleurs à celle qui, affirmant l'existence de plusieurs processus historiques, maintiendrait en même temps que chacun a sa propre direction.

3° *Homogénéité du temps historique.* L'unicité et l'unidirectionalité du processus historique ne peuvent être affirmées qu'en soutenant l'existence d'un temps historique homogène assimilable à un espace continu; ou l'homogénéité d'un temps historique « central » auquel se rapporteraient des temps divers et hétérogènes propres aux développements secondaires.

4° *Périodicité de l'histoire dans son ensemble.* En tant que processus unique, l'histoire est divisible en parties discrètes ou périodes en tout cas exemplaires. Il devient ainsi possible de construire un « modèle » de l'histoire composé d'une succession unique de périodes historiques.

5° *Primauté du présent.* Nous nous sommes déjà référés à la nécessité d'une primauté du présent chez Husserl et Lukàcs. Cette nécessité est-elle inhérente à toute philosophie du *cogito* où figure une hypothèse de l'aliénation ? Si l'on suppose que l'opération du sujet est l'histoire et que la prise de conscience par le sujet de sa qualité de producteur se réalise dans un présent historique, alors on devra conclure que c'est dans un présent que l'histoire se révèle au sujet, dans son ensemble et véritablement.

6° *Continuité ou persistance des éléments historiques.* Qu'une lecture de l'histoire devienne possible à partir d'un présent signifie concrètement que tous les éléments de l'histoire existent dans ce présent. Cette condition est satisfaite seulement si les éléments historiques subsistent ou persistent de quelque manière, soit par exemple en « s'ajoutant » les uns aux autres — ce qui n'implique pas forcément que les formations ainsi produites soient de simples additions — ; soit, par exemple, en se conservant dans leur action sur les éléments postérieurs d'une façon telle qu'ils puissent en être inférés. Dans ce sens la discontinuité qui semble caractériser le schéma objectivation-aliénation-récupération de soi, se révèle apparente, c'est-à-dire que cette discontinuité ne signifie nullement qu'il y ait des ruptures dans l'histoire.

7° *Progression de l'histoire.* La formulation d'un « modèle » unique de développement pris comme unité de référence permettrait de « valoriser » chaque moment historique et, en l'occurrence, les processus historiques « secondaires » selon que ceux-ci s'éloignent ou tendent vers la direction du mouvement « central » de l'histoire. L'idée de progrès historique général est implicite dans cette possibilité de valorisation.

Les dangers auxquels est exposée une théorie de l'histoire développée sur de tels presupposés sont aisément dénombrables. En premier lieu, la conception de l'histoire comme développement unitaire peut conduire à une interprétation où les événements historiques se réduisent à ceux que l'on rapporte à la variable unique — ou principale — sur laquelle se fonde l'interprétation. Il ne s'agit plus d'une authentique explication de l'histoire mais au contraire d'une véritable « explication » de la théorie par les événements historiques. Par le fait qu'on choisit les seuls événements justifiant la théorie, la réalité devient alors un simple exemple de celle-ci.

Deuxièmement, cette conception risque très naturellement d'aboutir à une eschatologie. En effet, puisque la prise de conscience du sujet producteur est en même temps l'auto-révélation du sens de l'histoire, on n'est pas loin de pouvoir concevoir cette auto-révélation comme la fin de l'histoire — ou de la « préhistoire » — . Il va de soi, compte tenu des caractères que l'on attribue à cette histoire, que l'on pourra définir chaque moment historique selon le rapport que celui-ci maintient avec cette fin de l'histoire.

Finalement, le caractère privilégié accordé au présent peut s'exprimer sous la forme d'un ethnocentrisme: les catégories que nous permet d'élaborer la culture de notre temps sont alors prises comme des catégories de référence pour l'étude et l'explication des événements qui se produisent dans d'autres cultures et à d'autres époques historiques.

Le caractère unilatéral de l'approche, l'élément eschatologique dominant la conception de l'histoire et l'ethnocentrisme sont visibles chez Husserl. Sa philosophie de l'histoire reste essentiellement une interprétation fondée, axée, sur la seule variable du développement du savoir, et même sur la forme précise du savoir dont l'Idée est la philosophie — comme « science stricte » — . Il en ressort que pour Husserl l'histoire de la philosophie est une véritable philosophie de l'histoire. L'assomption du savoir scientifique en général et de l'esprit philosophique ainsi conçu en particulier, comme formes privilégiées de la vie humaine est une translation idéologique du rôle que joue la science dans la culture européenne d'aujourd'hui. Si le fait de considérer cette forme de vie comme « modèle » de toute vie humaine repose sur un jugement de valeur discutable, faire de cette forme la clé de l'interprétation de l'histoire européenne et, encore plus, la clé pour distinguer entre civilisations historiques et non historiques, relève d'un véritable ethnocentrisme.

Nous nous sommes référé déjà à l'élément eschatologique qui imprègne la perspective historique de Husserl: quoique Husserl affirme que l'histoire ne peut par principe avoir de fin, la phénoménologie signifie non seulement d'une certaine façon la « fin » puisque avec elle se dévoile le sens véritable de l'histoire dans son ensemble, elle signifie aussi le but vers lequel tendait l'évolution universelle [183].

Deux éléments de la conception de Lukàcs d'ailleurs intimement liés semblent diminuer dans une certaine mesure le risque de tomber entièrement dans une interprétation historique marquée par les caractères relevés dans celle de Husserl. Ce sont la négation d'une autonomie des processus théoriques d'une part, d'autre part l'idée d'un sujet producteur de l'histoire qui, en tant qu'absolu, est à son tour un produit historique. En effet, le problème des rapports entre « structure » et « superstructure » entraîne non seulement la nécessité d'une analyse plus fine de l'histoire, mais introduit aussi avec lui une analyse de dimension plus complexe: celle de la vie sociale dans son ensemble, celle du tout des rapports de production.

La variable économique joue un rôle majeur chez Lukàcs en tant que les catégories économiques sont considérées comme catégories essentielles des relations interhumaines. La valeur heuristique de cette variable paraît pourtant beaucoup plus grande, ne serait-ce que par l'extension de son domaine d'application. Si nous tenons d'ailleurs

---

[183] Le fondement métaphysique de cette eschatologie se trouve chez Husserl dans la théorie des monades esquissée dans une série de textes manuscrits.

compte de l'argument suivant lequel c'est le phénomène économique et historique du capitalisme qui a unifié ou est en train d'unifier le monde à son image et de lui imposer sa direction particulière, l'accusation portant sur l'ethnocentrisme d'une analyse de sociétés actuellement coexistantes dans le temps mais éloignées dans l'espace s'affaiblit. Et elle semble s'affaiblir encore plus si l'on pense à certaines affirmations de Lukàcs: que de nouvelles sociétés peuvent faire leur apparition pour lesquelles d'autres catégories seront valables et que, dans l'application du matérialisme dialectique à des époques pré-capitalistes, se fait sentir « une difficulté méthodologique très importante et essentielle » qui n'apparaissait pas dans la critique du capitalisme, à savoir une différence structurelle entre deux types de civilisations [184].

En ce qui concerne l'élément eschatologique existant dans la conception de Lukàcs, deux choses semblent diminuer dans une certaine mesure sa portée, au moins en comparaison avec Husserl: d'abord, l'absence d'une métaphysique de l'évolution universelle; ensuite, l'impossibilité de définir chaque moment historique, selon la relation que le sujet entretient avec le but de l'histoire, car le sujet est conçu en même temps comme producteur et comme produit du développement historique.

Les présupposés d'une théorie de l'histoire développée dans le cadre d'une philosophie du *cogito* peuvent se déceler dans les essais de reconstruction de l'histoire de la philosophie moderne de nos auteurs. Cette possibilité se fonde non seulement sur le fait que, comme investigations portant sur une histoire, ces essais doivent être conduits par une théorie de l'histoire en général, mais aussi sur le fait que l'histoire de la philosophie se trouve chez Husserl et chez Lukàcs dans un tel rapport avec l'histoire en général que les caractères de cette dernière peuvent bien être regardés comme la réflexion des caractères de la première. La raison en est que la conception du sujet comme « vérité », donc comme sujet de l'histoire et non pas simplement comme condition de la connaissance, fait de l'histoire de la philosophie une véritable philosophie de l'histoire.

11.6. L'HISTOIRE DU PROBLÈME GNOSÉOLOGIQUE CHEZ HUSSERL ET LUKÀCS.

Quel est l'essentiel de l'interprétation que proposent nos auteurs de l'histoire de la philosophie moderne et quelle relation existe entre la philosophie de l'histoire découlant de cette interprétation et le problème général de la connaissance ?

---

[184] Cf. G. LUKÀCS, *GK*, p. 263 et 267.

La question dominant d'une façon déclarée ou latente l'histoire de la philosophie moderne est chez Husserl et Lukàcs celle de l'intelligibilité du sujet. Rendre le sujet intelligible signifie, comme nous le savons, localiser le sujet et décrire le mécanisme de production des objets dans le sujet.

Cependant la question ne peut pas être comprise entièrement si l'on ne prend pas comme point de départ la façon dont le problème de la connaissance a été posé au début des temps modernes. Alors surgit l'idée que la connaissance n'est pas un simple enregistrement ordonné des événements ou des données de l'expérience sensible ou intellectuelle, à partir duquel peuvent être formulés dans le meilleur des cas certains énoncés de caractère général, mais que la connaissance consiste à mettre la donnée dans un rapport tel avec un ensemble d'énoncés qu'elle apparaisse comme déduite dans le sens le plus fort de ce terme. Autrement dit, l'idée surgit alors que la connaissance consiste à déterminer la donnée à l'intérieur et par l'intermédiaire d'un univers théorique de relations dans lequel et grâce auquel elle passe de l'état de donnée à celui de résultat ou produit. Pour cela il fallait concevoir le monde ou la réalité dans son ensemble comme un tout dont chaque partie — chaque fait ou événement — fût en rapport avec les autres d'une façon immédiate ou médiate selon des principes ou des formes typiques à leur tour liés les uns aux autres, le tout de ces parties et de ces relations formant ainsi une totalité.

Cette idée qui apparaît pour nos auteurs développée à la Renaissance — et en particulier avec Galilée — comporte donc une hypothèse ontologique et une hypothèse épistémologique. Par la première on pose l'unicité ou le caractère de « totalité » rationnelle de la réalité dans son ensemble; par la seconde, on suppose qu'une science unique et rationnelle sera en mesure de saisir pleinement la totalité du monde. Ces deux hypothèses ne caractérisent pas seulement pour Husserl et Lukàcs la pensée moderne par rapport à toutes les époques antérieures de la pensée occidentale, mais aussi elles la caractérisent par rapport aux conceptions soutenues dans l'Orient [185].

---

[185] Le concept de « sociétés naturelles » est appliqué chez Husserl aux sociétés qui n'ont pas accédé à la vie théorique, chez Lukàcs à celles qui possèdent une structure pré-capitaliste. Pour nos deux auteurs, dans ces sociétés la cohésion de la totalité est assurée par des puissances irrationnelles, donc échappant à l'entendement humain, et la relation entre la théorie et la pratique est immédiate.

Par opposition à ces sociétés, la pensée de la civilisation occidentale moderne concevrait la réalité comme une totalité entièrement rationnelle, les catégories rationnelles seraient élevées au rang de catégories universelles et l'on produirait ou essaierait de produire une « synthèse » de l'universalité théorique et des intérêts universels de la pratique » (cf. G. LUKÀCS, GK, p. 145-146 et E. HUSSERL, Krisis Abh. III, cité par René TOULEMONT dans L'Essence de la Société selon Husserl, p. 152-153).

On trouvera dans la mathématique le modèle méthodologique pour la construction d'une science unitaire portant sur la totalité rationnelle du monde. En effet, dans l'opération de mathématisation du monde l'entendement crée le système intégral des relations exactes à partir duquel le contenu, qui apparaissait d'abord comme « donné », apparaît désormais comme « produit », comme « construit ». Ainsi, souligne Lukàcs, l'on pouvait attendre que dans la mathématisation du monde la facticité se résolvât en nécessité. Ce programme se réalise dans la physique moderne dont les succès théoriques et pratiques immédiatement obtenus co-déterminent pour nos auteurs le développement ultérieur de la problématique philosophique.

Premièrement, ces succès font de la méthodologie des sciences naturelles mathématiques le modèle de tout type de connaissance, ce qui s'exprime sous la forme de l'acceptation de l'équivalence entre connaissance en général et connaissance mathématico-rationnelle; deuxièmement, et comme conséquence de l'acceptation implicite de l'équivalence entre connaissance mathématique et connaissance rationnelle, les succès théoriques et pratiques des sciences de la nature vont conduire à des difficultés gnoséologiques inextricables.

Ces difficultés peuvent être résumées selon l'interprétation de nos auteurs dans le problème de l'explication (c'est-à-dire, de la « construction », de la « production ») de l'objectivité même du donné, autrement dit dans l'explication de la transcendance du monde. Ce problème implique à son tour celui d'une explication de la totalité du monde et, corrélativement, le problème d'une science unitaire embrassant l'ensemble des questions sur le monde — y compris celle de son caractère de « donné », c'est-à-dire la question de sa transcendance — .

Deux voies s'ouvrent alors à la pensée moderne: d'un côté, rejeter le problème de l'objectivité du monde et avec lui le problème d'une connaissance unitaire; d'un autre côté, persister dans la tentative de construire un système rationnel où l'objectivité du monde apparaisse comme « déduite ». La première voie est, selon Husserl et Lukàcs, suivie par les hommes de science et son aboutissement a été la constitution des différentes disciplines scientifiques — d'une connaissance spécialisée et partielle — . Dans la mesure où le problème philosophique fondamental est par ce chemin laissé de côté, il s'agit à proprement parler d'une attitude non philosophique. La seconde direction est celle qu'a suivie la philosophie moderne ou, plus exactement, la thématique de cette direction est celle qui définit certaines recherches comme proprement philosophiques. Kant est pour nos auteurs celui qui a défini ou posé avec la plus grande netteté cette thématique qui constitue la philosophie moderne.

Kant aurait réussi à démontrer, premièrement, que les conditions de l'appréhension des objets sont subjectives, c'est-à-dire que la preuve de la possibilité de la connaissance objective exige l'intelligibilité du sujet; deuxièmement, que l'évidence ou la vérité de la méthode scientifique-positive (des sciences de la nature) est un problème à résoudre et ne peut donc pas constituer le point de départ de la recherche gnoséologique. La première affirmation définit pour Husserl le « transcendantalisme » — par opposition à l'« objectivisme » — . Il s'agit, selon le mot de Lukàcs, de « ne plus accepter le monde — l'objet — comme quelque chose qui a surgi indépendamment du sujet connaissant, mais de le concevoir bien plutôt comme le propre produit du sujet ».

Dans la mesure où l'on reconnaît à Kant le mérite d'avoir précisé les tâches d'une authentique philosophie du *cogito,* les critiques qu'on lui adresse révèlent ce que l'on conçoit ou propose dans chaque cas comme voie menant à la réalisation effective d'une telle philosophie. La critique de la problématique kantienne formulée par nos auteurs devient donc dans ce sens décisive.

Souvenons-nous brièvement des conclusions de l'analyse de Lukàcs: Kant aurait montré dans la *Critique de la Raison pure* les limitations inhérentes à toute connaissance théorique, par conséquent, l'impossibilité de concevoir le sujet comme purement cognitif. Ces limitations s'expriment chez Kant sous la forme d'antinomies de toute pensée. Mais Kant aurait, selon Lukàcs, failli dans sa tentative de montrer le niveau où le sujet peut se révéler comme producteur absolu: dans la *Critique de la Raison pratique* l'acte pratique est conçu comme éthique, le sujet est posé comme sujet individuel et la production des contenus demeure sous la dépendance d'une nécessité empirique, extérieure au sujet. Ainsi le sujet n'est qu'un producteur de formes et le problème de la découverte d'un niveau où la dualité du sujet et de l'objet soit dépassée reste posé.

Il convient de retenir deux idées de cette analyse: la reconnaissance que *le savoir théorique est essentiellement limité,* autrement dit qu'il est un savoir dont les limites ne peuvent pas être dépassés au niveau théorique; et que *la conception d'un sujet individuel ne peut pas rendre compte de la « production » du monde,* qu'elle ne nous permet pas de situer le niveau d'objectivité dans lequel l'intelligibilité des objets dépend entièrement de celle du sujet. Les deux tâches qui nous conduiront à une authentique philosophie du *cogito* en découlent: il faudra, d'abord, décrire une opération — qui ne peut pas être théorique, mais pratique — par laquelle l'objet est « produit » entièrement — et pas seulement formellement — par le sujet; ensuite, il s'agira de décrire le véritable sujet de cette production qui ne pourra nullement alors être un sujet singulier mais bien un sujet pluriel.

En opposition au dogmatisme naïf des attitudes « objectivistes », la philosophie de Kant est pour nous auteurs essentiellement critique. Mais, tandis que pour Lukàcs le criticisme kantien se réalise dans l'analyse du problème de la relation entre le sujet cognitif et l'objet et aboutit à la découverte du « sujet pratique », pour Husserl ce criticisme se réalise plutôt dans la considération — méthodologique — du sujet constituant les objectivités et aboutit à la découverte du « sujet transcendantal ». Corrélativement, alors que pour Lukàcs les conclusions de la *Critique de la Raison pure* sont essentiellement valables et qu'il s'agit seulement de rendre radical le criticisme qui a conduit Kant aux thèses de la *Critique de la Raison pratique,* pour Husserl le problème se place dans la *Critique de la Raison pure,* et c'est à partir de celle-ci que l'on doit rendre radicale l'attitude critique. Nous savons, en effet, que Kant, selon Husserl, continue à accepter des « validités » qui affecteront par la suite la portée de sa critique de la connaissance objective. Ainsi y aurait-il chez Kant un fond de présupposés non soumis à l'analyse impliquant une rechute dans la considération « naturaliste » du sujet.

Dans la perspective lukacsienne de la critique de la philosophie de Kant le programme de Husserl signifierait un nouveau rétrécissement auquel, selon Lukàcs, la philosophie classique doit sa richesse et sa profondeur, mais dans lequel cette philosophie a trouvé en même temps une barrière insurmontable. « La conception grandiose selon laquelle la pensée ne peut comprendre que ce qu'elle a elle-même produit s'est heurtée, dit Lukàcs, [...] dans son effort pour dominer la totalité du monde comme autoproduction, à la barrière insurmontable de la chose en soi. Si elle ne voulait pas renoncer à saisir la totalité, elle devait prendre le chemin de l'intériorité. Elle devait essayer de découvrir un sujet de la pensée dont l'existence (Dasein) puisse être pensée — sans *hiatus irrationalis,* sans l'au-delà de la chose en soi — comme étant son produit [186]. »

Ce chemin de l'intériorité est en effet celui que prend Husserl lorsque, en opposition à Lukàcs, et sous la forme d'une radicalisation du criticisme de la *Critique de la Raison pure,* il affirme non seulement la *prééminence du savoir théorique* mais aussi la possibilité de surmonter par un acte théorique — par la voie de la connaissance théorique — les problèmes existentiels découlant de l'incompréhension de la position du sujet dans le monde. Nous avons vu d'ailleurs comment la recherche du sujet menée conséquemment dans la pure intériorité aboutit chez Husserl à la postulation d'un sujet singulier, l'*Ego* transcendantal.

---

[186] G. Lukàcs, *GK,* p. 155-156.

L'histoire du problème gnoséologique interprétée par nos auteurs présente ainsi deux lignes de développement: pour Lukàcs il s'agit d'un processus axé sur la *découverte du rapport* entre le sujet et l'objet où celui-ci puisse devenir entièrement compréhensible parce que produit par celui-là. Chez Husserl il s'agit d'un processus axé sur la *découverte du « foyer »* qui constitue les objectivités. Les deux lignes de développement de l'histoire du problème gnoséologique sont non seulement complémentaires, mais elles se trouvent conceptuellement imbriquées. En effet, ces lignes répondent aux deux tâches principales d'une philosophie du *cogito :* décrire l'opération de « production » par le sujet et localiser celui-ci.

Quelles sont les prémisses gnoséologiques fondamentales de ces interprétations? La prémisse husserlienne affirmerait — contre Kant — la possibilité pour la raison « pure » d'accomplir le saut synthétique et constitutif de l'objet, ce qui s'exprime comme possibilité d'énoncer des « jugements synthétiques *a priori* » lesquels, bien que différant par leur nature de ceux de Kant, ne laissent pas pour autant de remplir une fonction épistémologique semblable à ceux-ci, à savoir la fonction de fournir à la connaissance un fondement absolument sûr non seulement « formel » mais aussi « matériel [187] ».

La prémisse gnoséologique lukacsienne affirmerait par contre le caractère nécessairement « contemplatif » de toute attitude théorique, d'où l'impossibilité totale pour la pensée « pure » d'accomplir le saut synthétique et constitutif de l'objet. Le point à cet égard essentiel chez Lukàcs est la distinction entre l'attitude théorique et l'attitude pratique — comme « praxis » — .

« Théorie et praxis, dit notre auteur, se rapportent effectivement aux mêmes objets, car tout objet est donné comme complexe indissoluble de forme et de contenu. Cependant, la diversité des attitudes du sujet oriente la pratique vers ce qu'il y a de qualitativement unique, vers le contenu [...]. Or, la contemplation théorique [...] nous en écarte. Car la clarification théorique, la domination théorique de l'objet atteignent leur sommet justement quand elles font ressortir toujours plus nettement les éléments formels, détachés de tout contenu [188] ... » Cette séparation s'exprime comme indifférence du système

---

187 La possibilité d'une interprétation réaliste de la phénoménologie sur la base de la doctrine des données hyllétiques ne s'opposerait pas totalement à cette prémisse gnoséologique. En effet, on peut assimiler la donnée hyllétique au *sense-data,* donc affirmer l'existence d'une couche matérielle — indépendante du sujet — et soutenir en même temps que nous ne savons ni ne pouvons savoir rien d'une conscience qui ne serait que conscience de données hyllétiques. Mais, comme le dit Merlan, nous devrions considérer alors cette conscience comme une pure fiction (cf. Phil. MERLAN, *Idéalisme, Réalisme et Phénoménologie,* p. 399).
188 G. LUKÀCS, *GK,* p. 160.

de formes créé par le sujet — celui-ci devenant ainsi purement formel — à l'égard du contenu. Il s'ensuit que la résolution du problème
consiste à trouver un niveau de la pratique où l'indifférence de la forme
à l'égard du contenu soit supprimée. Ce niveau est pour Lukàcs celui
de la praxis, de la pratique sociale.

Le passage qui s'accomplit chez Husserl et Lukàcs d'une interprétation de l'histoire du problème gnoséologique à une philosophie
de l'histoire devient maintenant visible. L'opération — cachée ou
explicite [189] — de la raison engendre pour Husserl l'histoire, elle est
à proprement parler, l'histoire. Pour Lukàcs, l'histoire n'est que le
processus de production du monde social qui s'accomplit dans la
praxis.

11.7. LA CONCEPTION DU SUJET PRODUCTEUR CHEZ HUSSERL, LE PROBLÈME ÉPISTÉMOLOGIQUE DES SCIENCES FORMELLES ET LA PSYCHOLOGIE.

Nous allons essayer dans ce paragraphe de montrer que la conception husserlienne du problème général de la connaissance a été
déterminée par la problématique épistémologique des sciences formelles — mathématique et logique — et qu'elle s'inscrit, en tant que réponse à l'interrogation sur la nature du sujet producteur absolu, dans
le cadre d'une perspective psychologique, bien que celle-ci doive être
considérée comme relevant d'une psychologie d'un type nouveau. Nous
commencerons par nous référer au surgissement et développement
de cette conception dans l'œuvre de Husserl.

La question des méthodes mathématiques, de la nature logique
de leurs concepts et de leurs principes fondamentaux a été, comme
l'on sait, le thème des premières réflexions de Husserl. Dans la *Philosophie de l'Arithmétique* il s'agissait d'élucider, à partir d'une perspective psychologique, le concept arithmétique fondamental de nombre.
Or, la psychologie empirique se montre bientôt incapable de rendre
compte de cette propriété essentielle des vérités mathématiques, à savoir leur propriété d'être des vérités absolues. D'une part, il était clair
pour Husserl que les structures des sciences formelles sont de pures
créations du sujet, qu'elles n'existent que dans la mesure où elles sont

---

[189] Husserl nous parle de la « grande découverte faite par Kant » à
savoir, celle du double fonctionnement de la raison: la première façon dont
la raison fonctionne et se montre consisterait dans son auto-interprétation, dans
sa manifestation systématique dans la libre et pure opération mathématisante.
La deuxième façon serait celle de la raison cachée dont le résultat est le monde
environnant empirique. Kant ne serait pas parvenu à la conscience de cette
découverte et l'étude du fonctionnement de cette raison « cachée » et de son produit, le « monde de la vie » — pourtant fondamental — n'aurait donc pas été
accompli (cf. E. HUSSERL, *Krisis*, II, 25 et III, A. 28). C'est la tâche que se
propose justement Husserl dans la *Krisis*.

produites, par conséquent, qu'en tant que s'effectuent certains process-
sus mentaux. Cependant, il était aussi clair pour lui que les processus
mentaux étudiés par la psychologie expérimentale ou objective —
processus marqués par la contingence de leurs résultats — ne peuvent
nullement fonder la nécessité des vérités logico-mathématiques.

Ainsi posé le problème semblait n'admettre d'autres issues qu'un
platonisme ou une rechute dans le psychologisme. Le dépassement
de cette alternative devait prendre le caractère d'une recherche portant
sur la corrélation entre, d'une part, des objets dont la validité ne relève
aucunement de ces processus psychiques appartenant au domaine de
la psychologie naturaliste et, par ailleurs, des activités subjectives qui,
demeurant psychiques, seraient néanmoins productrices d'objets liés
selon des rapports de nécessité. En d'autres termes, cette recherche
devait s'axer sur la mise à jour des opérations subjectives faisant apparaître des objets formels ou « idéaux » pourvus des caractères d'universalité et de nécessité.

Husserl essaiera de dépasser les deux termes de l'alternative sans
pour autant les supprimer: le danger d'un platonisme sera esquivé
par la conception des objets idéaux comme produits d'une activité subjective; tout psychologisme semble exclu car le sujet ne peut produire
n'importe quelles significations, chacun des actes constitutifs dépendant de l'essence des objets dont il s'agit. Puisque, comme nous l'avons
vu, l'essence se détermine comme l'invariant délivré dans les variations
imaginatives, la solution proposée par Husserl implique l'affirmation
d'une certaine « légalité » à laquelle obéit le déroulement des vécus [190].

De là on pouvait conclure presque naturellement qu'une thématisation de l'*eidos* des processus vécus de la conscience était possible.
Mais alors il fallait s'attendre à ce que les actes subjectifs constitutifs
ne se restreignent pas aux seuls objets idéaux. En effet, dès le moment
où l'on suppose qu'il existe une corrélation stricte entre idéalité —
formelle — et vécu psychique, et que les rapports nécessaires entre
les idéalités — formelles — relèvent des rapports nécessaires entre
des phénomènes de conscience, dès ce moment devient possible, à
partir de la logique et des mathématiques aprioriques et formelles,
la conception d'un système de sciences aprioriques portant sur toutes
les catégories concevables de réalités objectives, comme il devient pos-

---

[190] Cf. W. BIEMEL, *Les Phases décisives dans le Développement de la
Philosophie de Husserl*, p. 45. Dans le *Manuscrit FI 36 Bl. 19 b)*, Husserl
lui-même fait une synthèse de cette question principale de la façon suivante:
« Comment se présentent les vécus psychiques cachés qui sont en corrélation
avec chacune des idéalités et qui doivent se dérouler sur le mode de productions
correspondantes parfaitement déterminées pour que le sujet puisse avoir conscience — et une conscience capable de connaissance évidente — de ces idéalités
en tant qu'objets ? » (cité par W. BIEMEL, *ibid.*, p. 47).

sible d'élargir la perspective selon laquelle on considère la conscience concernée par les seules généralités formelles jusqu'à une conscience embrassant toutes les catégories d'objectivité en général [191].

L'idée d'une connaissance formelle et matérielle de fondements absolus servant, à son tour, de fondement absolu aux sciences formelles et empiriques vient donc, chez Husserl, de la valeur exemplaire attribuée aux mathématiques et à la logique, et de la croyance que l'extension universelle de leurs méthodes est possible. Corrélativement, l'idée d'un sujet connaissant absolu apparaît chez Husserl comme l'universalisation à toutes sortes d'objets des propriétés du sujet producteur des mathématiques et de la logique. Ainsi la recherche consistera-t-elle d'une part, à montrer la possibilité de constitution d'objets dans des domaines non formels, d'autre part, à jeter les fondements d'une « théorie de la conscience aprioriquement pure dans sa totale universalité ». Nous pouvons comprendre comment dans cette perspective apparaîtra la possibilité d'énoncer une certaine classe de jugements dont la fonction épistémologique est semblable à celle des jugements synthétiques *a priori* kantiens.

De ce développement schématique de la problématique de Husserl retenons les deux idées suivantes: d'abord, l'idée d'une corrélation entre tous les types d'objets et de vécus subjectifs de la conscience; deuxièmement, l'idée que tout genre d'objectivité — et de validité objective — est la production d'une subjectivité.

Si les sciences formelles possèdent pour Husserl une valeur exemplaire et si la réflexion sur la nature de leurs objets et de leurs méthodes a déterminé les lignes fondamentales de la problématique husserlienne, la psychologie reste pourtant la science qui se manifeste comme le véritable « champ de décisions » épistémologique. Non pas la psychologie empirique, objective ou naturaliste qui s'était déjà montrée incapable de fonder les connaissances logico-mathématiques et qui est, dans la même mesure, incapable d'expliquer n'importe quel acte constitutif en général, mais une science psychologique d'un type nouveau: la phénoménologie, impliquée selon Husserl dans l'attitude psychologique empirique à titre de possibilité éidétique [192].

Nous avons déjà dit pourquoi la conception d'un sujet singulier devient compréhensible dès que le mécanisme de production des objets idéaux — formels — est conçu non seulement comme exemple mais aussi comme modèle de tout type de production. Le mathématicien — l'arithméticien ou le géomètre — et le logicien peuvent créer dans

---

[191]   Cf. E. Husserl, *Manuscrit F I 36, 29 a)*, cité par W. Biemel, *ibid.,* p. 49.
[192]   Cf. E. Husserl, *Idées directrices pour une Phénoménologie*, p. 180.

la pure solitude de leur réflexion des systèmes absolus, c'est-à-dire achevés, totaux, intégraux, mais ils peuvent créer aussi des systèmes dans lesquels le rapport de nécessité qui s'établit entre les parties assure la possibilité de parvenir, par la voie d'une réflexion menée dans la plus stricte solitude, à une vérité absolue.

Bien entendu, les objets formels créés par le mathématicien ou le logicien s'expriment dans un langage. Encore plus, le langage est condition de leur caractère objectif et, en tant que tout langage implique l'intersubjectivité, la création d'un objet formel exige comme sa condition l'intersubjectivité [193]. Mais il s'agit chez Husserl de la condition du passage du valable pour moi au valable pour tous plutôt que de la condition du passage de l'illusoire à l'authentique. Car une vérité formelle ne dépend pas d'une coïncidence intersubjective mais des rapports établis dans le système dont il s'agit. L'universalisation à toutes sortes d'objets des propriétés du sujet producteur des mathématiques et de la logique s'exprime comme attribution de cette propriété de la vérité des systèmes formels aux systèmes concernant les essences en général, soient-elles « idéales » ou « matérielles ».

Pour nous résumer, deux hypothèses se trouvent à l'origine de la conception husserlienne du sujet producteur absolu: l'idée qu'il existe une corrélation stricte entre idéalité formelle et vécu psychique — qu'à une structure de la conscience aprioriquement pure doit par conséquent correspondre un unique système d'idéalités; et l'idée qu'à cette conscience ne lui correspond pas seulement un système d'essences idéales, mais aussi un système d'essences matérielles. L'étude de la structure de cette conscience aprioriquement pure et avec elle la perspective psychologique, deviennent de cette façon chez Husserl la clé pour la construction d'une théorie générale de la connaissance.

11.8. LES CONCEPTIONS HUSSERLIENNE ET LUKACSIENNE DU SUJET PRODUCTEUR ABSOLU ET LES CATÉGORIES FONDAMENTALES DE LA LÉGALITÉ DANS LE DOMAINE DE LA SOCIÉTÉ ET DE L'HISTOIRE.

Le genre de perspective psychologique introduite par Husserl sous forme d'une phénoménologie joue, comme nous le venons de voir, un rôle fondamental dans la construction d'une théorie générale de la connaissance. Nous verrons que cette perspective fournit aussi les éléments théoriques et méthodologiques requis pour l'élaboration d'une conception de la connaissance particulière des phénomènes historico-sociaux. Nous étudierons en premier lieu la relation existant chez Husserl entre la conception d'un sujet producteur singulier, la psychologie — phénoménologique — et la téléologie comme forme de

---

[193] Cf. ID., *L'Origine de la Géométrie*, spéc. p. 181 et suiv.

la légalité dans le domaine de la société et de l'histoire. Ensuite nous verrons la relation qui existe entre la conception lukacsienne d'un sujet pluriel de la société et de l'histoire et la postulation de l'interaction comme forme de la légalité dans ces domaines.

Téléologie et interaction, regardées comme les formes spécifiques de la détermination socio-historique, servent à fonder deux positions anti-naturalistes. Cet anti-naturalisme suppose non seulement que ces catégories appartiennent proprement et seulement au domaine de la société et de l'histoire, mais aussi que la forme de la légalité naturelle, à savoir la causalité, ne se retrouve pas dans ce domaine. Ainsi nous verrons-nous conduit finalement à nous arrêter aux remarques de Husserl et de Lukàcs concernant le concept de causalité.

La relation existant chez Husserl entre la conception d'un sujet producteur singulier et le privilège méthodologique accordé à une forme de perspective psychologique apparaît clairement dès que l'on considère l'exigence d'une réflexion sur le sujet orientée progressivement mais radicalement vers la plus pure intériorité. Cette réflexion opère effectivement une « réduction » dont le résultat est la délimitation d'un champ thématique embrassant les pures opérations de conscience. Ce qui apparaît de cette façon comme le terme d'une démarche soumise au principe d'une réflexion radicale devient par la suite le point de départ dans l'ordre des raisons: le trait essentiel des opérations de conscience est l'intentionnalité, la structure de la conscience est une structure intentionnelle.

L'« intention » est chez Husserl dans un certain sens l'acte même de la conscience, l'exercice de la conscience qui ne peut d'ailleurs être conçue comme indépendante de ses actes, donc de ses objets. Mais l'« intention » est aussi ce que la conscience vise, ainsi que ce qui est supposé dans le contenu actuel de la conscience et ce à quoi ce contenu tend — le « sens » —. C'est pourquoi l'« analyse intentionnelle » doit se développer dans une direction rétrospective, celle de la recherche du « fondement » ou « origine », et dans une direction prospective, celle de la « fin » ou « telos ».

La « fin » ou « telos » agit réellement comme « motif », et de deux manières: d'une part, comme ce qui explique — et justifie — l'action du sujet; d'autre part, comme ce qui met en mouvement, ce qui détermine le sujet. Les deux directions de l'analyse intentionnelle se montrent ainsi complémentaires: la découverte du « fondement » ou « origine » met un terme à la recherche, elle est une fin; et l'explication de l'origine est fournie par la « téléologie ».

Ce qu'il importe de retenir ici c'est qu'en définissant essentiellement la personne par sa sensibilité à la motivation, Husserl établit une différence fondamentale à l'égard de la chose — physique — et, en conséquence, deux ordres de légalité se séparent nettement: celui du domaine des faits humains et celui du domaine des faits physiques. En effet, l'« efficience » des choses ou, plus exactement, la détermination causale à laquelle se trouvent soumises celles-ci résulte pour Husserl simplement de l'application de forces physiques, tandis que l'on peut parler de déterminations proprement spirituelles, de l'« efficience » des personnes, seulement dans la mesure où les « causes » deviennent conscientes — soient des « motifs ».

N'importe quel événement naturel peut, par exemple, être la cause d'un autre événement naturel qui est alors son effet. L'homme peut, selon Husserl, devenir cause ou effet d'événements tout comme n'importe quelle chose de la nature et dans ce sens il peut être étudié en tant qu'être naturel: l'homme est alors placé comme tous les êtres matériels dans l'enchaînement universel des relations causales et son être propre est conçu comme un faisceau de causalités. Mais, à la différence des autres choses, un niveau d'organisation particulier existerait chez l'homme, niveau où se produirait la conversion des rapports de causalité en rapports de conditionnalité. Ce qui fait la spécificité humaine ne se trouverait pas non plus dans un rapport de causalité avec la nature. Ainsi l'autonomie de l'esprit est-elle fondée chez Husserl sur la spécificité et l'autonomie de la forme de détermination spirituelle. La distinction du niveau de la conscience est justifiée chez notre auteur par l'existence de possibilités qui ne se trouvent pas au niveau où s'exerce la détermination causale: l'efficience dans le domaine des faits spirituels ne serait pas par exemple une efficience temporelle connue et irréversible comme c'est le cas dans la nature [194].

En attribuant à la pluralité des monades qui composent l'intersubjectivité le caractère de « personne collective » ou « personne d'ordre supérieur », Husserl ne fait que convertir la catégorie de téléologie découverte dans l'individu singulier en catégorie de la détermination sociale. Le passage ou la conversion d'une catégorie originairement psychologique en catégorie sociale est rendu chez lui logiquement possible dès qu'il affirme, nous l'avons vu, l'analogie existant entre la vie de la personne individuelle et celle de la personne collective.

Les rapports entre une perspective socio-historique et la conception d'un sujet pluriel, ainsi qu'entre cette conception et la postulation de l'interaction comme forme de la légalité dans le domaine de la société et de l'histoire sont aisément décelables. Dans le concept même d'interaction est implicite la condition que cette forme de léga-

---

[194] Cf. ID., *Gemeingeist II*, p. 22-23, cité par René TOULEMONT dans *L'Essence de la Société selon Husserl*, p. 315.

lité peut seulement régir des multiplicités, et la vie des multiplicités ou des groupements humains constitue dans l'approximation la plus élémentaire le thème des sciences historico-sociales. Il nous importe donc de préciser le concept d'interaction chez Lukàcs et les différences fondamentales que celui-ci observe dans les modes de détermination de la nature et de la société.

Dans l'ouvrage que nous étudions Lukàcs adresse une double critique à Engels. Il lui reproche d'une part d'avoir étendu — suivant en cela « le mauvais exemple de Hegel » — la méthode dialectique à la connaissance de la nature, alors que les déterminations décisives de la dialectique, dont l'action réciproque du sujet et de l'objet, ne s'y retrouvent pas; d'autre part, il lui reproche d'avoir conçu l'expérimentation et l'industrie comme praxis. Ces deux critiques reposent sur une conception qui rend compte de la problématique qui nous occupe.

En quoi consiste pour Lukàcs l'expérimentation ? « L'expérimentateur, dit-il, crée un milieu artificiel, abstrait, pour pouvoir *observer* sans obstacle le jeu des lois à observer — sans que ce jeu soit troublé — en éliminant tous les éléments irrationnels et gênants, tant du côté du sujet que du côté de l'objet [195]. » L'expérimentation se montre ainsi comme le comportement le plus contemplatif: son esssence est justement l'élimination de toute possibilité d'une action réciproque entre l'observateur et l'observé ou le contrôle de cette action afin de la neutraliser. Dans toute attitude contemplative pure le problème de la subjectivité et de l'objectivité apparaît pour Lukàcs comme le corrélat du problème d'une pensée qui se fixe pour tâche la connaissance d'un objet qui « est en face », reste autonome, et s'oppose au sujet dans une relation figée. Ainsi l'expérimentation, et avec elle toute la science qui repose et se développe sur elle, non seulement ne serait pas par conséquent en mesure de surmonter le problème de la chose en soi — comme le suppose Engels — mais elle tendrait plutôt au perfectionnement de l'attitude contemplative.

Or, selon Lukàcs, l'action, la praxis, impliquent par essence dans la conception dialectique une pénétration, une transformation de la réalité. Le sujet et l'objet sont dans la praxis les termes d'une relation active nécessairement réciproque. La praxis est conçue comme activité pratique humaine dont l'organisation est sociale et le développement, historique. Par conséquent, l'action réciproque régit les seuls rapports entre l'homme et la nature et entre les hommes entre eux, elle ne se retrouve pas dans le domaine étudié par les sciences naturelles. La limitation de son emploi aux phénomènes historico-sociaux est fondée

---

[195] G. Lukàcs, p. 168. Souligné par Lukàcs.

sur une séparation nette entre société et nature: à un dualisme méthodologique correspond chez Lukàcs un dualisme légal.

Comment doit-on comprendre cette catégorie de l'action réciproque? Lukàcs remarque que « si l'on conçoit cette action comme une action causale réciproque de deux objets par ailleurs immuables, on n'a pas avancé d'un seul pas vers la connaissance de la réalité sociale...» « L'action réciproque dont nous parlons ici, dit-il, doit aller au-delà de l'action réciproque *d'objets par ailleurs immuables*[196] ... »

L'exemple choisi par Lukàcs pour illustrer ce que nous pouvons appeler « causation réciproque » pour la distinguer de l'« interaction » (ou « action réciproque » dans le sens voulu par notre auteur) est le suivant: « Il existe aussi une action réciproque lorsque [...] une boule de billard immobile est heurtée par une autre boule en mouvement; la première se met en branle; l'autre modifiera sa propre direction en conséquence du choc, et ainsi de suite. » En opposition donc à la « causation réciproque », l'« interaction » consisterait dans une relation où les membres seraient modifiés intérieurement comme conséquence de leur mutuelle pénétration, acquérant ainsi de nouvelles qualités ou une structure nouvelle.

Bref, il existe chez Lukàcs une connexion cohérente entre la notion d'un sujet pluriel de la société et de l'histoire, la conception de la connaissance théorique comme une connaissance essentiellement limitée, le rôle de la praxis et l'affirmation de la catégorie de l'interaction comme forme particulière de la détermination dans le domaine des faits socio-historiques.

11.9. LE CONCEPT DE LA TOTALITÉ CHEZ HUSSERL ET LUKÀCS.

Le mot « totalité » désigne chez Lukàcs une catégorie décisive dans la connaissance de la réalité sociale, catégorie qui ne se retrouve pas non plus dans la connaissance de la nature. Pour lui, le point de vue de la totalité est celui qui distingue fondamentalement le marxisme de la « science bourgeoise ». Le mot désigne, au sens concret, un « tout » dont il nous faudra préciser le concept.

La totalité n'a pas pour Lukàcs une existence réelle dans le sens de la réalité empirique immédiatement appréhensible. La société comme totalité, ou l'histoire comme totalité ne sont pas la somme simplement mécanique d'événements particuliers, ou d'individus et de rapports particuliers: la totalité n'est, dans aucun cas, l'« ensemble de toutes les choses ». Ni l'histoire ni la société comme totalités ne

---

[196] Cf. ID., *ibid.*, p. 32. Souligné par Lukàcs.

sont selon lui des principes transcendants. La totalité est, chez Lukàcs, d'une part, une construction, d'autre part, la réalité vraie et concrète.

C'est une construction dans le sens qu'elle n'est pas donnée immédiatement à la pensée: elle est le produit d'une activité complexe de la pensée dans laquelle la totalité est élaborée à partir de données empiriques comme synthèse d'une multiplicité de déterminations. Pour l'atteindre il faut dépasser la simple immédiateté des objets donnés empiriquement sous forme de séparation rigide. Le dépassement de l'immédiateté conduit à la découverte des relations où se trouvent les objets, à la reconnaissance du caractère complexe de leurs interactions et, finalement, à la recherche du système où chaque objet se trouve réellement déterminé. Mais ce n'est pas pour cela que la forme immédiate de présentation de chaque objet disparaît: cette forme est comprise à partir du système comme nécessaire. « Immédiateté et médiation, dit notre auteur, sont elles-mêmes des moments d'un processus dialectique, [...] chaque degré de l'être (et de l'attitude de compréhension à son égard) a son immédiateté au sens de la *Phénoménologie* » — de Hegel [197] —.

La catégorie de la médiation qui rend ainsi possible le point de vue méthodologique de la totalité n'apparaît pas comme imposée du dehors à la manière, par exemple, d'un jugement de valeur. C'est l'existence empirique des objets eux-mêmes qui est pour Lukàcs déjà médiatisée, la catégorie se manifestant alors comme expression de leur propre existence objective.

Appliqué à la connaissance de la réalité sociale, le point de vue de la totalité consistera donc dans la considération de tous les phénomènes partiels comme des moments du tout, non pas comme des morceaux d'une totalité mécanique qui pourrait être composée à partir de tels morceaux, mais comme des moments recélant chacun la possibilité de développer toute la richesse de contenu de la totalité.

Ce qui est apparence nécessaire: la séparation, la rigidité, l'isolement des objets dans leur présentation immédiate à la pensée, est au niveau méthodologique un point de départ nécessaire: l'isolement — par abstraction — des éléments est pour Lukàcs inévitable. Mais à la subordination où ces éléments se trouvent — de fait et véritablement — correspond leur intégration théorique dans le tout qu'ils présupposent. L'autonomie des moments partiels reste ainsi comprise dans la totalité comme autonomie relative au processus total dans son ensemble. Avec l'insertion de l'objet isolé dans la totalité dont il fait partie, la forme de présentation de l'objet est dissoute comme forme unique, l'objet a été modifié qualitativement.

---

[197] Cf. ID., *ibid.*, p. 195.

Voyons de plus près l'affirmation suivante de Lukàcs: « ... dans la totalité dialectique les moments particuliers portent en eux la structure de la totalité [198]. » Si la caractérisation négative de la totalité comme quelque chose de différent de la somme de ses parties débouchait seulement sur l'affirmation de la primauté — ontologique et méthodologique — de la structure sur les éléments (des relations sur les parties, du système sur les individus), le concept de « totalité » pourrait se confondre avec celui de *gestalt*. Mais, puisque dans la totalité telle que conçue par notre auteur, les éléments sont pénétrés essentiellement par le complexe du système de relations, puisqu'ils sont tous en interaction, ils se déterminent unitairement en fonction de la structure du tout. Par conséquent, la structure du tout se trouve dans chacun d'entre eux, et elle peut être « déduite » de n'importe quel élément. Sans cette précision à l'égard de la conception lukacsienne sur les relations entre le tout et les parties, l'appréhension d'une totalité comme « l'histoire dans son ensemble », ou « la société dans son ensemble » serait évidemment impossible. Nous verrons plus tard qu'une variété des critiques adressées à la notion de la totalité et au point de vue méthodologique de la totalité reposent sur la considération d'un concept de totalité mécanique — soit en tant que somme des parties, soit en tant que structure de relations entre des éléments immuables —.

Nous avons signalé que le concept de « totalité » appartient aussi pour Husserl à l'ensemble conceptuel spécifique de la connaissance de la vie historico-sociale. Son concept catégoriel de « totalité » et sa notion de « tout » diffèrent cependant de ceux de Lukàcs. Husserl distingue entre l'unité d'un ensemble quelconque d'éléments et l'unité d'un ensemble social — d'un groupement ou d'un phénomène social —. Dans chaque cas nous avons affaire à une « collection » c'est-à-dire, à une pluralité d'éléments et à un certain type d'unité qui fait de la pluralité justement une « collection ». Mais une « collection » d'éléments sociaux n'a pas pour Husserl l'unité d'un ensemble quelconque. Elle est essentiellement différente d'une collection de simples choses.

En premier lieu, et Husserl s'accorde ici avec Lukàcs, une unité sociale n'est pas le résultat d'une somme d'éléments. La nation, par exemple, « n'est pas une somme de personnes individuelles, ce qui ressort ne serait-ce que du fait que la mort de certains individus ne supprime pas l'existence d'une nation », car une somme disparaît en tant que telle dès qu'on lui soustrait une ou plusieurs unités.

---

[198] Cf. ID., *ibid.*, p. 244. Aussi: « ... l'essence de la méthode dialectique consiste — de ce point de vue — en ce que dans tout moment saisi de façon dialectiquement correcte, la totalité entière est contenue et qu'à partir de tout moment on peut développer la méthode entière » (cf. ID., *ibid.*, p. 211).

Mais une unité sociale n'est pas non plus pour Husserl une *gestalt*. Certains ensembles d'éléments se présentent à nous comme des unités à cause de leur particulier rassemblement dans l'espace ou dans le temps. Ce rassemblement favorise certes la saisie de l'ensemble comme un tout, de même que l'identité ou la similitude d'un nombre d'éléments favorise cette saisie. Mais dans un cas comme dans l'autre l'unité de l'ensemble est extérieure à chacun des éléments qui le composent, autrement dit, les éléments ne se trouvent pas *intrinsèquement* liés.

Or, ce qui différencie pour Husserl les ensembles sociaux de n'importe quel autre type d'ensemble est justement la liaison intrinsèque des éléments sociaux [199]. Ainsi un phénomène social ou un groupe social possèdent-ils un type d'unité propre qui ne se retrouve pas dans le domaine des événements ou des systèmes naturels. Nous avons reproduit plus haut une phrase de Husserl décisive à cet égard: « La communication crée, dit-il, l'unité. Des choses séparées restent extérieures les unes aux autres [. . .]. Mais la conscience coïncide véritablement avec la conscience . . . » Il ne s'agit pas par conséquent comme chez Lukàcs, d'un complexe de relations d'interaction dans lequel chaque élément est pénétré par les autres, donc déterminé par l'univers de ces relations. Il s'agit chez Husserl d'une véritable *unité organique* dans laquelle l'ensemble se comporte non seulement comme un tout, mais aussi comme un individu: un phénomène social possède une unité de sens comparable — semblable — à l'unité de sens d'un acte individuel; un groupement social a — ou peut avoir — une structure interne semblable à celle d'une personne.

Bref, le concept de la totalité de Husserl découle directement d'une conception sociale organiciste: la forme de liaison entre les phénomènes de la conscience individuelle est prise comme l'*index* de la forme de liaison des consciences individuelles.

---

[199] C'est la raison par laquelle nous parlons de totalité chez Husserl et Lukàcs, bien que le mot possède dans chaque cas une connotation différente.

Seconde partie

Le naturalisme dans les sciences socio-historiques

Introduction.

12. NÉO-POSITIVISME ET NATURALISME.

Lorsque Husserl écrivait la *Krisis* le mouvement néo-positiviste avait déjà réussi à imposer ses principes et ses objectifs à une bonne partie des meilleurs hommes de science et penseurs de l'Europe Centrale. Les préoccupations théoriques qui dominaient le mouvement néo-positiviste ne pouvaient donc être étrangères à Husserl. En ce sens, il serait facile, par exemple, de rapprocher la problématique husserlienne de la crise des sciences européennes — conçue par notre auteur comme une crise des fondements du savoir scientifique — et la tâche que le mouvement néo-positiviste s'était assignée de fournir à l'ensemble des sciences et, spécialement, à celles dont le développement et les succès pratiques étaient particulièrement notables, les sciences de la nature, le fondement dont elles semblaient manquer.

Ce rapprochement justifierait, sans doute, un choix des systèmes théoriques à analyser fondé d'abord sur le fait simple de leur contemporanéité historique. La considération du contexte socio-politique dans lequel se situent les théories permettrait encore d'élargir d'une façon notable les possibilités interprétatives d'une telle analyse. Dans cette perspective, la dimension historique qu'introduit Husserl dans la *Krisis* apparaîtrait motivée par les graves événements sociaux et politiques qui bouleversaient l'Europe Centrale dans les années trente. Et l'on comprendrait que la relation posée chez Husserl entre la crise des sciences objectives et la crise de l'humanité européenne renvoie, d'une part, au problème de la relation existant entre la vie théorique et l'ensemble des activités humaines, d'autre part, à celui du rapport où se trouve la théorie particulière des sciences humaines vis-à-vis d'une théorie générale de la science. Dans cette même perspective, on serait tenté de voir dans le subjectivisme individualiste husserlien et dans l'extrême objectivisme physicaliste du néo-positivisme les deux formes d'un même mouvement de refoulement face à une réalité sociale devenue insupportable et on serait tenté d'expliquer par cette hypothèse et le chemin du salut personnel comparé dans la *Krisis* à une conversion religieuse, et la négation de l'histoire en tant que substance, négation sur laquelle débouchent certaines positions néo-positivistes.

La plupart, sinon tous les éléments constitutifs d'une théorie de la science avaient été dégagés par Husserl avant que la *Krisis* ne soit rédigée. La critique des positions naturalistes qui trouvent leur inspiration et leur modèle de rationalité dans les sciences physiques ne date pas non plus de la *Krisis*. Mais c'est dans cet ouvrage que Husserl expose pour la première fois dans toute son ampleur la relation existant entre l'objectivisme physicaliste et la crise de l'humanité, entre le rejet de cette forme spéciale d'objectivisme dont le naturalisme positiviste ne serait qu'une expression méthodologique, et le salut de l'homme.

Ce ne sont pas cependant des raisons de cet ordre qui nous amèneront à reconstituer le système que composent les points de vue néo-positivistes. Car, d'une part, les controverses, aussi profondes et aussi décisives qu'elles puissent paraître à la conscience de ceux qui s'opposent, peuvent se révéler secondaires et superficielles dans la perspective qu'il est de notre intérêt d'adopter: celle des cadres les plus généraux où les théories trouvent leur place; d'autre part, des facteurs historiques simples comme ceux qui relèvent de la contemporanéité, de la succession ou de l'opposition temporel peuvent être insuffisants et même trompeurs. Il ne s'agit pas de nier l'importance de l'événement mais plutôt de le considérer comme susceptible de déclencher une des possibilités logiques d'un schème conceptuel. En ce sens, la relation du fait historique et de la théorie ferait l'objet d'une perspective différente de celle que nous adoptons ici: elle ferait l'objet d'une sociologie de la connaissance.

Les deux raisons qui nous autorisent à opposer une position naturaliste fondée sur les points de vue néo-positivistes à la position anti-naturaliste représentée par Husserl et Lukàcs, sont les suivantes: en premier lieu, nous trouvons chez les néo-positivistes la négation des trois thèses principales de l'anti-naturalisme; en second lieu, nous pouvons découvrir dans les positions néo-positivistes les éléments théoriques permettant de fonder un refus radical de toute forme de philosophie du *cogito*.

Rappelons les trois thèses de l'anti-naturalisme dans leur forme la plus générale: dualisme méthodologique d'abord, dualisme légal ensuite, enfin rôle décisif de la catégorie de la totalité dans le domaine de la société et de l'histoire. Indépendamment du contenu particulier de ces thèses chez Husserl et chez Lukàcs, indépendamment aussi du contexte philosophique dans lequel elles trouvent leur fondement, ces thèses expriment le rejet des prétentions impérialistes qui sont celles d'une certaine épistémologie inspirée par les sciences de la nature, et l'acceptation des prémisses fondamentales qui constituent dans leur ensemble ce que nous avons appelé une philosophie du *cogito*. Quelle sera la forme la plus générale que prendra la négation des trois thèses principales de l'anti-naturalisme? Premièrement, le néo-positivisme postulera l'unité de la méthode scientifique; deuxièmement, il verra dans la causalité la forme universelle de la légalité; troisièmement, il affirmera le caractère atomique de la réalité.

Le néo-positivisme constitue l'essai le plus important réalisé dans l'histoire de la philosophie pour mener à son terme le programme de ce que Husserl appelle l'« objectivisme physicaliste »: la constitution d'une connaissance absolument objective au sens où elle serait absolument indépendante de toute position du sujet. Nous verrons que cette « neutralisation » du sujet n'a pas été accomplie par le néo-positivisme en opposant une philosophie de l'objet à une philosophie du sujet, mais en proposant contre l'une et l'autre une philosophie du langage, en faisant de la philosophie une analyse du langage.

Un certain nombre de questions apparaîtront comme décisives dans la comparaison des schèmes conceptuels dégagés, en ce sens qu'elles sont logiquement — c'est-à-dire nécessairement — impliquées dans les principes mêmes des schèmes, et que les réponses exigées par la cohérence des systèmes se trouvent en quelque sorte au niveau des coupures entre les différentes variantes de chaque schème. En d'autres termes, certaines définitions apparaîtront comme celles que les schèmes exigent afin de réaliser le passage d'un cas à un autre soit à l'intérieur d'un même schème soit dans deux schèmes différents. Ce sera notamment la question d'une définition de la psychologie.

12.1. ANTÉCÉDENTS PHILOSOPHIQUES DU NÉO-POSITIVISME.

Le néo-positivisme [1] se présente comme une activité et non pas comme un système, comme une recherche et non pas comme une philosophie. Ce fait obéit, en principe, à deux raisons d'ordre différent mais liées d'une façon intime: d'une part, les membres du Cercle de Vienne se définissent par un programme de travail commun plutôt que par l'acceptation générale d'un corps de connaissances ou de vérités philosophiques. D'autre part, ils partagent certains présupposés méthodologiques qui conduisent à concevoir la philosophie justement comme une activité plutôt que comme une connaissance.

Cette conception trouve son origine chez Wittgenstein. D'après lui, seuls les énoncés formels et les énoncés empiriques ont une signification. Wittgenstein pensait que les problèmes philosophiques sont des problèmes de langage et qu'il n'est pas possible de parler du langage lui-même de façon significative. Il s'ensuivait que la philosophie ne pouvait pas être une théorie.

Toutefois, Carnap avait observé que si l'activité philosophique consistait en une analyse — logique — du langage de la science, elle

---

[1] Nous nous référerons au néo-positivisme dans son sens le plus large: il embrassera les positions intransigeantes des premières époques jusqu'aux travaux qui se situent dans les perspectives de ce qu'on a nommé philosophie analytique, linguistique et radicalement empirique (cf. A. J. AYER, *Logical Positivism*, introd., 1).

devrait nécessairement aboutir à une théorie — logique — de la science, par conséquent, que le langage de la philosophie était réellement significatif. Ceci n'impliquait pas, bien entendu, de restituer à la philosophie le caractère d'une connaissance dans le sens des théories philosophiques traditionnelles; en tant qu'appartenant à un système logique, les vérités de la nouvelle philosophie devaient être purement formelles.

Quel était le but commun des membres du Cercle de Vienne? Il s'agissait de jeter les fondements d'une méthode scientifique dégagée de toute métaphysique. Ce but reposait sur la conviction que la seule connaissance authentique était celle de la science. Il était donc d'abord question de montrer que la métaphysique est dans tous les cas une pseudo-connaissance, c'est-à-dire que si elle avait été regardée — et l'était encore — comme un savoir portant sur des choses ce n'était qu'autant que son langage a l'apparence d'un langage « matériel ». En fait, le présupposé sur lequel se fondait cette attaque contre la métaphysique n'était pas que toute connaissance authentique doit être scientifique, mais bien que toute connaissance scientifique — si elle se rapporte aux choses — doit être obtenue par les méthodes des sciences empiriques.

Cette perspective déterminera les deux grandes lignes de recherche de l'école: d'abord, soumettre à l'examen les méthodes et les concepts des sciences empiriques, et tout particulièrement ceux des sciences de la nature physique, afin de construire un modèle épistémologique universel; ensuite, la recherche se concentrera dans une mesure plus ou moins large sur les problèmes formels du langage, du langage scientifique aussi bien que non scientifique, de celui qui a un contenu cognitif autant que de celui qui n'en a pas, la préférence pour les procédés techniques formels étant une composante fondamentale de l'attitude néo-positiviste.

12.2. LES THÈSES PRINCIPALES DU NÉO-POSITIVISME.

Le mouvement néo-positiviste peut être caractérisé par l'affirmation des trois thèses suivantes.

1° Tous les énoncés possèdent soit une signification cognitive, soit une signification émotive.

2° Toute proposition de signification cognitive est, soit analytique, soit synthétique.

3° Toutes les propositions analytiques et synthétiques peuvent être réduites à des énoncés élémentaires liés par des connexions logiques de telle sorte que la vérité ou la fausseté des propositions dépend entièrement de la vérité ou de la fausseté des énoncés élémentaires en question.

Comme nous le verrons, ces trois thèses ne sont pas tout à fait indépendantes les unes des autres. Et peut-être l'unité du point de vue néo-positiviste réside-t-elle dans l'affirmation que les données atomiques empiriques constituent les éléments décisifs de tout processus de vérification.

12.2.1 *L'antinomie du fait et de la valeur.*

Dans un article devenu célèbre, Carnap a développé la thèse selon laquelle l'ensemble de tous les énoncés s'épuise entièrement dans deux secteurs significatifs: celui des énoncés cognitifs et celui des énoncés émotifs. Son travail vise fondamentalement à démontrer que les énoncés de la métaphysique sont de caractère émotif donc, dépourvus de sens dans l'acception la plus stricte de ce terme [2].

En quoi consiste, se demande d'abord Carnap, la signification d'un mot, ou quelles sont les stipulations qui doivent être établies à l'égard d'un mot pour que celui-ci ait une signification ? En premier lieu, affirme-t-il, il faut préciser la syntaxe du mot, c'est-à-dire la façon dont il se présente dans la forme propositionnelle la plus simple dans laquelle il puisse apparaître [3]. En second lieu, il faut connaître les conditions auxquelles il est possible de dire d'une proposition simple qu'elle est vraie ou fausse, autrement dit il faut savoir comment se vérifie la proposition. Ainsi une proposition n'affirme que tout ce qui est vérifiable à son égard, et ceci doit être compris dans le sens qu'une proposition, quand elle dit quelque chose, peut seulement énoncer un fait empirique.

Nous verrons plus tard quelle est la signification néo-positiviste des concepts « méthode de vérification » et « énoncé d'un fait empirique ». Retenons maintenant que si la signification cognitive dépend de la possibilité empirique d'attribuer à un énoncé une valeur de vérité, l'impossibilité empirique de cette attribution définit, pour Carnap, les énoncés dépourvus de sens. Tous les énoncés de la métaphysique, ainsi que tous ceux qui se réfèrent à des valeurs — éthiques ou esthétiques — appartiennent selon Carnap à cette classe car, par exemple, la validité objective d'une valeur n'est pas empiriquement vérifiable. Si les jugements métaphysiques n'ont pas un sens cognitif, cela ne signifie pourtant pas qu'ils manquent de contenu. Simplement, les pseudo-propositions métaphysiques expriment, conclut-il, une attitude émotive devant la vie.

---

[2] Cf. R. CARNAP, *Uberwindung der Metaphysik durch logische Analyse der Sprache.*

[3] Par exemple, pour le mot « pierre » la forme propositionnelle élémentaire serait, selon Carnap, « *x* est une pierre ».

La conception carnapienne selon laquelle les énoncés éthiques ne sont pas des énoncés de faits a été développée par Stevenson [4]. L'insistance de Stevenson à signaler la nature persuasive des jugements éthiques et leur totale indépendance par rapport aux énoncés descriptifs, n'est qu'une tentative pour préciser la différence entre fait et valeur et pour montrer l'impossibilité déjà énoncée par Hume de dériver le devoir de l'être. Pour cela, l'antinomie fait-valeur est reformulée en termes d'antinomie de significations.

12.2.2.   *La dichotomie analytique-synthétique et le concept néo-positiviste de « méthode de vérification ».*

Le néo-positivisme introduit une deuxième distinction dans la dichotomie entre énoncés cognitifs ou propositions et énoncés émotifs, mais cette fois-ci cette distinction ne se réfère qu'aux propositions. En effet, la seconde thèse qui caractérise le néo-positivisme affirme que tout énoncé ayant une signification cognitive est ou bien analytique ou bien synthétique. Corrélativement, le néo-positivisme soutient qu'il existe une dichotomie fondamentale entre vérités analytiques — basées sur des significations indépendantes de l'empirie — et vérités synthétiques — fondées sur des faits.

Nous devons à Wittgenstein la formulation originelle néo-positiviste du concept de proposition analytique. Toutes les propositions qui sont vraies en vertu exclusivement de leur forme sont appelées par lui « tautologiques ». Les formes inverses de ces propositions ou « contradictions » apparaissent comme des faussetés logiques, c'est-à-dire comme des propositions fausses en vertu de leur seule forme. Ainsi le champ des propositions analytiques reste-t-il délimité comme celui comprenant toutes les tautologies et leurs contradictions. Mais en opposition rigoureuse à Kant, le néo-positivisme affirme d'emblée que toute connaissance non analytique se fonde sur l'expérience. En termes de signification, une phrase constitue donc un énoncé cognitif si elle est, soit analytique, soit capable d'être vérifiée par l'expérience.

Depuis Wittgenstein le concept de proposition analytique autant que le critère empiriste de signification cognitive ont été sujet à de nombreuses révisions et précisions. Les discussions se poursuivent de nos jours et il n'est pas question ici d'y faire référence. Pourtant, nous tenons à nous attarder un instant à quelques-unes des modifications apportées au critère de signification afin de jeter quelque lumière sur le concept néo-positiviste de méthode de vérification [5]. Ceci nous conduira directement au problème des énoncés de faits empiriques.

---

[4]   Cf. C. L. STEVENSON, *The Emotive Meaning of Ethical Terms.*
[5]   Pour le développement de ce thème nous aurons essentiellement recours au travail de C. HEMPEL, *Problems and Changes in the Empiristic Criterion of Meaning.*

Au cours de la première époque du Cercle de Vienne, on considérait qu'une phrase avait une signification s'il était possible de la vérifier *d'une façon complète* par l'observation. On comprenait par « preuves » les données que le chercheur — et peut-être la communauté des chercheurs — pouvait rassembler par *l'observation directe*. On s'est avisé bientôt que le critère ainsi proposé était trop restrictif [6].

Pour résoudre les problèmes posés par la condition de l'observation directe l'on modifia alors le critère: on considéra désormais comme « preuves » un ensemble fini quelconque de « données d'observation logiquement possibles », chacune de ces données exprimée dans une proposition d'observation [7]. Ainsi le critère est-il reformulé de la manière suivante: une phrase a une signification si elle est susceptible, *au moins en principe,* d'être vérifiée d'une façon complète par l'observation. Mais le critère excluait alors toutes les phrases de forme universelle, c'est-à-dire les lois du moment que la condition requise de vérification complète impliquait que la proposition à vérifier devait pouvoir être réduite à un ensemble fini de données d'observation.

Le programme de remaniement du critère prit alors deux directions: d'un côté, l'exigence de vérification complète fut remplacée par celle de *confirmation simplement partielle* et possiblement indirecte des hypothèses empiriques au moyen de preuves observationnelles [8]. D'un autre côté, l'exigence de *falsifiabilité* remplacera celle de vérificabilité. D'après cette nouvelle exigence, une proposition possède une signification empirique si elle est susceptible, au moins en principe, d'être infirmée par l'observation [9].

Hempel a montré que le critère de falsifiabilité complète est aussi inadéquat que celui de vérificabilité complète, puisque tous les deux sont trop restrictifs dans une direction et trop larges dans une autre, et qu'ils exigent dans tous les cas des changements importants dans les principes de la logique. Hempel a montré aussi les défauts des formulations d'un critère de confirmabilité partielle et indirecte. Pour résoudre les problèmes présentés dans les tentatives d'élaboration d'un critère empiriste de signification, il propose le critère de « traductibilité en un langage empiriste ». Ainsi, une proposition aura un sens cognitif

---

[6] La critique de ce critère a été réalisée, parmi d'autres penseurs, par A. J. AYER, dans *Language, Truth and Logic,* chap. I; par A. PAP, dans *Elements of Analytic Philosophy,* chap. 13 et par B. RUSSELL, dans *Human Knowledge,* p. 445-447. Cf. aussi C. HEMPEL, *ibid.*

[7] La définition de Hempel de « proposition d'observation » renvoie à celle de « caractéristique observable » qui est définie comme une propriété ou une relation d'objets physiques dont la présence ou l'absence dans un cas donné peut être certifiée par l'observation directe (cf. C. HEMPEL, *ibid.*).

[8] C'est la proposition de Pap et d'Ayer, par exemple.

[9] Proposé par Popper. Nous verrons la portée de ce critère quant au problème de la légalité des propositions historiques.

si elle est susceptible d'être traduite en termes de caractéristiques d'objets physiques, caractéristiques pouvant être observées d'une façon soit directe, soit indirecte, dans ce dernier cas selon des manières spécifiques. A la différence des critères antérieurs, celui de Hempel présuppose le choix ou, pour mieux dire, la construction d'un langage déterminé de telle sorte que le sens d'une proposition n'est indépendant ni des règles syntaxiques ni du vocabulaire choisi ou construit.

On voit que le critère empiriste de signification cognitive, présenté d'abord comme un critère universel applicable à n'importe quel langage — par exemple, à celui de la métaphysique — n'a de validité qu'à l'intérieur d'un langage spécifique: le langage empiriste. On voit aussi que le caractère prescriptif du critère s'appuie dans une certaine mesure sur un choix conventionnel: il est supposé que le langage empiriste est celui qui convient le mieux [10]. Ayer lui-même en a tiré les conséquences: si tout ce qu'on a démontré est que les énoncés de la métaphysique ne s'inscrivent pas dans un langage empiriste, on ne pourra pas en conclure qu'ils sont faux et encore moins qu'ils manquent de sens. C'est-à-dire qu'on ne pourra en tirer cette conclusion que si on le veut bien [11].

12.2.3. *La conception atomique de la réalité et le réductionnisme empiriste.*

La troisième thèse néo-positiviste affirme que toutes les propositions peuvent être réduites à des énoncés élémentaires liés par des connexions logiques de telle sorte que la vérité ou la fausseté des propositions dépend entièrement de la vérité ou fausseté des énoncés élémentaires en question.

L'antécédent immédiat de cette thèse se trouve une fois de plus dans la conception de la signification de Wittgenstein [12]. Son présupposé est une théorie sur les relations du langage et du monde. Selon cette théorie, le langage doit être conçu comme l'ensemble de toutes les propositions qui font, d'une façon immédiate ou médiate, une référence aux faits. Il y a, pour Wittgenstein, des faits absoluments simples, « atomiques », qui correspondent immédiatement à des énoncés élémentaires.

Un problème se posa tout de suite: que doit-on comprendre par « énoncés élémentaires » ? Le néo-positivisme supposa que ceux-ci étaient des rapports d'observations, de sorte que tout énoncé ayant un

---

[10] Cf., par exemple, les observations effectuées par Hempel en 1958 à l'article que nous avons cité (C. HEMPEL, *ibid.*, p. 129).
[11] A. J. AYER, *Logical Positivism*, introd., II.
[12] Cf. L. WITTGENSTEIN, *Tractatus logico-philosophicus*, spéc. 4.2 et suiv.

sens devait pouvoir être traduisible en un énoncé (vrai ou faux) sur l'expérience immédiate.

Cette forme radicale de réductionnisme était historiquement antérieure à la théorie de la signification de Wittgenstein. Locke et Hume avaient déjà soutenu que toute idée, ou bien provenait directement de l'expérience sensible ou bien était composée par des idées provenant directement de l'expérience sensible. Mais ce qui, dans ce sens, fait la particularité du néo-positivisme c'est que la formulation du problème du rapport langage-réalité se concentre progressivement du seul côté du langage: ce problème devient celui du rapport entre des « énoncés élémentaires » ou, en termes néo-positivistes plus précis, des « propositions protocolaires » et le reste des propositions. Devait naître alors presque naturellement l'idée que la construction d'un langage de données sensibles, où l'ensemble du discours significatif pourrait être traduit énoncé par énoncé, était possible. Cette tâche a été entreprise pour la première fois par Carnap [13].

Puisque le point de départ d'une telle construction ne pouvait être placé dans les faits atomiques, on a d'abord supposé que les énoncés provenant des expériences les plus élémentaires devaient constituer les éléments premiers ou primitifs du langage empiriste: les données prises dans leur unité irréductible, c'est-à-dire les résultats de la pure expérience vécue, subjective, privée. A partir de ce choix des éléments fondamentaux, la structure du langage relevait purement de l'ordre formel. La possibilité de cet arrangement formel était donné par les concepts logiques purs (concepts de relations) qui doivent donc être introduits aussi comme des éléments premiers.

En dépit des tentatives de Carnap pour assurer le caractère intersubjectif des concepts d'un tel langage, le choix d'une base psychique purement sensationniste aboutissait inexorablement à un solipsisme. Le dépassement de celui-ci prit alors la forme d'une physicalisation toujours plus poussée des éléments premiers du langage empiriste [14]. Si la possibilité de communication restait fermée du moment que toute expérience se réduisait finalement à l'expérience privée, subjective, on supposa que la difficulté pourrait être résolue en faisant une distinction entre les contenus et les structures de l'expérience. Les contenus, dit-on, sont incommunicables, mais les mondes de chacun ont une structure analogue. Cette structure est physique, la connaissance des propriétés physiques porte sur des structures, non pas sur des contenus qui divergent d'observateur à observateur. Une magnitude physique quelconque n'est pas, par exemple, dépendante de la modalité sensorielle qui

---

[13] La première version de cette tentative de construction d'un langage empirique radical est l'ouvrage de CARNAP, *Der logische Aufbau der Welt,* publié en 1928.
[14] Un rôle primordial a été joué dans cette entreprise par Neurath.

la saisit, ni non plus des différents sujets investigateurs. En s'appuyant sur la constatation du fait que le langage de la science physique est intersubjectif, on le considéra comme le langage empiriste par excellence [15].

Dans le contexte des idées néo-positivistes, ceci signifiait que tout langage ayant un sens était un langage physique ou pouvait y être réduit. Bien entendu, ceci ne doit pas se comprendre dans le sens que tout langage doit contenir les termes du langage de la science physique. Ce qu'on exige c'est que tout concept s'adresse à des déterminations physiques, c'est-à-dire quantitatives et d'ordre spatio-temporel [16].

La restriction du domaine du langage significatif impliquée dans la réduction physicaliste conduisit à une nouvelle conception. Dans *Testability and Meaning* Carnap exprime synthétiquement la modification qui s'y opère: « Auparavant, la base du physicalisme était le langage de la physique, cette base est actuellement le langage des choses [17]. »

Quelle est la différence entre les deux langages? Dans celui de la physique, les termes servent fondamentalement à une description quantitative. Par contre, le langage des choses *(thing-language)* embrasse des termes pour des descriptions qualitatives. Les concepts réductifs du langage des choses continuent à être, finalement, des « prédicats observables » — nommés « prédicats d'observation » par Hempel — mais rapportés maintenant aux choses dans le sens commun du mot. Le langage physicaliste s'est élargi jusqu'à embrasser le langage quotidien, quoique limité à ses éléments purement empiriques.

12.3. LE PROGRAMME D'UNE SCIENCE UNIFIÉE ET L'UNITÉ DE LA MÉTHODE SCIENTIFIQUE.

Dichotomie des secteurs cognitif et émotif dans le domaine de la signification; distinction, à l'intérieur du secteur cognitif, entre propositions analytiques et synthétiques, réductionnisme empirique: ces trois thèses néo-positivistes constituent les fondements théoriques pour la réalisation du programme d'une science unifiée.

Ainsi le problème de l'unité de la science se précise-t-il clairement. Il s'agit, avant tout, d'un problème de langage: la science doit

---

[15] Cette conception a été développée par Rudolf CARNAP dans *Die Physikalische Sprache als Universalsprache der Wissenchaft.*
[16] L'exigence embrassait, pour Carnap, la science physique elle-même, en tant qu'elle pouvait contenir des concepts résiduels métaphysiques. Carnap lui-même a fait un essai de « physicalisation » du langage d'une science (cf. Rudolf CARNAP, *Psychologie in physikalischer Sprache*).
[17] Cf. ID., *Testability and Meaning*, p. 467.

être un ensemble d'énoncés cognitifs, leur unité est donnée non pas par une hypothèse concernant la réalité mais par l'application d'une règle de caractère linguistique. Le problème des rapports syntaxiques entre les divers langages partiels du langage unitaire remplace alors le problème de la philosophie « traditionnelle » des rapports de nature entre les divers domaines objectifs, entre les divers « modes de l'être [18] ».

Il s'agit, ensuite, ou en même temps, du problème de constitution d'une science empirique, c'est-à-dire de la constitution d'un ensemble de propositions tel que, quel que soit le degré de complexité des concepts extra-logiques y appartenant, ces propositions soient dans une relation déterminée — relation rendue possible par les concepts logiques de l'ensemble — avec des propositions contenant des concepts de base appelés généralement « prédicats observables ».

Il s'agit, finalement, d'un problème de construction d'un langage empiriste fondamental dont les éléments premiers ou « primitifs » sont les prédicats observables, autrement dit, il s'agit de la combinaison logique dans un système fermé, de concepts et de propositions dont la signification empirique dépend des prédicats observables.

Le programme néo-positiviste d'une science unitaire se définit donc comme la tentative d'affecter progressivement mais finalement d'une manière intégrale à toute science le caractère empirique. Puisque la conception empirique néo-positiviste s'appuie, dans une mesure plus ou moins large, mais d'une façon toujours décisive, sur la priorité accordée à l'objet physique, l'affectation à toute science du caractère empirique dans lequel se résume le programme unitaire signifie, au niveau épistémologique, la soumission de toute science aux méthodes de celles qui opèrent sur des objets physiques. La méthode de la science — la méthode scientifique — n'est donc qu'une dans cette perspective. Ce qui peut différer d'une science à une autre, ce sont seulement les techniques.

Ce programme devait commencer par s'appliquer à la physique elle-même dans la mesure où celle-ci retenait encore, sous des formes résiduelles, des éléments empiriquement non vérifiables, c'est-à-dire métaphysiques.

D'après la conception restrictive de ce que les néo-positivistes appellent « ancien physicalisme », le problème se posait différemment pour les sciences non physiques et pour la physique elle-même. En tant que science à laquelle toutes les autres devaient finalement se

---

[18]   Cf. ID., *Philosophy and Logical Syntax*, p. 88.

réduire, la physique occupait une position explicitement exceptionelle : le problème de sa fondation était, à la rigueur, celui de la fondation de toute science. Une fois le langage empirique universel défini comme langage physicaliste — comme langage dont les concepts sont spatio-temporels et quantitatifs et le vocabulaire celui de la Physique — , le problème des sciences non physiques consistait logiquement à consti-tuer des théories composées par des propositions physicalistes ou équi-pollentes à des propositions de ce genre.

Pour la conception large de ce qu'on appelle « nouveau physica-lisme » représenté par *Testability and Meaning,* le problème de jeter les fondements de toutes les sciences — y compris ceux de la physi-que — est ramené au problème d'un langage plus fondamental que celui de la physique. En même temps, dans cette conception est requi-se, plutôt qu'une réduction signifiant vraiment la constitution d'une physique généralisée, l'utilisation des méthodes empiriques suivant les particularités qui se révèlent en chaque domaine de la recherche.

Ce point de vue plus souple, résultat du déplacement de la base de réduction empirique du langage de la physique au « langage des choses », n'influe pourtant pas sur les présupposés des thèses néo-positivistes fondamentales. C'est à partir de ces présupposés qu'on envisage d'une façon paradoxalement non systématique et insuffisante le problème de l'affectation du caractère empirique aux sciences histo-rico-sociales. Le programme unitaire commence, en ce sens, par affir-mer que les sciences sociales sont sciences empiriques au même titre que, par exemple, la physique ou la chimie, donc qu'elles ne peuvent être scientifiquement construites qu'à l'aide de la seule méthode scien-tifique : celle des sciences de la nature, méthode adaptée, bien entendu, aux particularités de l'objet social sous la forme de techniques spéci-fiques d'investigation.

Cette conception se manifeste d'emblée comme un behaviorisme social. Nous verrons que, de même que dans la tentative de constitu-tion d'une psychologie scientifique [19] — au sens néo-positiviste de la scientificité — , le programme empiriste débute en sociologie par l'essai de fonder cette science dans la perspective d'une théorie du comporte-ment « objectif ». Tout ontologisme et, davantage, toute philosophie de l'histoire seraient ainsi écartés.

---

[19] Dans son article *Psychologie in physikalischer Sprache* déjà cité, Carnap dit : « La position que nous défendons ici coïncide, dans ses lignes géné-rales, avec le mouvement psychologique appelé « conductisme », pourvu que nous fassions attention à ses principes épistémologiques et non pas à ses mé-thodes spéciales et à ses résultats. » Dans les *Remarks by the Author* (1957), remarques insérées dans la réédition due à Ayer, Carnap affirme « maintenir l'essentiel du contenu de la thèse principale de cet article » (cf. A. Ayer, *Logical Positivism,* p. 197-198).

13. LE NÉO-POSITIVISME, NÉGATION RADICALE D'UNE PHILOSOPHIE DU *COGITO*.

Rappelons l'affirmation sur laquelle repose toute philosophie du *cogito* : la relation entre le sujet et l'objet est conçue comme une relation de « production » dans laquelle l'objet est appréhendé comme essentiellement l'œuvre d'un sujet, le terme de son activité. Cette prémisse s'exprime au niveau gnoséologique par l'affirmation que l'intelligibilité de l'objet dépend de celle du sujet. Elle fixe par ailleurs les deux tâches principales d'une telle philosophie: localiser le sujet, c'est-à-dire répondre à la question « Quel est le sujet producteur ? » et montrer dans celui-ci le mécanisme de production des objets. Ainsi, dans une philosophie du *cogito,* la recherche gnoséologique fondamentale commence par la question de l'identité du sujet. En ce sens, le mouvement néo-positiviste peut être considéré comme celui qui a entrepris pour la première fois dans l'histoire de la philosophie de jeter les fondements d'une doctrine qui s'oppose radicalement à toute forme de philosophie du *cogito*.

Contrairement à l'« approche transcendantale », remarque Husserl dans la *Krisis,* l'« objectivisme » se caractérise par le fait qu'il se meut sur le terrain du monde donné tout naturellement par l'expérience et qu'il se pose la question de la « vérité objective » de ce monde, de ce que le monde est en soi [20]. L'objectivisme serait donc l'attitude qui correspond par excellence à une pensée qui se règle sur les choses elles-mêmes, qui pose l'objet naturel et la forme d'existence de celui-ci comme le premier en-soi. Ainsi ne serait-il question pour lui que de savoir ce qui appartient de cette façon « objective » à l'univers des choses, cette connaissance étant le contenu de toute forme de savoir et ses conditions de validité, celles de tout savoir valable.

Or, le néo-positivisme a réussi dans sa tâche non pas en essayant d'opposer une « philosophie de l'objet » dans laquelle la pensée se règle sur les choses à une « philosophie du sujet », mais en proposant une philosophie du langage ou, pour mieux dire, en faisant de la philosophie une analyse du langage. Ainsi la plupart des questions de la philosophie « traditionnelle » et, particulièrement celles en rapport avec une théorie de l'être — métaphysique — , et une ontologie du monde et du sujet, sont éliminées ou, tout au moins, apparaissent reformulées comme des questions dont la réponse relève d'une analyse de langage.

L'« objectivisme », tant qu'il est caractérisé par sa seule opposition à toute forme de philosophie du sujet — y compris la philosophie

---

[20] Cf. E. HUSSERL, *Krisis,* II, 14.

« transcendantale » — , ne disparaît pas pour autant dans une philosophie du langage. Si celle-ci se justifie c'est par le fait qu'une philosophie de l'objet se révèle incapable de fournir les fondements d'une
doctrine véritablement opposée à toute forme de philosophie du *cogito*.
Aussi longtemps en effet que l'on considère que les éléments « premiers » de la connaissance doivent leur condition de points de départ
à une quelconque détermination extérieure, indépendante du système
de langage où s'organise la connaissance, le problème du sujet réappa-
raît, et nous verrons que la question des relations entre le sujet et l'objet
se pose alors de nouveau avec d'autant plus de force que la détermination extérieure que l'on conçoit est « élémentaire ».

13.1.   LE CHEMIN NÉO-POSITIVISTE VERS LA NEUTRALISATION DU SUJET.

Le néo-positivisme n'a pas abouti à élaborer cette doctrine en
faisant l'économie de théories qui restent dans la perspective d'une
philosophie de l'objet. Lorsque Wittgenstein postule le caractère atomique de la réalité, il recourt à une détermination des éléments premiers de la connaissance qui relève de l'ontologie, et dont la nécessité
s'impose de l'extérieur au système de la connaissance. Peu importe
dès lors qu'il essaie de se débarasser des conséquences « philosophiques » de cette position en faisant appel à un nominalisme extrême:
la notion de « fait atomique » possédait sans doute des connotations
« métaphysiques » comme l'ont vu tout de suite les néo-positivistes.

Mais le premier essai de ceux-ci pour édifier un système libre de
tout présupposé métaphysique fut directement marquée par la conception de Wittgenstein. Dans la « construction logique du monde » entreprise par Carnap, la notion de « fait atomique » est remplacée par
celle du donné provenant de la pure expérience personnelle, de l'expérience vécue la plus élémentaire, irréductible à toute autre. Aucune
hypothèse ontologique n'est ici supposée, mais deux caractères principaux de la conception de Wittgenstein réapparaissent. En premier lieu,
les éléments qui sont à la base du système de la connaissance, les
énoncés premiers ou « primitifs », possèdent encore une nécessité indépendante du système; en second lieu, le principe atomiste subsiste bien
que déplacé dans l'activité subjective. La tentative pour éliminer les
problèmes concernant la relation du langage avec la réalité au moyen
de l'élimination de toute hypothèse ontologique aboutissait ainsi à sou-
lever les problèmes concernant la relation entre le sujet et l'objet et,
plus particulièrement, la question de l'objectivité même de la connaissance: la théorie de la connaissance qui y était implicite n'était pas
non plus libre de connotations « métaphysiques ».

Un pas important est en ce sens franchi par Carnap même avec
sa première conception physicaliste: d'une part, l'élimination de la

référence aux *sense-data* écarte toute possibilité d'une chute dans le subjectivisme; d'autre part, le rapport de déductibilité réciproque des propositions protocolaires et de certaines propositions du langage de la physique, proposé comme critère de construction du langage scientifique, pose déjà la question à un niveau linguistique: le privilège accordé au langage de la physique découle, tout d'abord, d'une recommandation de caractère linguistique. Mais, d'une part, celle-ci s'appuie sur la conviction « empirique » que les propositions de la physique sont les seules réellement intersubjectives. D'autre part, le fait que l'on considère certaines propositions comme « protocolaires » en vertu de leur propre nature signifie que la détermination des éléments premiers de la connaissance reste extérieure. Or, toute référence aux *sense-data* étant éliminée, cette détermination ne pouvait provenir que de la réalité elle-même conçue maintenant comme essentiellement physique — spatio-temporelle — . La conception de Carnap gardait donc, sous une forme subtile, un présupposé de caractère ontologique déterminant l'organisation entière du système.

L'étape décisive est alors franchie par Neurath: au lieu de considérer qu'il y a un ensemble de propositions « premières » en vertu de leur propre nature et qui se trouvent donc nécessairement à la base du système, Neurath propose que l'on appelle « protocolaires » ces propositions que le système exige comme premières pour assurer sa cohérence.

Toute forme de détermination extérieure, c'est-à-dire indépendante du système est ainsi éliminée: le caractère « protocolaire » d'une proposition relève d'une nécessité seulement logique ou, plus exactement, syntaxique. Le physicalisme est d'ailleurs maintenu: quel que soit le statut des propositions du système, elles doivent toutes être physiques, autrement dit quantitatives et se référer à des points spatio-temporels.

La solution proposée par Neurath n'a pas été la dernière ni peut-être non plus la plus généralement acceptée. Mais elle constitue sans doute une tentative particulièrement conséquente pour substituer à la relation entre le langage et la réalité et, à plus forte raison, à la relation entre le sujet et l'objet, la pure relation syntaxique existant à l'intérieur d'un système de propositions.

Résumons les premiers résultats de nos analyses dans le tableau de la page 156.

Ajoutons quelques précisions aux données de ce tableau. Il nous faut d'abord rappeler que dans le cas d'une philosophie du *cogito* que constitue la conception de Husserl, l'identité ego-intersubjectivité a nécessité l'introduction d'une hypothèse *ad hoc* dans le système, à

SUJET-OBJET			SUJET/OBJET
Husserl		Lukàcs	Néo-positivisme
idéaux	*Paradigme :* production d'objets:	sociaux	*Paradigme :* construction de langages.
égologique	*Objectivité :* forme d'existence pour la conscience:	de classe	*Objectivité :* fondée sur les propriétés spatio-temporelles et/ ou sur des rapports syntaxiques.
singulier (ego = intersubjectivité)	*Sujet :* (Activité de production d'objets)	pluriel (classe sociale)	*(Neutralisation du sujet)* (Activités de systématisation)

savoir celle qui postule une analogie entre l'opération propre à la personne individuelle et celle de la « personne collective ». Signalons, en second lieu, que le fait que n'apparaisse pas dans la conception néo-positiviste une détermination du sujet (par exemple, en termes de « sujet singulier » ou de « sujet pluriel »), découle directement de la façon dont on a considéré la problématique de l'objectivité.

En effet, la tâche de localiser le sujet est inscrite dans le programme de toute philosophie du *cogito* dès que l'on définit l'objectivité comme forme d'existence pour la conscience: thématiser cette conscience à laquelle se rapportent les objets, en tant justement qu'objets, équivaut à se demander par le sujet. Par contre, la définition de l'objectivité dans les seuls termes des propriétés spatio-temporelles ou des rapports syntaxiques conduit à une véritable neutralisation du sujet au sens qu'aucune réflexion sur celui-ci ne s'avère dès lors nécessaire.

Cette neutralisation rend le sujet autonome par rapport à l'objet et, par là même, aboutit à poser l'autonomie de l'objet vis-à-vis du sujet. L'activité réelle du sujet ne consiste alors que dans la réalisation d'opérations formelles sur des contenus qui sont et restent extérieurs à cette activité. C'est par une telle philosophie que s'accomplit donc véritablement l'« objectivisme » dont nous parle Husserl.

L'autonomie réciproque du sujet et de l'objet s'exprime au niveau linguistique comme dichotomie des propositions analytiques et synthétiques; au niveau logique, sous la forme d'attribution de contenu « réel » aux seules propositions empiriques — énoncés portant sur des événements sensoriels ou sur des choses physiques — . Cette autonomie suppose, bien entendu, la négation de l'interaction entre l'observateur et l'observé comme catégorie de la légalité.

L'opposition entre le fait et la valeur qui s'exprime linguistiquement comme dichotomie du champ de la signification, logiquement comme impossibilité de déduire un jugement de valeur d'un jugement de fait, et épistémologiquement comme impossibilité de fonder scientifiquement des jugements de valeur, cette opposition n'introduit qu'une précision supplémentaire à la thèse de l'autonomie réciproque du sujet et de l'objet. Elle jouera pourtant un rôle majeur lorsqu'il sera question d'appliquer à l'histoire le modèle épistémologique néo-positiviste.

Dans la perspective lukacsienne la conception néo-positiviste ne serait qu'une des formes auxquelles peut aboutir une tentative pour résoudre les problèmes de la connaissance par la voie de la seule clarification théorique. En effet, « dès l'instant, nous dit Lukàcs, où la liaison indissoluble entre l'attitude contemplative du sujet (l'attitude théorique) et le caractère purement formel de la connaissance devient consciente, il faut soit renoncer à résoudre le problème de l'irrationalité (question du contenu, du donné, etc.), soit chercher la solution en direction de la praxis ». On peut comprendre qu'une simple élucidation critique de la contemplation tende toujours plus énergiquement, d'une part à éliminer l'élément « irrationnel » inhérent au contenu, d'autre part à détacher de l'« homme » le sujet de la connaissance et à le transformer en un sujet pur, purement formel. Car, ajoute Lukàcs, « le concept formel de l'objet de la connaissance dégagé de façon tout à fait pure, la cohésion mathématique, la nécessité des lois de la nature comme idéal de connaissance transforment la connaissance de plus en plus en une contemplation méthodologiquement consciente des purs ensembles formels, des « lois » qui fonctionnent dans la réalité objective, *sans intervention du sujet* [21] ».

La tendance à éliminer ce qui, dans la problématique étudiée par Lukàcs, apparaît comme l'élément « irrationnel » dans l'objet et dans le sujet, est visible dans le néo-positivisme. D'une part, on réduit véritablement l'objet à ses seules propriétés spatio-temporelles; d'autre part, le sujet de la connaissance devient réellement un pur créateur ou transformateur d'ensembles logiques (de langages). Lorsque le physicalisme affirme que seules les propriétés spatio-temporelles de l'objet assurent une connaissance intersubjective *ab initio,* c'est d'abord parce que l'on conçoit cette connaissance comme se rapportant à des structures qui doivent être, dans un certain sens, indépendantes des contenus qui les supportent; ensuite, parce que ces propriétés peuvent être pensées comme indépendantes des modalités sensorielles de la saisie des objets.

---

[21]   Cf. G. Lukàcs, *GK,* p. 161-162. Souligné par Lukàcs.

Les objets réels apparaissent ainsi comme possédant deux couches de propriétés, l'une d'elles, objet de la science physique, étant formée de propriétés mesurables quantitativement, donc mathématiquement saisissables. On peut appeler cette couche « rationnelle » parce que sa connaissance s'exprime sous la forme de rapports universellement nécessaires.

Le progrès de la connaissance consistera donc, en ce sens, à relier le plus grand nombre possible de qualités des objets réels à des déterminations spatio-temporelles, et à soumettre l'ensemble de celles-ci à une ordonnance telle que chaque détermination apparaisse en connexion immédiate ou médiate avec les autres. Bref, le progrès de la connaissance ne serait qu'un processus de quantification et de systématisation.

L'objet scientifique visé ou construit dans cette connaissance ne coïncide évidemment pas avec l'objet réel, mais il ne peut pas non plus coïncider: il resterait toujours par principe une couche de propriétés, un contenu « dernier » défini comme celui qui diverge selon les observateurs, contenu que l'on peut appeler « irrationnel ». Corrélativement le sujet apparaît comme dédoublé en sujet rationnel — celui d'une connaissance générale et nécessaire, celui de la connaissance physique et en sujet privé, rapporté aux contenus saisis selon la modalité sensorielle propre à ce sujet.

Mais l'exigence de traduire en termes purement quantitatifs les descriptions obtenues dans l'expérience sensible (c'est-à-dire le passage du langage « protocolaire », privé, au langage physique, intersubjectif), ne laisse que deux possibilités: ou bien la traduction doit garder des termes impliquant une référence directe et spécifique à des qualités sensorielles, et dans ce cas le langage physique n'est plus purement quantitatif; ou bien elle doit éliminer comme dépourvues de sens certaines propositions formées de termes tels que « rouge » ou « lourde [22] », ou des expressions du genre « ressentir un sentiment de colère ». Dans ce cas non seulement certaines disciplines comme la psychologie, mais aussi la science physique elle-même, devenaient difficilement concevables.

Comme nous le savons, Carnap élargira le langage physicaliste en y incluant comme propositions possédant un sens celles qui contiennent des termes qualitatifs. Le critère permettant de distinguer les propositions intersubjectives devait donc être altéré. Ce principe ne se fondera pas sur la nature des propriétés auxquelles la proposition se réfère — les propriétés spatio-temporelles —, mais sur la nature

---

[22]   Cf. W. H. WERKMEISTER, *Seven Theses of Logical Positivism Critically Examined*, V.

des propositions mêmes: un énoncé sera une proposition, donc possédera une validité intersubjective, si elle est, par principe, vérifiable. Le caractère physicaliste se maintient dans cette conception nouvelle, bien que ne se référant plus aux seules propriétés descriptibles quantitativement: Carnap parle maintenant du langage physicaliste dans le sens plus large de *thing-language*. Celui-ci doit être organisé sur la base de « prédicats observables » dont certains peuvent être *subjectivement observables* sans que pour autant *leur confirmation laisse d'être intersubjective*. Ainsi tout présupposé sur les propriétés de l'objet et sur la structure du sujet cognitif est éliminé et cette élimination n'est encore rendue possible que par l'adoption d'une convention de nature linguistique.

13.2. LE NÉO-POSITIVISME ET LA PROBLÉMATIQUE DES SCIENCES DE LA NATURE.

Il ne fait pas de doute que les succès enregistrés par les sciences de la nature se trouvent à l'origine des diverses conceptions physicalistes étudiées. C'est avec le but avoué de faire partager ces succès à l'ensemble des disciplines scientifiques que le néo-positivisme propose une « physicalisation » de toute connaissance. Par ailleurs, l'alliance entre l'empirisme et la logique réalisée par le néo-positivisme n'est pas étrangère à l'extraordinaire impulsion qu'ont reçue à l'époque contemporaine les techniques logiques et mathématiques.

Cependant la question « pourquoi la conception de la philosophie comme analyse logique du langage apparaît-elle liée étroitement au problème du fondement des sciences de la nature ? » exige non seulement une explication du genre historique mais aussi et d'abord une recherche purement épistémologique. C'est une telle recherche qui nous permettra de comprendre pourquoi et comment une position qui s'oppose radicalement à toute forme de philosophie du *cogito* apparaît liée à la problématique des sciences de la nature.

Si, comme le remarque Husserl, l'abstraction que les sciences physiques pratiquent à l'égard de tout ce que les sujets ajoutent à la nature constitue une condition nécessaire du développement de ces sciences, il s'ensuit nécessairement aussi de ce développement que ces sciences tendent à pratiquer corrélativement l'abstraction de tout ce qui fait véritablement du sujet, d'abord, le sujet de la nature, ensuite, le sujet de tout domaine objectif. De même donc que nous voyions dans la notion husserlienne du sujet producteur l'universalisation à toutes sortes d'objets des propriétés productrices du sujet des mathématiques et de la logique, nous voyons dans le néo-positivisme un processus semblable d'universalisation consistant à attribuer à tout domaine objectif les propriétés des objets de la nature.

La tendance à neutraliser le sujet peut donc se comprendre comme une tendance susceptible de se développer de façon conséquente uniquement dans le cadre d'une philosophie axée sur le problème épistémologique des sciences de la nature. Plus exactement, une élucidation conséquente de cette problématique devra conduire à une forme de philosophie définie essentiellement par la neutralisation du sujet.

La tentative pour fournir un fondement logique à l'empirisme ne sert qu'à renforcer celui-ci. C'est le cas sans doute du néo-positivisme. En niant l'existence de jugements synthétiques *a priori,* en réduisant tout jugement analytique à des tautologies ou à des contradictions, le néo-positivisme réduit le domaine d'activité de l'entendement à des manipulations et, par là même, il conçoit le sujet comme pur récepteur de contenus, pur observateur de faits.

L'application de la méthode expérimentale ne modifierait pas cette situation. D'un certain point de vue, on peut en effet considérer cette méthode comme purement contemplative. Car, et nous nous en remettons à Lukàcs, la tâche de l'expérimentateur consiste essentiellement à créer un milieu tel qu'aucun élément « irrationnel », tant du côté de l'objet que du côté du sujet, ne puisse gêner ou troubler l'observation d'un phénomène.

Le produit immédiat de cette pure observation est ce que les néo-positivistes ont appelé la « proposition protocolaire ». Dès que l'on fait de ces propositions le point de départ de l'édification du système de la connaissance, la problématique peut, nous l'avons vu, se poser en termes de rapports syntaxiques, bref en termes de langage. Et ceci d'autant plus que le développement extraordinaire des sciences physiques signifie — et il s'agit d'une conséquence logique des présupposés qui sous-tendent la connaissance objective de la nature —, une mathématisation intégrale des contenus de ces sciences, c'est-à-dire la possibilité de transcrire la connaissance de la nature dans son intégralité dans les termes d'un système « pur » de langage: le système mathématique.

Nous arrivons ainsi à une situation apparemment paradoxale. Comment expliquer, en effet, qu'un mouvement utilisant d'une telle façon un appareil formel dans ses recherches ait abouti à une conception qui s'oppose radicalement à toute forme de philosophie du *cogito ?* Car une de ces formes — celle dont l'exemple nous est fourni par la conception de Husserl — supposait justement d'après nos analyses, les sciences formelles (mathématiques et logique) comme sciences paradigmatiques et, par là même, l'activité de production des objets formels — idéaux — comme forme paradigmatique d'activité.

Cette situation s'explique par le fait que le néo-positivisme, s'il pratique une analyse du langage (en l'occurrence, du langage de la science) et emploie des techniques formelles, ne se pose pas de questions sur le langage lui-même — et ses techniques — en tant qu'activité productrice: le langage ou, plutôt, l'activité de systématisation est une donnée. Il ne reste dès lors comme tâche que la recherche de systèmes — la construction de langages — adaptés à des contenus objectifs — au sens de contenus indépendants de toute position du sujet — et répondant à des valeurs purement formelles.

Dans cette perspective, la valeur absolue que possèdent les mathématiques dans un système empiriste cesse d'apparaître comme une inconséquence du système [23]. Elle est, au contraire, la condition fondamentale permettant à une position empiriste de mener à bien une véritable neutralisation du sujet.

13.3.   LA NEUTRALISATION DU SUJET ET LA THÈSE D'UN MONISME LÉGAL.

Reprenons le problème de l'élaboration d'une « théorie constitutive ». Nous savons qu'il s'agit chez Husserl d'une thématisation de l'être, dont le statut objectif, bien qu'*index* de la recherche, ne se révèle finalement que sous forme de réalité seconde, sous forme de constitution d'un sujet qui seul doit être compris comme absolu. Ainsi le problème d'une théorie constitutive doit-il nécessairement se poser sous la forme d'une interrogation sur les fonctions constitutives universelles du sujet, et cette fonction qui aboutit à la « construction » de la nature objective, bien que possédant corrélativement le caractère d'*index* sur le plan méthodologique, n'apparaîtra que comme fonction spéciale, spécialisée, n'étant pas en mesure d'épuiser les capacités transcendantales du sujet.

Considérée en tant que processus opératif mené par un sujet singulier — la « subjectivité transcendantale » —, la constitution amène la question du rapport le plus général entre le sujet et l'objet au centre de la recherche. Considérée en tant qu'effet d'un processus opératif, en tant que formation d'un sujet, elle apparaît comme l'œuvre de la conscience singulière — bien que « transcendantale » —, donc

---

[23] Cf., par exemple, L. GOLDMANN, *Recherches dialectiques,* p. 35: « ... Hume réalisant par son attaque contre la causalité une des étapes principales dans le développement de l'empirisme, mais gardant encore la croyance en la valeur absolue du raisonnement mathématique, croyance qui constitue une inconséquence flagrante dans une vision empiriste du monde, que Kant, d'ailleurs, ne s'est pas fait faute de signaler, mais inconséquence qui semble être une contradiction interne de la plupart des systèmes empiristes puisqu'on la retrouve jusque dans les formes les plus extrêmes de l'empirisme moderne, dans les travaux de l'Ecole de Vienne. »

subordonnant toute recherche objective à la recherche des opérations
de la subjectivité. Le problème d'une théorie constitutive conçu comme celui de la « construction » de la réalité objective dans son ensemble apparaît donc lié étroitement à la notion d'un sujet producteur
du monde. La conception d'un sujet singulier, duquel dépend finalement le sens du monde, aboutit au privilège de la psychologie comme
science, non pas déjà, bien entendu, comme science naturaliste mais
comme discipline concernant la structure des processus conscientiels
transcendantaux producteurs de sens.

C'est dans le cadre d'une telle conception que la conscience apparaît soumise à une forme de détermination spécifique que l'on ne
saurait confondre avec la détermination causale: la constitution est,
pour Husserl, toujours l'œuvre d'une conscience guidée par des motifs
et la motivation échappe de par sa nature même à toute localisation
spatio-temporelle. Ainsi la distinction entre sujet producteur absolu
et réalité constituée finit-elle par s'exprimer sur le plan épistémologique sous forme d'une distinction des modes de la détermination légale et sur le plan méthodologique sous forme de nécessité d'une
approche spécifique à chacun de ces modes. Encore plus, non seulement le domaine de l'esprit apparaît chez Husserl en dehors du domaine d'effectivité de l'action causale de la nature physique, mais aussi
la science de cette nature entre en tant que telle dans le champ spécifique des sciences de l'esprit: comme œuvre spirituelle qu'elle est,
elle est régie par une détermination non causale.

Nous pouvons dire que le néo-positivisme se place dans la perspective d'une théorie constitutive « restreinte »: le problème est compris comme celui de la construction du *corpus* de propositions de la
science objective. Le remplacement du concept de « proposition protocolaire » et la conversion du problème gnoséologique de la relation
sujet-objet en problème logique de la relation entre les propositions
protocolaires et les autres propositions de la science sont, nous l'avons
vu, des pas décisifs vers une neutralisation du sujet. Le sujet étant
réduit à l'activité d'enregistrement verbal ou écrit de l'expérience, il
ne reste que la possibilité d'un savoir portant sur des déterminations
empiriques (spatio-temporelles) et d'un savoir de ce savoir ne visant
que les déterminations syntaxiques qui régissent les formules où s'exprime celui-ci. La neutralisation du sujet connaissant au centre du
projet naturaliste analysé par Husserl et Lukàcs trouve son accomplissement dans la primauté théorique accordée à la structure du langage en général et plus spécialement à celle du langage de la science
privilégiée: celle qui a affaire à des contenus finalement déterminables
sur le mode de la spatio-temporalité.

C'est dans ce contexte d'idées où le psychique disparaît non seulement comme un secteur privilégié mais aussi comme un domaine

spécial régi par une forme propre de légalité. Il serait équivoque, dit Neurath, par exemple, de dire que « la distinction entre le « psychique » et le « corporel » n'existe plus et qu'on aura substitué quelque chose qui est neutre ». Il ne s'agirait pas du tout de « quelque chose » mais simplement de corrélations de caractère physicaliste [24].

L'unité de la science fondée sur l'unité d'un langage scientifique apparaît ainsi liée intimement à la conception d'un monisme de la détermination: causalité et légalité sont indiscernables [25]. Les protocoles d'observation différant seulement par les contenus empiriques et non pas par d'impossibles différences des modes de corrélation empirique, la conduite des groupes humains peut s'étudier d'une façon analogue à celle des machines, des étoiles et des pierres [26]. L'intelligibilité des objets ne dépend plus alors de celle d'un sujet producteur: dans le cas des objets naturels comme dans celui des objets sociaux, l'intelligibilité est fondamentalement un problème de rapports à l'intérieur d'un langage — physicaliste.

Nous pouvons résumer les résultats de notre enquête dans le tableau de la page 164.

14. PSYCHOLOGIE ET SCIENCES SOCIALES.

Pour les théories qui se placent dans une perspective individualiste du sujet, la question de la définition de la psychologie semble être essentielle. « Le caractère problématique dont souffre la psychologie non pas seulement de nos jours, mais depuis des siècles — une crise qui lui est propre — a, dit Husserl, une importance capitale pour la manifestation de certaines inintelligibilités dans les sciences modernes [. . .] et, corrélativement, pour l'apparition d'un certain genre de problèmes généraux inconnus des temps antérieurs [27]. » Il en est ainsi, dans la mesure où une réflexion sur le sujet peut, dit-on, et doit nous fournir les conditions dans lesquelles sont pensés les objets. Il devient alors compréhensible que, pour Husserl, tous ces problèmes généraux « se ramènent au problème de la subjectivité et sont indissolublement liés au problème de l'objet (Thematik) et de la méthode de la psychologie [28] ». Car, dans la mesure où le sujet est conçu comme sujet singulier, posé comme une pure subjectivité, cette réflexion

---

[24] Cf. Otto NEURATH, Soziologie im Physikalismus, 4.

[25] C'est, plus exactement, une conception fonctionnaliste de la causalité qui prédomine dans le néo-positivisme: la détermination est conçue comme une relation fonctionnelle exprimant une interdépendance symétrique, à savoir la propriété x_1 est en relation avec les propriétés x_2, x_3 selon la forme précisée par la fonction f.

[26] Cf. Otto NEURATH, Soziologie im Physikalismus, 4.

[27] F. HUSSERL, Krisis, I, 2.

[28] Cf. ID., ibid.

SUJET-OBJET			SUJET/OBJET
Husserl		Lukàcs	Néo-positivisme
idéaux	*Paradigme :* production d'objets:	sociaux	*Paradigme :* construction de langages
mathématiques, logique	*Sciences para-digmatiques :*	sciences histo-rico-sociales	*Sciences paradig-matiques :* sciences de la nature
égologique	*Objectivité :* forme d'existence pour la conscience:	de classe	*Objectivité :* fondée sur les propriétés spatio-temporelles et/ou sur des rapports syntaxiques
singulier (ego = intersub-jectivité)	*Sujet :* (Activité de production d'objets)	pluriel (classe sociale)	*(Neutralisation du sujet)* (Activités de systématisation, de calcul)
Phénoménolo-gie : métho-de des scien-ces de l'esprit *Téléologie :* mode de détermination du monde social *Organicisme*	*Conséquences :* 1. Dualisme méthodologique 2. Dualisme légal 3. La catégorie de la totalité est privilégiée	*Dialectique :* méthode des sciences historico-sociales *Interaction :* mode de détermination du monde social *Totalisme social*	*Conséquences :* 1. Monisme méthodologique 2. Monisme légal: *causalité* 3. Atomisme

nous fournit, en même temps, le savoir des opérations qui sont subjectives au double sens de ce terme: en tant qu'opérations d'un sujet et qu'opérations d'une subjectivité.

Mais la question d'une définition de la psychologie apparaît aussi comme une question essentielle pour les théories « objectivistes » dans la mesure où elles n'ont pas achevé une véritable neutralisation du sujet et qu'elles demeurent attachées à la conception d'un sujet singulier. Cette situation est visible dans le premier essai de Carnap de construction d'une théorie constitutive. Nous verrons, en premier lieu, que la solution donnée au problème de l'objet *(Thematik)* et de la méthode de la psychologie semble être à l'origine des deux orientations possibles d'une doctrine individualiste: celles qui mènent soit à une forme de philosophie du *cogito,* soit à une forme de philosophie objectiviste.

Ce problème peut être posé dans les termes suivants: y a-t-il ou bien n'y a-t-il pas un mode spécifique de détermination dans le domaine du psychique humain ? On peut dire que le statut tout à fait particulier accordé à la psychologie par Husserl découle de la reconnaissance d'un mode de légalité spécifique aux phénomènes psychiques. La distinction entre téléologie et causalité, autrement dit, le dualisme de la détermination légale sert, en ce sens, à fonder un dualisme méthodologique. Une définition behavioriste de la psychologie pose, par contre, en termes de causalité les rapports de détermination des phénomènes psychiques, elle opère une véritable réduction physicaliste du domaine de l'« esprit ». Un monisme méthodologique va s'accorder alors avec un monisme de la détermination légale.

Or, ces deux perspectives du problème ont une prise immédiate sur la question de la nature et des méthodes des sciences sociales. Si le behaviorisme est défini par la tentative de transcrire dans des termes spatio-temporels les processus psychiques, alors non seulement serait ainsi fermé pour Husserl le chemin à une psychologie authentique, mais le chemin vers une sociologie authentique serait aussi barré car, nous le savons, la société est conçue par notre auteur comme une « personne d'ordre supérieur », donc soumise à une détermination non causale. Si le postulat d'une analogie stricte entre personne individuelle et l'ensemble des personnes ou « personne d'ordre supérieur » permet à Husserl de voir dans le mode de détermination présidant à la relation entre la conscience individuelle et ses objets, l'*index* du mode de la détermination sociale, aussi doit-on postuler une pareille analogie si l'on veut, comme le fait le néo-positivisme, définir la science sociale comme un *social behaviorism.* Aussi un behaviorisme social s'oppose-t-il d'une part aux doctrines qui reconnaissent une forme spécifique de la détermination psychique, d'autre part, à celles qui postulent la spécificité de la légalité sociale par rapport et à l'individu et à la nature physique et dont l'exemple nous a été fourni par la conception de Lukàcs.

Les positions de Husserl et de Neurath nous permettront d'étudier les perspectives qui commandent la résolution du problème des fondements de la sociologie à partir d'une philosophie « objectiviste » et d'une certaine forme de philosophie du *cogito.* La question d'une définition de la psychologie s'avère le point central de la discussion car c'est par rapport à cette question que nous pouvons organiser l'essentiel de cette problématique.

14.1. LA DÉFINITION ET LE RÔLE DE LA PSYCHOLOGIE DANS UNE « THÉORIE CONSTITUTIVE ».

Nous avons vu plus haut que le mouvement néo-positiviste n'a pas abouti à la construction d'une doctrine opposée à toute forme de philosophie du *cogito* en faisant l'économie de théories qui restent dans la perspective d'une philosophie de l'objet. Nous remarquions alors que sitôt que l'on tente d'éliminer les problèmes concernant la relation entre langage et réalité au moyen de la détermination onto-logique la plus simple, réapparaissent les problèmes « métaphysiques » traditionnels et particulièrement ceux en rapport avec la relation entre le sujet et l'objet de la connaissance.

Cette problématique s'exprime de la façon la plus adéquate dans la question des propositions protocolaires: ou bien celles-ci doivent trouver leur détermination à l'intérieur du système de langage de la science, ou bien en dehors de celui-ci. Dans le premier cas, le carac-tère protocolaire découlera de la seule exigence d'assurer la cohérence logique du système; il s'agira donc d'une détermination purement syn-taxique des éléments « premiers » du savoir. Dans le second cas, les difficultés d'une élucidation du concept de « proposition protocolaire » ne peuvent pas se résoudre par des moyens purement logiques; seule une réflexion portant sur le domaine extérieur au langage, le domaine des « objets », peut fournir le principe de détermination des éléments « premiers » du savoir.

Chez Wittgenstein par exemple, il est question d'un rapport entre les faits « atomiques » et les énoncés élémentaires dans lesquels doit se réduire toute proposition complexe afin de pouvoir être validée. Le problème de la localisation du point de départ du système du savoir est ainsi résolu grâce à la notion de « fait atomique », c'est-à-dire par le recours à une hypothèse de caractère ontologique.

Si l'on s'en tenait à la conception d'un point de départ absolu pour l'édification du système de la connaissance en éliminant cependant toute possibilité d'une « métaphysique », il ne restait, semblait-il, dans cette perspective, d'autre voie que celle consistant à remplacer le fait atomique par l'expérience vécue la plus simple, « atomique » elle aussi: ainsi les énoncés élémentaires trouvent-ils leur détermina-tion dans leur rapport aux expériences privées les plus élémentaires. Par là, on pourrait réussir, pensait-on, d'abord, à débarrasser le sys-tème du savoir de toute hypothèse ontologique; ensuite, à édifier le système sur des contenus, car il serait évidemment impossible de le faire sur de pures formes; finalement, à assurer le caractère empirique de ces contenus dont la seule source reste l'expérience sensible. C'est le propos de Carnap dans sa formulation d'une « théorie constitutive » sur la base de laquelle la construction logique du système entier des propositions de la science — système de validité intersubjective — soit possible [29].

La relation posée par Carnap entre les énoncés élémentaires et les contenus subjectifs, privés, de l'expérience sensible, suppose sans doute l'attribution au psychique propre, singulier, du caractère de domaine « premier ». Carnap lui-même caractérise par ailleurs de « solipsisme méthodologique » le point de vue qui préside à la formulation de cette théorie constitutive. Il était donc naturel que le problème posé fût celui de résoudre d'une façon adéquate, d'abord, le passage du donné psychique propre au donné réel physique; ensuite, la « constitution » du donné psychique étranger exigée par le caractère nécessairement intersubjectif des propositions de la science.

Cette succession de questions se retrouve en fait chez Carnap lui-même: le domaine du donné psychique étranger est fondé chez lui sur le domaine du physique et si celui-ci apparaît méthodologiquement comme second à l'égard du domaine du donné psychique propre, individuel, il fournit le point de départ épistémologique pour l'édification du système des propositions scientifiques.

Il est intéressant de comparer, ne serait-ce que brièvement, les essais entrepris par Carnap et par Husserl pour formuler une « théorie constitutive » et de tenter de découvrir les présupposés fondamentaux par rapport auxquels on peut comprendre les différences et les ressemblances décelables.

Dans le cas de Carnap nous avons sans doute affaire au problème d'une élaboration de ce que nous avons appelé une « théorie constitutive restreinte », théorie de l'édification ou du fondement du *corpus* des propositions de la science objective. Il s'agit chez Husserl d'une « théorie constitutive large », de la « construction » de la réalité dans son ensemble. Cette différence n'empêche pas l'identité des points de vue de nos auteurs sur, par exemple, la fonction assignée au corps dans la constitution du donné psychique étranger et le rôle joué dans celle-ci par l'intuition analogique. Elle n'empêche pas non plus que dans les deux théories l'objet physique est le pôle réglant véritablement sous une forme ou sous une autre le système entier des constitutions. Aussi toutes les difficultés résultant d'un choix solipsiste du point de départ de ce système sont présentes chez ces auteurs.

Deux points méritent cependant une attention particulière. Nous nous référons d'abord à la relation existant chez Carnap entre une considération « atomiste » de la réalité physique d'une part, et d'autre

---

[29] Dans ce paragraphe nous nous référons exclusivement à l'essai de construction d'une théorie constitutive entrepris par CARNAP dans *Der logische Aufbau der Welt*.

part l'exigence de poser un sujet singulier comme point de départ méthodologique de la réflexion gnoséologique; deuxièmement, au rôle tout à fait décisif que joue chez Husserl et Carnap une définition de la psychologie.

Nous avons vu que dans le débat d'idées néo-positiviste le principe atomiste héritait de Wittgenstein une nécessité de caractère essentiellement logique. Or, dans la première théorie constitutive de Carnap, ce principe trouve son fondement dans une doctrine où le sujet des données atomiques n'est autre que l'observateur individuel, solipsiste, de processus purement physiques. Qu'est-ce donc qui permet à la conception de Carnap de rester dans la perspective d'une philosophie de l'objet et de s'opposer à toute forme de philosophie du *cogito*, malgré la présence dans le système d'un sujet singulier ? La question est intimement liée au problème d'une définition de la psychologie.

Une des régularités posées comme intersubjectives *ab initio* par Carnap et dont le rôle est de collaborer à l'élaboration des concepts fondamentaux de la théorie constitutive est celle qui indique la connexion constante existant entre une expression (faciale, verbale, etc.) et des processus psychiques, autrement dit entre ceux-ci et le comportement physique du sujet. Chez Carnap c'est cette prémisse justement qui permet au sujet solipsiste de reconnaître dans l'autre un autre-sujet par l'intermédiaire du corps qui se comporte expressivement.

Observons que tandis que dans la constitution husserlienne d'autrui il est question d'un « transfert aperceptif » produit dans une « appréhension analogisante », c'est-à-dire de l'aperception de l'un conformément au sens de l'autre, il s'agit chez Carnap d'une véritable déduction par analogie. Le point est important car, dans le premier cas, la « transférence de sens » qui se produit dans l'intuition suppose, outre une réflexion préalable sur soi-même — en quelque sorte une introspection — la possibilité d'attribuer à autrui une structure psychique que rien d'essentiel ne relie à l'expression physique, celle-ci servant donc de simple indication de processus se déroulant chez autrui toujours conformément à eux-mêmes. Chez Carnap par contre la connexion nécessaire entre phénomène psychique et expression physique fait de cette dernière un révélateur adéquat et suffisant du phénomène; il s'agit ici en d'autres termes d'un *behavior :* le phénomène psychique étranger est inconnaissable s'il ne s'exprime pas toujours directement dans un comportement observable.

C'est donc la réponse offerte à la question sur la nature de la psychologie qui semble orienter une doctrine individualiste soit sur la voie d'une philosophie du *cogito*, soit sur celle d'une philosophie « objective ». Du moment que le néo-positivisme postule qu'à tout phénomène psychique doit correspondre une quelconque manifestation physique, et que par l'observation de ces manifestations on peut et on doit vérifier une affirmation quelconque sur des phénomènes psychiques, dès ce moment le néo-positivisme peut rester dans la perspective d'une philosophie de l'objet — physique — sans mettre en danger sa cohérence. *Une définition behavioriste de la psychologie en est cependant la condition.*

Il est intéressant de remarquer que, comme une sorte de contre-figure de la conception de Husserl, se développe dans le néo-positivisme un courant qui privilégie la psychologie dans le cadre d'une science unitaire et qui amène certains auteurs à ne voir dans le physicalisme qu'une forme spécifique de cette discipline à savoir, une psychologie physique, un behaviorisme logique.

Une définition behavioriste de la psychologie pose, avons-nous dit, en termes de causalité les rapports de détermination des phénomènes psychiques. Il se produit d'abord une véritable réduction physicaliste du domaine de l'esprit. Cette réduction s'inscrit dans le cadre d'un monisme de la détermination dans lequel s'élaborera ensuite une sociologie empiriste.

Ainsi la question d'une définition de la psychologie apparaît en quelque sorte au niveau de coupure entre les schèmes conceptuels représentés par les conceptions de Husserl et de Carnap. En d'autres termes, il devient possible de restructurer l'essentiel de chaque conception sur la base des réponses offertes au problème de la nature et des méthodes de la psychologie.

14.2. DISCUSSION AUTOUR DES FONDEMENTS DE LA SOCIOLOGIE: HUSSERL ET NEURATH.

Un des premiers travaux consacrés au thème d'une sociologie empiriste est dû à Otto Neurath. En plus de sa valeur historique dans la problématique du néo-positivisme, l'essai de Neurath développe deux thèses dont la première retiendra spécialement notre attention: une sociologie authentiquement scientifique doit être construite comme « behaviorisme social »; ce behaviorisme serait, par ailleurs, représenté par le marxisme. *Soziologie im Physikalismus,* écrit vers 1931, se situe dans la conception restreinte du physicalisme — ou « ancien physicalisme » —, mais la reconnaissance du marxisme comme sociologie empiriste conduit l'auteur à certaines positions épistémologiques qui seront par la suite soutenues plutôt par les adversaires d'un néo-positivisme strict. C'est pourquoi le behaviorisme social que propose Neurath n'est pas un exemple pur, du moins sur le plan épistémologique, des positions néo-positivistes.

Cependant une étude comparative des positions de Neurath et de Husserl nous permet de voir quels arguments ont été développés autour du problème des fondements de la sociologie dans le cadre d'une perspective objectiviste et de mesurer l'écart existant à cet égard entre celle-ci et une certaine forme de philosophie du *cogito*. A cette fin, l'essai de Neurath se montre notamment approprié. La discussion peut être organisée de la façon suivante.

1°   Tout autrement que chez Husserl, où la science — objective — n'est que l'étude d'une forme très particulière du constitué, donc n'embrasse pas la totalité des questions susceptibles d'être posées sur l'être, le corpus des propositions scientifiques épuise pour Neurath la somme de tous les énoncés cognitifs.

2°   Husserl partage avec Neurath le programme d'une science unifiée, d'une discipline universelle de l'être de droits absolus. Tous les deux sont d'accord quant au rejet explicite de toute *Weltanschauung* comme Idée — au dire de Husserl — limitée à une époque particulière ou à un groupe particulier d'individus et qui s'oppose à la science, Idée d'un but situé dans l'infini, donc supratemporelle et n'admettant pas de versions. Cette coïncidence partielle disparaît cependant aussitôt qu'il est question de savoir par quelle méthode et sur quels matériels la construction de cette discipline universelle s'effectuera.

3°   Neurath place d'abord le problème au niveau du langage: la construction d'une science unifiée exige un langage unifié avec sa syntaxe unifiée. Une telle construction est possible pour Neurath parce qu'il y a un langage universel qui épuise tout le domaine de la signification: celui de la physique. Il s'agit, chez Husserl, de la possibilité de « déduire » génétiquement les conditions de tout le savoir humain des conditions de la conscience. C'est l'unité de la conscience — transcendantale —, donc la discipline de l'être dans (et de) la conscience singulière et absolue qui fonde la possibilité d'un savoir unifié. Si la science objective de la nature n'étudie qu'une forme du constitué par la conscience, deux conséquences s'ensuivent alors: d'abord, aucune science objective ne peut prétendre au statut de science universelle; ensuite, le champ de l'être peut être thématiquement dédoublé: à côté des sciences de la nature qui visent l'être constitué objectivement, les sciences de l'esprit surgiront, sciences dont le sujet est la subjectivité humaine dans son rapport conscient avec le monde et, inversement, le monde qui vaut pour cette subjectivité.

4°   Le dualisme épistémologique et méthodologique auquel aboutit Husserl est regardé par Neurath comme un « résidu de théologie ». Neurath souligne que c'est dans la dé-naturalisation du psychique opérée par la théologie et dans la subséquente organisation hiérarchique des entités que se trouve l'origine des dichotomies réalité-idéal, être-devoir et finalement science de la nature-science de l'esprit. Comme

Husserl, Neurath accorde un rôle fondamental à la psychologie et voit dans les insuffisances et les obscurités de cette science la cause, dans une large mesure, de l'incertitude qui affecte les disciplines humaines. Cependant, en opposition radicale à Husserl, il maintient la nécessité d'une psychologie totalement naturalisée, c'est-à-dire complètement behavioriste.

5° Le monisme de la science unifiée se présente chez Neurath sous cette lumière comme la conséquence ou l'expression de la forme unique et universelle des corrélations observées. Avec l'incorporation à un système unique de tous les énoncés physicalistes, la distinction entre philosophie de la nature et philosophie de l'esprit corrélative à la séparation entre sciences naturelles et sciences de l'esprit est, de cette façon, éliminée. L'unification de la science ne peut pas pour Husserl se réaliser sur la base d'une science objective — comme ici la physique — parce que, contrairement à Neurath, il affirme l'existence de « diverses causalités » ou, plus précisément, de modes divers de détermination. Toutes les lois ne peuvent pas se combiner entre elles parce qu'il n'y a pas seulement des corrélations de nature physicaliste. Pour Husserl, les événements psychiques correspondent sans aucun doute à des actions causales exercées par les choses sur l'organisme; il y a donc une couche de relations stimuli-réponses de type behavioriste, mais l'organisme, ou plutôt une certaine couche de l'organisme humain est le lieu de conversion des rapports de causalité en rapports de conditionnalité. Une science de l'esprit définie par le rapport conscient de l'homme avec le monde doit donc thématiser ses objets selon le mode de la vie de la conscience: à la détermination causale qui régit les objets — physiques — correspond, dans l'ordre des sujets — spirituels —, la « motivation ». Bien entendu, la possibilité de physicalisation d'énoncés compréhensifs est fondée chez Neurath sur la thèse de l'inexistence de phénomènes ou de processus non empiriques, c'est-à-dire, dans le langage de Carnap, non susceptibles d'être enregistrés sous des déterminations d'ordre spatio-temporel. Or, c'est cette thèse que rejette explicitement Husserl et, avec elle, les prétentions impérialistes du naturalisme. L'activité du sujet exercée sur les choses crée ou modifie selon lui le sens de leur être. La culture — y compris les sciences en tant que productions culturelles — peut être considérée comme un ensemble de « prédicats signifiants », comme un ensemble de « résultats » de la vie spirituelle. Mais ces prédicats ne sont pas, pour Husserl, des réalités dans le même sens de la réalité physique, ils n'existent pas à la façon des choses, c'est-à-dire sous des déterminations d'ordre spatio-temporel.

*

* *

Le tableau ci-dessous montre d'une façon abrégée les deux lignes qui vont d'une réponse au problème de la nature et des méthodes de la psychologie à une réponse au problème de la nature et des méthodes de la sociologie dans le cadre d'une forme de philosophie du *cogito* et d'une forme de philosophie objectiviste.

Husserl	Carnap
PSYCHOLOGIE	
Téléologie : mode de légalité spécifique.	*Causalité* = légalité.
Dualisme de la détermination légale.	*Monisme* de la détermination légale.
Dualisme méthodologique.	*Unité* de la méthode scientifique.
Psychologie phénoménologique.	*Définition behavioriste de la psychologie.*
PHILOSOPHIE DU *COGITO*	**PHILOSOPHIE OBJECTIVISTE**
Unification de la science: *dans et par la philosophie.*	*Unification* de la science : *processus de physicalisation.*
L'unité de la conscience fonde la possibilité d'un *savoir unifié dans la philosophie.*	Le monisme de la détermination fonde la possibilité d'un *savoir unifié dans la physique.*
Psychique vs. nature.	*Naturalisation du psychique.*
Compréhension vs. observation (extérieure).	*Observation empirique.*
Sciences de l'esprit vs. sciences de la nature.	*Behaviorisme social.*
Husserl	Neurath
SOCIOLOGIE	

La problématique de la connaissance historique et sociale chez Popper.

Quelles sont les formes prises par la question du savoir historique dans la problématique qu'organisent ces schèmes conceptuels ?

Les deux cas d'une philosophie du *cogito* que nous avons considérés, bien que divergents de par leur conception du sujet, coïncident sur le point suivant: le sujet est vu non seulement comme *condition* de la réflexion, il est aussi pensé comme *vérité* d'un processus. La conception de l'être apparaissait dès lors associée à un savoir philosophique de l'histoire, car le processus de production était conçu comme doublement historique: il réalisait l'histoire en même temps qu'il y trouvait sa propre réalisation. Une hypothèse de l'aliénation reliait par ailleurs les aspects ontologiques et gnoséologiques du con-

cept de production mais, nous l'avons vu, dans des directions différentes, de sorte que ce savoir apparaît dans un cas comme prémisse,
comme conclusion de la démarche réflexive dans l'autre:

	Husserl		Lukàcs
Lukàcs	Sujet — Objet (production) — *Niveau gnoséolo- gique* —	Hypothèse de l'aliénation. ←	Classe sociale: sujet producteur du monde social. — *Niveau de l'ontologie.* ↑
Husserl	↓ Intersubjecti- vité: sujet producteur du monde. — *Niveau de l'ontologie.*	Hypothèse de l'aliénation. ——→	Philosophie de l'histoire.

Malgré cette différence, les deux cas d'une philosophie du *cogito*
que nous avons étudiés aboutissaient à une conception de l'histoire
présentant des traits communs, à savoir unicité et direction unique
du développement historique, homogénéité du temps historique, périodicité de l'histoire dans son ensemble, primauté du présent, continuité ou persistance des éléments historiques et progression de l'histoire.

Cette conception de l'histoire se trouvait d'autre part formulée
dans le cadre de deux théories dont les caractéristiques fondamentales
d'un point de vue épistémologique se résument dans l'assertion d'un
anti-naturalisme. Cet anti-naturalisme s'exprime d'une façon particulièrement nette dans les thèses suivantes: le dualisme méthodologique,
le dualisme légal et l'appartenance du concept de la totalité au seul
ensemble conceptuel des sciences historico-sociales. Pourrait-on fonder une position anti-naturaliste sur une, et seulement une de ces
thèses ou faut-il, au contraire, poser l'existence d'un rapport indissoluble entre chacune de ces thèses et une position anti-naturaliste
conséquente ?

C'est à l'occasion d'une critique de l'historicisme que Husserl et
Lukàcs affirment l'impossibilité de définir l'anti-naturalisme à partir
du seul dualisme de la méthode [30]. L'historicisme prouverait, en effet,

---

[30] Les éléments fondamentaux d'une critique de l'historicisme se trouvent,
chez HUSSERL, dans *La Philosophie comme Science rigoureuse*, p. 99 et suiv.,
Recherches logiques, t. 1, chap. VII et *Idées directrices pour une Phénoménologie*,
chap. 1er, par. 2 et 8; chez Lukàcs, dans *GK*, p. 190 et suiv.

que l'assertion de ce dualisme ne garantit pas contre les séductions de l'empirisme et, à travers lui, du point de vue naturaliste. Une critique de l'empirisme est donc chez Husserl et Lukàcs solidaire d'une approche historique qui ne devrait nullement se confondre avec une perspective historiciste ni, bien entendu, non plus avec une forme quelconque de naturalisme. Nous retiendrons de cette critique les points suivants: tout d'abord, les concepts de « totalité » et d'« essence » jouent dans les deux systèmes un rôle semblable et forment partie, comme des termes déterminants, de deux séries d'oppositions par rapport auxquelles le concept d'empirisme trouve sa définition.

En effet, celle-ci s'organise chez Husserl à partir de la dualité postulée du fait et de l'essence, au lieu que pour Lukàcs le concept d'empirisme se rapporte plutôt à la différence existant entre une considération partielle, particulière, des faits et une considération visant l'intégration du fait dans le complexe de déterminations — ou « totalité » — auquel il appartient réellement. Le rôle de ces deux concepts est, dans chaque système, celui de fixer les conditions — et la nécessité — d'une connaissance portant au-delà des faits et de leurs connexions tels que conçus par l'empirisme: essence et totalité impliquent un ordre de réalité par rapport auquel le visible (l'expérience sensible ou l'expérience immédiate) devient réellement compréhensible.

La critique de la conception historiciste de la société et de l'histoire suppose donc des approches ou des méthodes d'un nouveau genre qui, seules, nous permettraient de saisir la réalité historique.

Le savoir de l'histoire véritable apparaît, nous l'avons vu, comme prémisse chez Lukàcs, chez Husserl comme conclusion de la démarche réflexive. Il est le préalable de la découverte du sujet dans un cas, dans l'autre il est le résultat de cette découverte. Ainsi pour Husserl l'absolu est placé en dehors de l'histoire et toute validité — toute objectivité — échappe à la temporalité propre d'une histoire empirique. Ainsi pour Lukàcs l'histoire est la source d'une forme temporelle d'absolu: toute validité — et toute objectivité — ne peuvent être comprises que par rapport à un moment historique. L'histoire est un projet du sujet dans laquelle celui-ci se réalise, pour Husserl; pour Lukàcs le sujet est un projet de l'histoire universelle qui se réalise elle-même dans le sujet. A la primauté de la détermination téléologique qui subordonne la forme de la méthode historique chez Husserl correspond chez Lukàcs la primauté de la détermination par interaction à laquelle se subordonne une considération totaliste de l'histoire.

Dans les deux cas cependant l'histoire est plus qu'une dimension de l'être: l'être est conçu lui-même comme histoire, plus particulièrement, il ne peut être saisi que comme histoire. L'erreur de l'historicisme ne résiderait donc pas pour nos auteurs en ce qu'il fait de l'historique la dimension privilégiée, mais en ce qu'il place l'historique au niveau de la simple empirie — du sensible ou de l'immédiatement reconnu —, tombant, par là même, dans une naïveté qui est, par ailleurs, commune à toutes les formes de l'empirisme.

Or, quelle réponse a trouvé le problème de l'histoire dans le cadre de ce que nous avons appelé le schème conceptuel d'une philosophie objectiviste ?

Nous consacrerons la dernière partie de ce travail à l'analyse de la conception popperienne de la connaissance historique et sociale. Il ne s'agira pas d'analyser une forme exemplaire de ce schème. A la rigueur, aucun schème conceptuel n'admet une réalisation exemplaire. Il s'agira seulement d'étudier d'une façon intégrale une forme de philosophie objectiviste, autrement dit, une variante ou un cas de ce schème conceptuel qui a trouvé sa réalisation dans la conception de Popper. Ce qui justifie dans notre perspective un examen de cette conception est qu'il montre l'impossibilité d'éliminer la notion de sujet dans un système qui ne se dérobe pas au problème de la connaissance historique et, par là même, la façon dont une philosophie objectiviste peut — et doit — penser le sujet dans le cadre de ses principes de base.

Nous avons vu que chez Husserl et Lukàcs l'historicisme peut être caractérisé par l'affirmation suivante: l'empirie sociale (ou les « faits de la vie de l'esprit ») est la source dernière — au sens de « fondatrice » — du savoir de l'histoire. Chez Popper, l'historicisme est défini par la thèse selon laquelle l'histoire est la seule source empirique du savoir du social. Cette définition renvoie à l'opposition entre connaissance du singulier et connaissance du général qui, tout comme dans le cas des séries dichotomiques rencontrées chez Husserl et chez Lukàcs, peut être qualifiée de principale parce qu'elle commande une définition particulière de l'empirisme et, partant, une conception différente de l'histoire.

Husserl	fait	/	essence
Lukàcs	considération partielle	/	considération totaliste
Popper	connaissance du singulier	/	connaissance du général

En effet, tandis que chez Husserl et Lukàcs l'empirisme historiciste est attaché aux premiers termes des deux oppositions, chez Popper il apparaît lié au second terme de la troisième opposition. Or, quelle est la signification de cette différence ? Il ressort que l'historicisme est rejeté par Popper non seulement parce que cette position suppose que le savoir de l'histoire peut être le point de départ d'une connaissance générale, mais aussi, et fondamentalement, parce qu'elle ne voit pas que toute connaissance singulière doit être considérée comme un savoir historique à proprement parler.

Trois conséquences majeures découlent de cette affirmation. En premier lieu, le concept de sciences historico-sociales devient un non-sens, car une opposition de principe s'établit entre, d'une part, le savoir portant sur le général, d'autre part, celui visant l'individuel ou le singulier. En second lieu, cette opposition se substitue à celle entre sciences de la nature et sciences de l'esprit (ou historico-sociales) car le domaine du singulier et celui du général ne relèvent d'aucune thèse ontologique. En troisième lieu, toute distinction de formes de la détermination légale disparaît au profit d'une distinction conventionnelle. En effet, le système de Popper repose sur une définition de l'historique ou, plus exactement, du savoir historique comme celui qui s'attache à la connaissance du singulier, et cette définition constitue un véritable postulat.

On comprend dès lors que, tout comme chez Husserl et Lukàcs, la dichotomie naturalisme / anti-naturalisme ne joue, dans la critique de Popper, qu'un rôle secondaire, en ce sens qu'elle ne suffit pas non plus à définir une position historiciste. Si le système cherche cependant à fonder d'une façon réellement solide un dualisme méthodologique, autrement dit à fournir les bases authentiques de l'anti-naturalisme chez Husserl et Lukàcs, il s'agit pour Popper de sauvegarder le principe moniste, c'est-à-dire l'unité de la méthode scientifique. Dans ce but Popper avancera un certain nombre de thèses épistémologiques qui peuvent être organisées à partir de la dichotomie fondamentale connaissance du singulier / connaissance du général. Il deviendra dès lors possible de montrer que son interprétation de l'histoire humaine découle d'une façon logique de cette position sur l'épistémologie de l'histoire.

15. SAVOIR THÉORIQUE / SAVOIR HISTORIQUE.

L'idée centrale chez Popper est la suivante: l'histoire est un point de vue, une perspective, une approche, une façon d'accéder aux phénomènes, complémentaire mais différant logiquement du véritable point de vue théorique.

Cette thèse s'en prend d'emblée au concept même de « sciences historico-sociales » qui devient contradictoire dans ses propres termes si l'on entend par « science », « connaissance du général ». Car le savoir ou la perspective historique consisterait justement dans la connaissance du singulier et du particulier. L'argument présenté à l'appui de cette conception est le suivant [31]: le découpage des phénomènes est orienté en fonction de deux genres d'intérêt. Le chercheur peut être intéressé soit à ce qui est commun à des classes de phénomènes, soit à ce que les phénomènes ont de singulier ou de particulier. C'est toujours la question que le chercheur pose qui définit l'objet scientifique et toutes les questions découlant des deux types d'intérêt peuvent être posées à n'importe quel objet réel. Dans un cas le principe qui guidera le découpage sera la possibilité de regrouper des aspects sous un ensemble de règles logiquement liées. Dans l'autre cas le découpage tendra non pas à établir des règles d'applicabilité générale mais à répondre à une question particulière. En somme, ou bien le chercheur peut avoir l'objectif de formuler des lois, ou bien il peut prétendre à l'explication d'une situation unique [32].

L'étude historique et l'étude théorique d'un sujet, bien que différant logiquement et obéissant à des intérêts divers de la recherche constituent cependant pour notre auteur des moments ou des applications de la méthode unique des sciences empiriques. En effet, l'explication d'un phénomène ou d'un groupe particulier de phénomènes est conçue comme une conjonction logique dont un des termes est nécessairement une proposition d'un haut degré de généralité, une loi. Corrélativement, la vérification d'une loi peut logiquement s'exprimer sous la forme d'une conjonction dont un des termes est nécessairement la description d'un phénomène singulier. Bien entendu, ce ne serait qu'en histoire que nous nous intéresserions réellement à l'explication causale d'un événement singulier. Dans les sciences théoriques, les explications causales de ce genre seraient principalement des moyens en vue d'une fin différente: la vérification de lois universelles.

Mais la tâche de l'historien ne s'épuise pas pour Popper dans l'explication d'événements particuliers. Elle ne consisterait pas seulement dans le « debrouillement des fils de causalité », elle embrasserait aussi la description d'un événement particulier en tant que tel, c'est-à-dire la description de la manière « accidentelle » dont ces fils de causalité se présentent entremêlés.

---

[31]   Cf. Karl POPPER, *Misère de l'Historicisme*, chap. **IV**.

[32]   Une variante de la thèse de Popper qui fait de l'histoire un point de vue méthodologique repose sur l'affirmation suivante: le critère du découpage des phénomènes n'est pas l'intérêt pour l'individuel opposé à celui pour le général, mais l'intérêt pour le structurel — compris comme « statique » — opposé à celui pour le processuel — compris comme « dynamique » —. Deux conditions additionnelles doivent cependant être formulées, à savoir, premièrement, les catégories du nouveau découpage s'exercent sur n'importe quelle classe de phénomènes; deuxièmement, la distinction entre considération structurale et considération procesuelle ne porte pas atteinte au principe de l'unité de la science. Nous trouvons réalisée cette variante de la thèse de Popper par exemple chez Gustav Bergmann (cf. G. BERGMANN, *Philosophy of Science,* p. 99 et suiv.).

Cette accidentalité qui fait l'unicité de l'événement en question n'est considérée par Popper que comme un produit de l'attitude de l'historien: celui-ci peut choisir en effet, soit d'expliquer, soit de décrire. Lorsque l'historien essaie de décrire un fait « unique » il a choisi de se désintéresser de l'explication; lorsqu'il explique, il essaie en revanche de subsumer le fait sous la classe ou le genre d'événements auquel appartient le fait [33].

15.1. LA DISTINCTION ENTRE SAVOIR THÉORIQUE ET SAVOIR HISTORIQUE, ET L'HISTORICISME.

Pour l'historicisme, l'histoire et la société sont l'objet d'un savoir différent de celui des sciences de la nature. En effet, tandis que ces dernières chercheraient à connaître des régularités générales, les « sciences de l'esprit » *(Geisteswissenschaften)* seraient essentiellement des sciences du singulier et de l'unique. La distinction popperienne entre savoir théorique et savoir historique coïncide avec celle établie par Cournot entre sciences « nomothétiques » ou généralisantes et sciences « idiographiques » ou individualisantes, laquelle est reprise par Dilthey et développée surtout par Rickert [34].

Dans le cas des penseurs historicistes cette distinction accompagnait un dualisme méthodologique strict et faisait ainsi partie d'un *corpus* d'arguments visant le fondement d'une position radicalement anti-unitaire. Qu'est-ce qui permet à Popper de maintenir cette distinction dans le cadre d'un monisme méthodologique et de la faire servir au programme d'une science unifiée ?

Rappelons que le caractère « idiographique » du savoir historico-social et la formulation d'une méthode spécifique pour les « sciences de l'esprit » reposent chez les historicistes sur une distinction préalable et fondamentale, à savoir que le royaume de l'esprit — de l'âme ou du psychique — constitue un domaine de réalité en un certain sens séparé, autonome et différent de celui des choses — physiques [35].

---

[33] Von Hayek exprime la même idée de la façon suivante: tout essai d'explication d'un phénomène est historique « si nous ne prenons pas la peine de considérer un nombre suffisant de ses aspects ou pour s'exprimer différemment aussi longtemps que nous ne choisissons pas délibérément les seuls aspects de la réalité qui entrent dans la « sphère » de l'un quelconque des systèmes de propositions liées que nous considérons comme des sciences théoriques distinctes » (F. VON HAYEK, *Scientisme et Sciences sociales,* p. 74).

[34] Une distinction semblable se trouve aussi chez Aristote. La science et même la poétique portaient pour lui sur le général, et l'histoire sur le particulier: « Aussi, dit Aristote, la poésie est-elle plus philosophique et d'un caractère plus élevé que l'histoire; car la poésie raconte plutôt le général, l'histoire le particulier » (ARISTOTE, *Poétique,* 1451 b). Cependant les néo-positivistes, dont Popper, assimilent l'explication en histoire au modèle aristotélicien du syllogisme « *per causam* » — scientifique —, comme nous le verrons plus tard.

[35] Cf. W. DILTHEY, *Introduction à l'Etude des Sciences humaines* et H. RICKERT, *Die Grenzen der naturwissenschaflichen Begriffsbildung.*

Une hypothèse ontologique fonde donc la nécessité du dualisme méthodologique et la distinction des deux formes du savoir. Aussi peut-on voir une connexion stricte entre le domaine des phénomènes historico-sociaux, les « sciences de l'esprit », la méthode de la compréhension et un savoir de type individualisant d'une part, d'autre part entre le domaine des choses, les sciences de la nature, la méthode physico-mathématique et un savoir de type généralisant.

Or, la conception popperienne, en essayant de se débarrasser de tout ontologisme, fonde la distinction entre savoir théorique et savoir historique sur une décision de nature purement méthodologique: c'est l'intérêt théorétique de l'homme de science qui définit les formes du savoir.

Cette thèse implique d'abord que le découpage des phénomènes, c'est-à-dire la construction de l'objet scientifique, doit être considéré comme une activité du chercheur. Mais elle implique aussi l'affirmation selon laquelle on ne trouve pas un domaine de phénomènes possédant des traits spécifiques. Ainsi est-il permis de conclure que les mêmes catégories régissent toute forme de connaissance, qu'il n'y a qu'une science de la réalité ou une méthode unique pour la connaissance de la réalité.

La différence entre cette thèse et celle soutenue par les penseurs historicistes ressort clairement si nous nous souvenons de ce que, pour Rickert, « s'il est peut-être plus difficile de trouver des lois historiques (de l'histoire humaine), il n'y a cependant pas le moindre fondement qui puisse nous faire considérer l'aboutissement de cette recherche comme à jamais impossible [36] ». Car, tandis que pour l'historicisme le caractère individualisant du savoir historique est déterminé par la nature spécifique des objets de ce savoir, l'impossibilité de trouver des lois historiques pouvant donc être considérée comme une impossibilité de fait susceptible de disparaître dans une certaine mesure par une connaissance plus parfaite de ces objets, pour le néo-positivisme c'est, au contraire, la forme individualisante d'un savoir qui crée les objets historiques, et l'impossibilité de trouver des lois historiques est une impossibilité de droit, absolue et *a priori* en tant qu'elle répond à une décision méthodologique.

Popper souligne d'une façon spéciale que, en plus de s'intéresser à l'explication et à la vérification d'événements particuliers, l'histoire s'intéresse aussi à la description d'un événement particulier comme tel. Dans les deux premiers cas, l'historien doit faire appel à des lois ou à des théories lesquelles, bien entendu, lui sont fournies par les scien-

---

[36] H. RICKERT, *ibid.*, p. 229.

ces dites « théoriques ». Dans le dernier cas, il s'agirait d'étudier des aspects que l'on n'essaie pas d'expliquer causalement, telle, selon Popper, la simultanéité « accidentelle » d'événements entre lesquels il n'y a pas de relation causale.

Cette précision de Popper est importante car, contre l'argument historiciste qui fonde le caractère individualisant de la méthode historique sur l'affirmation que c'est dans la société que se trouve le royaume de la nouveauté « intrinsèque », la thèse néo-positiviste fait de cette nouveauté « intrinsèque » une simple affaire d'appréciation. Ainsi, lorsqu'un historiciste affirme — comme Dilthey — que la nouveauté historique ne peut être saisie que par des méthodes spécifiques parce qu'on ne peut lui appliquer le modèle « naturaliste » d'explication, il ne verrait pas, selon Popper, que n'importe quel événement peut être considéré tantôt comme unique (comme une « nouveauté ») et tantôt comme typique, c'est-à-dire du point de vue de son explication causale [37].

15.2. « L'HISTOIRE DE L'HUMANITÉ N'EXISTE PAS. »

La prémisse ontologique établie par l'historicisme à la base de la distinction entre le savoir individualisant et le savoir généralisant pose l'exigence d'offrir une issue méthodologique cohérente au problème suivant: d'une part, tant que l'on affirme la réalité de l'histoire humaine, la question de l'unicité de celle-ci, c'est-à-dire la question d'une histoire universelle ne peut être esquivée; d'autre part, si, comme le soutenait Rickert, l'objet historique est toujours en rapport avec une valeur qui existe nécessairement en tant que dans tout événement historique s'exprime une prise de position humaine à l'égard d'une valeur, il faut trouver un cadre de valeurs par rapport auquel la totalité de l'histoire humaine puisse être appréhendée comme son expression. En d'autres termes, le problème de l'histoire universelle contenu dans la prémisse historiciste ne peut trouver sa résolution que par la constitution d'une philosophie de l'histoire.

Popper trouve dans les arguments mêmes qui supportent la distinction entre sciences historiques et sciences théoriques les éléments suffisants pour débarrasser l'étude de l'histoire humaine non pas de toute « philosophie » (nous aurons l'occasion de voir que c'est bien tout le contraire), mais d'une philosophie qui prétendrait d'une part à être l'expression d'une histoire humaine pensée comme un tout, d'autre part, à être la seule expression valable de cette histoire. Or, Popper ne réussit dans cette tâche — et ne peut réussir — qu'au prix de la perte de l'unicité de l'histoire humaine.

---

[37] Cf. Karl POPPER, *Misère de l'Historicisme*, p. 144-145.

En effet, Popper remarque que les historicistes croient que « c'est l'« histoire elle-même » ou l'« histoire de l'humanité » qui détermine, *de par ses lois intrinsèques,* nos vies, nos problèmes, notre futur et même nos points de vue ». Mais les historicistes ne se rendent pas compte, ajoute-t-il, que c'est « nous-mêmes qui choisissons et mettons l'ordre dans les faits de l'histoire [38] », c'est-à-dire *qui créons l'objet historique.* Ainsi, bien que certains auteurs et parmi eux Rickert lui-même se soient aperçus du fait que toute reconstruction historique dépend de nos intérêts, aucun d'eux, dit Popper, n'en a tiré cependant cette conséquence « révolutionnaire » : bien qu'il puisse y avoir des histoires, il ne peut jamais y avoir *une* histoire, c'est-à-dire qu'on ne peut jamais avoir une narration du développement humain « tel qu'il s'est passé dans la réalité [39] ». En ce sens, conclut Popper, l'on peut affirmer que « l'histoire de l'humanité n'existe pas; il existe seulement un nombre indéfini d'histoires de toutes sortes d'aspects de la vie humaine [40] ».

On comprend dès lors que, dans cette perspective, la question : y a-t-il des lois historiques ? est dépourvue de sens. Puisque les lois sont des régularités existant entre des classes d'événements et, puisque le savoir historique est défini comme un savoir portant sur le singulier ou l'individuel, il en résulte que l'expression « loi historique » est contradictoire en ses termes. Mais le caractère contradictoire de cette expression apparaît si, et seulement si l'on accepte sous sa forme néo-positiviste la distinction entre savoir théorique et savoir historique.

Or, la thèse de Popper que nous examinons n'est pas indépendante d'une théorie de la loi. Bien au contraire, la critique de l'expression particulière « loi historique » repose sur une définition du concept général de la loi, ce qui ressort en toute clarté lorsque, comme nous avons essayé de le faire, nous nous attachons à regarder la problématique en termes de la dispute historiciste.

15.3. LA CONCEPTION POPPERIENNE DE LA LOI ET LES PROPOSITIONS HISTORIQUES.

La conception popperienne de la loi se place dans une perspective strictement logique. Elle repose, en effet, sur le seul critère du degré de généralité requis d'une proposition légale. L'application de ce critère permet, en premier lieu, de distinguer les propositions légales du reste des propositions; en second lieu, d'affirmer — ou de

---

[38] Cf. ID., *The Open Society and Its Enemies,* chap. 25, III. Souligné par nous.
[39] Cf. ID., *ibid.,* chap. 25, note 9.
[40] Cf. ID., *ibid.,* chap. 25, IV.

rejeter — l'existence de propositions légales historiques compte tenu de la nature logique de ces propositions. Nous nous référerons d'abord à la thèse selon laquelle toute proposition légale doit avoir une forme logique universelle. Nous examinerons ensuite le problème posé par certaines propositions historiques qui, parce qu'elles sont vues comme des assertions singulières, ne sont pas considérées comme légales par Popper.

L'exigence d'universalité pour les propositions légales est formulée par Popper dans *The Logic of Scientific Discovery* dans les termes suivants: « ... je pense [. . .] que c'est plus fécond et plus utile de considérer les lois naturelles comme des propositions synthétiques de caractère rigoureusement universel (« *all-statements* [41] »). » Dans cet ouvrage notre auteur signale les deux conditions que doivent satisfaire toutes les propositions légales universelles: premièrement, elles doivent être « strictement universelles », c'est-à-dire elles doivent être des assertions « qui sont données pour vraies toujours et partout, et dans lesquelles n'intervienne aucun terme d'individu mais seulement des termes universels »; deuxièmement, les propositions légales universelles doivent pouvoir être falsifiables par des moyens empiriques [42]. Si par « proposition historique » nous comprenons une proposition référée soit à des individus, soit à des classes finies d'individus, alors cette proposition ne serait pas légale. Le rejet de l'expression « loi historique » et, par conséquent, la négation du caractère théorique de l'histoire se fonderait ainsi sur une conception générale de la loi ou, plus exactement, sur une détermination logique de la notion de proposition légale.

Mais un problème se pose alors à l'égard de ce qu'il faut comprendre par « assertion singulière » ou, plutôt, à l'égard de certaines propositions historiques qui, parce qu'elles sont vues comme des assertions singulières, ne sont pas considérées comme légales. Nous examinerons les arguments sur lesquels reposent les affirmations suivantes de Popper.

1° Les propositions qui énoncent des régularités de l'évolution historique ne sont pas légales.

2° Les propositions qui énoncent des tendances historiques ne sont pas légales.

---

41 Cf. ID., *The Logic of Scientific Discovery*, p. 64.

42 Cf. ID., *ibid.*, part. II, chap. III, 13, 14 et 15. Hempel et Oppenheim ont essayé d'élucider d'une façon achevée le concept popperien de « forme universelle » d'une proposition. Comme ils l'avouent eux-mêmes, cette tâche se heurte cependant à des difficultés logiques qui semblent insurmontables (cf. C. HEMPEL, P. OPPENHEIM, *The Logic of Explanation*, III, 6.

Les arguments présentés par notre auteur veulent démontrer que ces propositions sont, en vérité, des assertions singulières [43].

Qu'est une hypothèse évolutionniste ? C'est, selon Popper, une explication d'un grand nombre d'observations par la supposition de l'ascendance commune des formes observées. Bien qu'il s'agisse d'une hypothèse, et d'une hypothèse tirée d'une multitude d'observations, une proposition énonçant des régularités dans l'évolution de la société humaine se référerait à un processus historique unique: elle serait donc une assertion singulière ou spécifique.

Une hypothèse évolutionniste peut, comme toute assertion singulière, être vraie ou fausse, mais puisqu'elle se réfère à un seul et unique processus, elle ne nous permettrait pas, par ailleurs, de fonder une prédiction. La plus minutieuse observation du développement d'une unique chenille, dit Popper, ne nous permettra jamais de prédire sa métamorphose en papillon.

En ce qui concerne les énoncés de tendances historiques nous nous trouverions dans une situation semblable: l'affirmation de l'existence d'une tendance à un certain moment et dans un certain lieu serait un énoncé singulier, et ne pourrait donc être considéré comme légal. De plus, les énoncés exprimant des tendances auraient un caractère existentiel et Popper affirme qu'il faut considérer toutes les assertions existentielles comme métaphysiques — au sens de non-scientifiques — parce que leur réfutation est impossible.

Le fondement de cette affirmation est donné par Popper dans *The Logic of Scientific Discovery*. La question est liée intimement à celle du critère popperien de vérificabilité que nous avons étudié auparavant. La négation d'une assertion strictement universelle est, selon notre auteur, toujours équivalente à une assertion strictement existentielle et *vice versa*. Les lois des sciences naturelles qui ont la forme logique d'assertions du premier genre peuvent donc être formulées sous la forme de négations d'assertions du second genre et, en ce cas, elles ont la nature de prescriptions ou de prohibitions. Puisqu'elles affirment la non-existence de certaines choses ou de certains états de choses, elles sont justement falsifiables. Par contre, si une assertion existentielle est confirmable, elle n'est pas falsifiable; sa vérité ne peut pas être vérifiée puisque la négation d'une assertion de ce genre est équivalente à une assertion de forme universelle [44]. Bien entendu, les énoncés existentiels de tendances historiques, tout comme les hypothèses évolutionnistes, ne nous fourniraient pas d'ailleurs, selon Popper, une base suffisante pour la prédiction d'un événement historique.

---

[43] Cf. Karl POPPER, *Misère de l'Historicisme,* chap. II, par. 14 et chap. IV, par. 27.

[44] Cf. ID., *The Logic of Scientific Discovery,* p. 69-70.

Ainsi se trouve bouclé chez Popper la problématique d'une épistémologie de l'histoire car, d'une part, celle-ci est définie comme une forme de connaissance portant sur le singulier, d'autre part l'observation des événements historiques s'avère incapable de conduire à une forme quelconque de savoir général. Mais le postulat néo-positiviste de l'unité de la méthode scientifique, qui trouve son application la plus conséquente dans l'affirmation de l'unité structurelle du moment fondamental dans le processus de la connaissance qu'est l'explication, pose le problème dès lors crucial de l'explication des événements de l'histoire humaine.

16. L'EXPLICATION DES ÉVÉNEMENTS DE L'HISTOIRE HUMAINE CHEZ POPPER.

Quelle est la structure logique de toute explication ? Popper, à qui l'on doit la formulation moderne du modèle de l'explication, caractérise celui-ci de la façon suivante: « Donner une *explication causale* d'un certain événement signifie déduire une assertion décrivant cet événement à partir d'une ou de plusieurs *lois universelles* et de certaines assertions singulières dites « *conditions initiales* [45] ». »

Hempel et Oppenheim ont effectué une élaboration de la conception popperienne [46]. Ils remarquent qu'une explication peut avoir pour objet des événements particuliers ou des régularités générales — ou lois —. Dans les deux cas cependant elle consiste en une déduction. S'il s'agit de lois, celles-ci seront expliquées à partir d'autres lois ayant un caractère plus général: montrer que ces dernières renferment logiquement les premières équivaut donc à dire que celles-ci sont expliquées par celles-là. S'il s'agit d'événements particuliers, la situation sera quelque peu plus complexe, mais nous trouverons aussi les deux composantes principales de toute explication: la proposition décrivant le phénomène à expliquer — ou « *explanandum* » — et la proposition énoncée pour rendre compte du phénomène — ou « *explanans* » —.

Cependant, l'*explanans* comprend dans ce cas deux types de propositions: celles qui formulent les conditions antécédentes spécifiques (« conditions initiales » chez Popper) et celles qui énoncent des lois générales [47]. Tel est le *pattern* universel de l'explication donc, celui auquel est astreinte, par principe, l'explication en histoire humaine.

---

[45] Cf. ID., *ibid.*, p. 59.
[46] Cf. C. HEMPEL, P. OPPENHEIM, *The Logic of Explanation*, I, 3.
[47] Rappelons la formulation de Mill: « ... on dit qu'une loi est expliquée quand on indique une ou plusieurs autres lois, dont cette loi elle-même n'est qu'un cas et dont elle peut être déduite » (cf. *Logic*, III, XII, 1).
Le schéma de l'explication causale d'événements particuliers se trouve aussi chez Mill mais, remarque Popper, Mill n'a pas distingué clairement entre les lois universelles et les conditions initiales particulières (cf. Karl POPPER, *Misère de l'Historicisme*, p. 124-125).

Nous avons eu l'occasion de signaler que la distinction entre savoir du général (théorique) et savoir du particulier (historique) avait été déjà affirmée par Aristote. Cependant, avons-nous avancé, le néo-positivisme assimile toute explication — y compris l'explication en histoire humaine — au modèle aristotélicien du syllogisme « *per causam* » — celui de la science et de la connaissance générale pour Aristote [48]. Dans la mesure où cette forme de syllogisme porte réellement sur le *pourquoi* (et doit être soigneusement distinguée chez Aristote du syllogisme « *per effectum* » qui ne porte que sur le fait), l'assimilation néo-positiviste du *pattern* général de l'explication au modèle aristotélicien du syllogisme « *per causam* » signifie l'assimilation de toute explication à la forme véritablement démonstrative d'explication dans laquelle le fait, donné d'abord comme pure facticité, apparaît déduit, « produit » dirait Lukàcs, en quelque sorte par notre entendement.

Les caractères empiriste et mathématisant — au sens « constructiviste » de ce terme — de la conception néo-positiviste de l'explication apparaissent clairement dans les conditions que doit satisfaire toute explication adéquate selon Hempel et Oppenheim.

Le *pattern* de l'explication et les conditions d'adéquation sont considérées par la plupart des néo-positivistes comme valables dans toutes les sciences. La thèse suivant laquelle il n'y a qu'une méthode scientifique trouve une expression dans cette affirmation de l'unité structurelle du moment épistémologique fondamental dans le processus de la connaissance qu'est l'explication.

Nous examinerons séparément un certain nombre de questions que pose, dans la perspective popperienne de l'histoire, la satisfaction des conditions d'une explication adéquate.

16.1. LE PROBLÈME DES CONDITIONS ANTÉCÉDENTES.

Par « conditions antécédentes », « initiales » ou « déterminantes » de l'*explanans* on doit comprendre, d'après la théorie néo-positiviste de l'explication, l'ensemble des assertions énonçant que certains événements se sont produits en un certain lieu et dans un temps donné.

Les informations qui permettent l'énoncé de ces assertions sont habituellement choisies selon des critères, principes ou théories, parmi une pluralité de données obtenues par observation ou expérimentation. Trois problèmes, au moins, se posent donc tout d'abord dans les explications de l'histoire humaine: le problème de la sélectivité, le pro-

---

[48] Cf. ARISTOTE, *Organon*, Les Secondes Analytiques, 78a, 13.

blème des points de vue théoriques qui commandent cette sélectivité, et le problème de l'observation et de l'expérimentation historiques.

Sous une forme ou sous une autre, la sélectivité se présente comme une opération constitutive nécessaire: sans le choix des données ou sans la délimitation des problèmes nous n'obtiendrons qu'un simple agrégat d'énoncés dépourvus d'une connexion significative. Cela est valable pour les sciences naturelles et pour les sciences historiques et sociales car les domaines du réel qu'elles étudient présentent la même richesse et la même variété infinie d'aspects possibles.

Nonobstant, une constatation s'impose tout de suite: tandis que dans les sciences de la nature les « points de vue » constituent un nombre relativement réduit de théories acceptées par la plupart des chercheurs, dans les sciences historiques et sociales les points de vue sont nombreux et ils diffèrent les uns des autres dans une mesure variable créant à l'intérieur d'une même recherche des centres d'intérêt souvent tout à fait différents.

Popper en propose une explication [49] qui s'appuie, d'une part, sur sa thèse de la différence entre l'intérêt pour le singulier ou le particulier et l'intérêt pour le général et, d'autre part, sur la nature spéciale des données de l'histoire humaine et sur le caractère spécifique que présente l'observation en ce domaine.

Popper ne manque pas de souligner que dans les sciences généralisantes ou théoriques ainsi que dans les sciences historiques il n'est pas possible d'éviter l'adoption d'un point de vue guidant la sélectivité. Mais par suite du fait que les sciences généralisantes sont justement théoriques, les « points de vue » y joueraient un rôle tout à fait particulier: ils seraient des principes de sélectivité en même temps que des principes unificateurs. Dès que l'on accepte, en effet, la caractérisation popperienne de ces sciences généralisantes, on peut comprendre que l'unification y survient presque naturellement: leur sujet d'étude n'est pas constitué par une masse d'infinis possibles (les événements singuliers) mais par un nombre comparativement réduit de questions générales. Ainsi les points de vue créeraient-ils à l'intérieur de chaque science théorique des problèmes ou des centres d'intérêt communs à la plupart des chercheurs, et même ils offriraient les conditions d'un style commun de construction ou de présentation.

Par contre, nous ne trouvons pas en histoire humaine selon Popper des théories jouant le double rôle d'être principes de sélectivité et d'unification car on y donne comme acquises toutes les lois univer-

---

[49] Cf. Karl POPPER, *The Open Society and Its Enemies*, chap. 25, II.

selles dont on se sert. Ces lois n'auraient pratiquement pas d'intérêt, elles seraient parfois même banales et toujours totalement inaptes à ordonner l'histoire.

L'absence d'intérêt pour les lois universelles, qui caractériserait le savoir historique, expliquerait ainsi le fait qu'en histoire — y compris les « sciences naturelles historiques » — nous voyons des multiples approches théoriques du même problème, une superposition d'hypothèses ou l'apparition constante et systématique de problèmes nouveaux, bref, l'absence (certainement relative) de centres d'intérêt commun.

Cependant, si les généralisations employées par l'historien dans ses explications ne remplissent pas cette fonction d'unification, quelque chose d'autre doit, sans doute, fournir à l'historien des principes de sélectivité dont il ne peut se passer s'il ne veut pas être étouffé sous une masse de matériaux incohérents. En un sens très limité, on pourrait obtenir ces points de vue, signale Popper, par la réduction de l'histoire humaine à l'histoire de quelque chose, disons, de la technologie ou du pouvoir politique. Mais en général, ajoute notre auteur, l'historien a besoin d'autres principes sélectifs, des points de vue qui soient aussi des centres d'intérêt. Quelques-uns seraient fournis par certaines idées préconçues qui ressemblent à des lois universelles, par exemple, le postulat de la détermination de l'histoire par les conditions économiques, ou la thèse du rôle décisif des « grands hommes ».

Or, quelles raisons permettent d'expliquer l'impossibilité dans laquelle se trouvent ces points de vue de l'historien de remplir en même temps la fonction de fournir des principes sélectifs et celle d'agir comme des éléments unificateurs ? En d'autres termes, pourquoi est-il possible de trouver un ensemble d'explications historiques différentes mais également plausibles ?

Popper en donne les deux raisons suivantes: premièrement, les faits dont s'occupent les sciences historiques sont souvent peu nombreux et ne peuvent pas être produits à volonté. L'observation y serait donc très sérieusement limitée et l'expérimentation impossible. Deuxièmement, la plupart des données dont nous disposons en histoire humaine auraient déjà été réunies selon des points de vue préconçus et puisque nous ne pouvons pas espérer une répétition des faits passés, notre observation est toujours condamnée à rester partiellement dépendante de ces points de vue. Ainsi ces « théories historiques » ne pourraient pas selon Popper être vérifiées: elles ne peuvent pas être infirmées, par conséquent et d'après le critère popperien de vérificabilité leurs confirmations sont sans valeur. Afin de distinguer les théories vraiment scientifiques selon ce critère, des points de vue de

l'histoire humaine Popper propose d'appeler ces derniers « quasi-
théories » ou « interprétations générales [50] ».

16.2. LE PROBLÈME DES HYPOTHÈSES EXPLICATIVES EN HISTOIRE.

Nous nous sommes référés à l'opération de sélectivité qui se
trouve à la base de toute recherche. Nous avons vu que le choix des
faits ou des aspects réalisé par le chercheur est commandé par une
théorie ou une hypothèse générale. Aussi lorsqu'il explique un phénomène, les « causes » données ne le sont-elles que par rapport à une
hypothèse ou à une théorie. L'expression logique de cette situation
est la possibilité de « déduire » le phénomène expliqué à partir de
l'ensemble des causes et de l'hypothèse générale. Il paraît pourtant
que le chercheur a déterminé le phénomène par les lois auxquelles le
phénomène obéit, car les lois ne sont que les hypothèses énoncées
auparavant comme « points de vue ». Autrement dit, il paraît que le
chercheur a tiré de l'expérience empirique justement ce qu'il y avait
« mis » sous forme d'hypothèse.

L'acceptation de ce fait caractérise les positions dites « conven-
tionnalistes ». Eddington, par exemple, a affirmé que dans un système
de concepts physiques « nous ne faisons que poursuivre notre propre
queue ». Cette situation, est-elle réelle ou seulement apparente ?

Popper signale que l'on peut soutenir une position convention-
naliste si et seulement si on choisit les faits confirmant la théorie ou
l'hypothèse en question. Ce ne serait pourtant pas le cas des sciences
généralisantes. Dans celles-ci, dit notre auteur, nous cherchons, bien
entendu, des données qui se rapportent à une théorie ou à une hypothèse, cependant cette recherche veut trouver non seulement les
données qui confirment la théorie mais aussi et plutôt celles qui la
discréditent.

Le rejet popperien de la méthode inductive dans la science
(méthode posée pour la détermination de la vérité d'une théorie)
débouche sur l'affirmation suivante: un système empirique est scientifique s'il peut être réfuté par l'expérience. Ce critère élimine donc
d'une façon concluante la possibilité d'une circularité empirique du
processus de la connaissance. Quelles conséquences découlent alors
de l'application de ce critère aux théories historiques ? Puisque celles-
ci ne sont pas, pour notre auteur, entièrement réfutables, puisque nous
n'avons pas le moyen de réaliser des « expériences critiques » en
histoire, ces théories ne peuvent pas être considérées comme scientifiques. De plus, si les théories historiques ne sont pas réfutables,
elles n'échappent pas à la circularité empirique: les « interprétations

---

[50] Cf. aussi Karl POPPER, *Misère de l'Historicisme*, IV, 31.

générales » ou « quasi-théories » historiques se meuvent, dit Popper, dans un cercle vicieux [51].

En somme, l'extension du critère empiriste de réfutabilité à toutes les formes du savoir implique en particulier l'impossibilité d'une connaissance scientifique de l'histoire. Et cela pour autant que l'élaboration d'*une* histoire — la « réduction » de l'histoire à l'histoire de quelque chose, par exemple, de la lutte de races, de la lutte de classes, du progrès scientifique, etc. —, supposerait l'affirmation d'une hypothèse générale dont on ne peut pas montrer la fausseté.

Ces hypothèses générales ou, plutôt, ces points de vue de l'historien qui agissent comme des foyers de l'intérêt théorique ont, sans doute, une fonction « explicative » : elles font la cohérence d'une narration historique, elles mettent de l'ordre dans une masse disparate d'événements singuliers. Cependant, l'explication de tout événement singulier — y compris les événements singuliers de l'histoire humaine — exige des hypothèses dont la fonction est réellement explicative au sens qu'elles nous permettent de déduire l'assertion qui décrit l'événement à partir des conditions antécédentes ou initiales.

Il s'ensuit que, dans la mesure où l'historien fait appel à des généralisations ou à des théories du premier genre pour l'explication d'un événement singulier, rien ne s'oppose à ce que cette explication puisse être considérée comme scientifique. Ce ne serait pas cependant le cas de la plupart des explications fournies par les historiens qui, justement par suite de l'intérêt qu'ils portent aux conditions initiales plutôt qu'aux propositions légales, font, selon Popper, usage surtout de généralisations du sens commun ou triviales [52].

Le manque de précision de ce genre d'hypothèses, l'incertitude quant à leur validité, bref, le fait qu'elles ne sont, dans la plupart des cas, que des affirmations pré-scientifiques, serait la raison de ce que les explications historiques, même si elles répondent au modèle de toute explication, sont fondamentalement imprécises et incertaines.

---

[51] Cf. ID., *The Open Society and Its Enemies*, chap. 25, III.
[52] Popper donne deux exemples de ce genre d'explications historiques dans *Misère de l'Historicisme*, p. 142 et dans *The Open Society and Its Enemies*, chap. 25, II. On peut se demander s'il s'agit de véritables exemples d'explications historiques, c'est-à-dire d'exemples qu'on peut trouver dans le *corpus* de l'histoire constituée. Child, pour sa part, a montré que l'explication construite par Popper dans *The Open Society and Its Enemies* constitue un argument tautologique — et un argument tautologique « réductif et inutile » (cf. A. CHILD, *Thoughts on the Historiology of Neo-positivism*, p. 672-674). Mais Popper, comme par ailleurs la plupart des penseurs néo-positivistes qui se sont penchés sur le problème de l'histoire, se déclare satisfait — ou plutôt déclare que l'historien est satisfait — si, comme le souligne Child fort justement ailleurs, on peut trouver une vulgarité ou une trivialité quelconque suffisant à expliquer une circonstance historique choisie.

16.3. LA « LOGIQUE DE LA SITUATION ».

Il semble, en vérité, difficile de pouvoir rendre compte, dans les seuls termes du modèle que nous avons examiné, des explications formulées par les historiens. S'il est certainement possible de trouver des généralisations d'une espèce quelconque, explicites ou tacites, dans les explications historiques et si, en y ajoutant les « conditions initiales », l'épistémologue peut montrer que ces explications ont une structure au moins semblable à celle du modèle (même si, par exemple, elles ne satisfont pas à toutes les conditions d'adéquation), il est sans doute peu probable que l'historien accepte une telle analyse comme étant entièrement valable.

Cette situation n'échappe pas à Popper qui postule la présence, parmi les conditions initiales de la plupart des explications historiques, d'une généralisation spécifique du genre « tous les êtres humains agissent communément d'une façon plus ou moins rationnelle ». Cette généralisation déterminerait une forme d'explication qui ne serait pas différente du *pattern* de celle-ci et, en ce sens, ce *pattern* ne perdrait pas sa validité universelle. Mais, d'un côté, une telle généralisation permettrait d'introduire une manière particulière d'analyse que Popper appellera la « logique de la situation ». D'un autre côté, elle rendrait possible l'adoption en sciences sociales d'une technique aussi particulière: celle de la « construction logique ou rationnelle » ou de l'« hypothèse nulle ».

La « logique de la situation » est, avant tout, une analyse de l'événement par rapport à la situation concrète dans laquelle il s'est produit. L'explication d'une action historique, par exemple, exigera une description détaillée de l'ensemble des facteurs particuliers qui sont en jeu et une analyse de ces facteurs, afin de localiser ceux qui ont un caractère déterminant ou décisif. Mais cette localisation n'est rendue possible qu'en supposant une conduite rationnelle de la part des acteurs historiques.

Il ne s'agirait pas d'un présupposé de nature psychologique car, remarque notre auteur, lorsque nous parlons de « conduite rationnelle » ou « irrationnelle » nous voulons signifier un comportement qui s'accorde — ou qui ne s'accorde pas — avec la logique de la situation. Cette « logique », si elle est formulée systématiquement, servirait donc à estimer la rationalité particulière des actions d'un certain genre. Ainsi la « logique du pouvoir » peut selon Popper être utilisée dans l'explication du déroulement d'une politique de force [53].

---

[53] Cf. Karl POPPER, *The Open Society and Its Enemies,* chap. 14.

Cette systématisation peut prendre la forme d'un modèle de comportement, si l'on présuppose une rationalité totale et la possession d'une information complète de la part des individus en jeu. On peut alors estimer la déviation du comportement effectif des gens par rapport au modèle, en utilisant celui-ci comme une sorte de coordonnée zéro. C'est la méthode de « construction logique » ou « rationnelle », ou « méthode de l'hypothèse nulle ». Pour Popper, la possibilité d'adopter cette technique en sciences sociales constitue, peut-être, la différence la plus importante qui existe sur le plan méthodologique entre ces sciences et celles de la nature [54].

Les implications épistémologiques de cette forme de l'analyse s'expriment dans ce que Popper appelle « l'individualisme méthodologique ».

16.4. L'INDIVIDUALISME MÉTHODOLOGIQUE.

La séparation entre sciences sociales et histoire que nous trouvons chez Popper s'accompagne d'une inversion de la relation que l'historicisme croit déceler entre ces disciplines. En effet, si l'historicisme suppose, comme l'affirme notre auteur, que l'histoire est la source empirique de la sociologie, et la sociologie, à son tour, une sorte d'histoire théorique, alors non seulement il semble convenable de parler plutôt de « sciences historico-sociales », mais aussi toute distinction méthodologique du domaine historique devra accorder à celui-ci une priorité dans l'ordre de la recherche et une primauté dans l'ordre de l'épistémologie. En revanche, si une relation quelconque est décelable chez Popper entre ces disciplines, c'est bien une relation de dépendance de l'histoire vis-à-vis des sciences sociales, car une des fonctions que peuvent accomplir ces dernières est, pour notre auteur, de fournir aux historiens des modèles que ceux-ci utiliseront dans leurs explications. Ces modèles sont donc « antérieurs » à l'histoire, et ceci en deux sens: d'une part, ils ne sont pas construits sur la base d'une observation de l'histoire humaine; et d'autre part, ils sont indépendants des conditions concrètes de leur application.

Comment construire une telle sociologie an-historique ou, en d'autres termes, qu'est-ce que devrait se proposer selon Popper la théorie sociale ? La réponse de notre auteur est la suivante: « ... la tâche d'une théorie sociale est de construire et d'analyser avec soin nos modèles sociologiques en termes descriptifs ou nominalistes, c'est-à-dire en *termes d'individus,* leurs attitudes, anticipations, relations, etc. — postulat qu'on peut appeler « individualisme méthodologique [55] ».

---

[54] Cf. ID., *Misère de l'historicisme,* p. 138-139.
[55] Cf. ID., *ibid.,* p. 133.

Cet individualisme s'oppose à ce que Popper appelle « collectivisme méthodologique [56] », ainsi qu'à toutes les formes de totalisme
liées à une perspective essentialiste [57]. Le point de vue individualiste
n'impliquerait pas une forme quelconque de psychologisme ou l'application de méthodes dites « subjectivistes », bien que le mérite d'un
psychologisme résiderait dans le fait qu'il implique, s'il est pratiqué
d'une façon conséquente, le point de vue individualiste [58]. On peut
donc souscrire au principe individualiste sans adopter pour autant une
position psychologiste, et cette possibilité repose pour Popper sur le
fait que la méthode de construction de modèles rationnels (ou méthode
de l'« hypothèse nulle ») n'est pas une méthode psychologique mais,
plus exactement, une méthode logique.

Comme conséquence de cet individualisme, le facteur à proprement parler humain devient alors en dernière analyse l'élément
incertain et irrationnel de la théorie puisque les attitudes, les anticipations, les relations individuelles, constituent le donné qu'il faut
accepter tel quel. Cette conséquence aura des répercussions décisives
sur la conception de l'action sociale ou, pour reprendre les termes de
Popper, de la « sociotechnique ».

16.5.   « SOCIOTECHNIQUE OPPORTUNISTE » ET « RACCOMMODAGE FRAGMENTAIRE ».

En effet, l'individualisme méthodologique s'exprime au niveau
de la pratique sociale d'abord dans ce que Popper appelle le « raccom-
modage fragmentaire » *(piecemeal tinkering)* — par opposition à une
perspective totaliste ou « utopique » —; ensuite, et selon la formule
de notre auteur, dans une « sociotechnique opportuniste » *(piecemeal
social engineering [59])*.

Quels sont les traits qui caractérisent cette pratique sociale ? La
« sociotechnique opportuniste » ressemblerait à la technique physique
« en ce qu'elle considère les fins comme au-delà du domaine de la
technologie », de telle sorte que ce que celle-ci peut dire au sujet des
fins c'est, tout au plus, « si elles sont compatibles entre elles, ou
réalisables ». Le point de vue « fonctionnel » ou « instrumental » est
donc celui qui correspond au technologue social et en cela le technologue social ressemblerait à l'ingénieur, car sa tâche principale consiste
aussi à dessiner des « machines » (des institutions sociales), à les
remanier ou à faire marcher celles qui existent déjà.

---

[56] Cf. ID., *The Open Society and Its Enemies,* chap. 14, et *Misère de
l'Historicisme,* par. 23.
[57] Cf. ID., *Three Views Concerning Human Knowledge,* p. 27-28; *Misère
de l'Historicisme,* p. 27-28 et chap. 1, 10.
[58] Cf. ID., *The Open Society and Its Enemies,* chap. 14.
[59] Cf. ID., *Misère de l'Historicisme,* III, 21.

Le « racommodage fragmentaire » serait la voie principale pour aboutir à de tels résultats pratiques. Il s'agit d'une méthode qui, comme l'indique la formule elle-même, consiste dans la réalisation d'ajustements et de réajustements limités aussi bien dans le temps que dans l'espace [60].

Bien entendu, le technologue « opportuniste » peut soutenir certains idéaux concernant la société globale et, d'autre part, les résultats d'une pratique sociale « opportuniste » peuvent être à l'origine de changements dans le « tout » d'une société. Où se trouve donc pour Popper le point précis de divergence entre l'approche historiciste et l'approche anti-historiciste ?

« Même si l'ingénieur opportuniste, nous dit notre auteur, chérit éventuellement certains idéaux concernant la société « globale » [...] il ne croit pas à la méthode de la reconstruction globale [61]. » Encore plus, il sait que cette méthode est impossible dans la pratique, car plus les changements globaux entrepris sont importants, plus leurs répercussions involontaires et en grande partie inattendus sont grandes. Il s'ensuit que l'« ingénieur totaliste » lui-même doit avoir recours à des méthodes « opportunistes » mais, tandis que dans ce cas il ne peut faire recours qu'à des improvisations opportunistes, l'ingénieur anti-historiciste, en revanche, s'approcherait dès le début du problème avec une mentalité ouverte à l'échelle de la réforme.

Ce qui en résulte n'est pas simplement une attitude de prudence mettant l'ingénieur opportuniste à l'abri d'événements incontrôlables. Le totaliste, de par la dynamique logique de sa manière d'aborder les problèmes, se voit, selon Popper, obligé à étendre son programme de façon à envisager la transformation selon un plan, qui comprendrait non seulement la société mais aussi l'homme. Il substituerait ainsi « à l'exigence de construire une société nouvelle, bonne pour que les hommes et les femmes y vivent, l'exigence de « façonner » ces hommes et ces femmes de manière qu'ils soient bons pour sa société nouvelle [62] ».

17. LE RATIONALISME CRITIQUE ET LA THÉORIE DE LA « VÉRITÉ MANIFESTE ».

Dans quel contexte philosophique se situe la théorie de l'histoire chez Popper ?

Dans *On the Sources of Knowledge and Ignorance,* notre auteur qualifie de « rationalisme critique » son point de vue philosophique.

---

[60] Cf. ID., *ibid.,* p. 69.
[61] Cf. ID., *ibid.*
[62] Cf., ID., *ibid.,* p. 72.

Cette forme de rationalisme y est défini par rapport à deux conceptions gnoséologiques, l'empirisme et l'intellectualisme classiques, considérés comme deux variantes de la thèse selon laquelle « la vérité est manifeste ». Nous verrons, d'abord, quel est le contenu de cette thèse pour Popper, ensuite, comment faut-il comprendre l'expression « rationalisme critique » et, finalement, de quelle façon la théorie popperienne de l'histoire s'articule dans le cadre général d'une conception gnoséologique.

Le rationalisme empiriste et le rationalisme intellectualiste apparaissent, nous rappelle Popper, comme une réaction justifiée à l'attitude traditionaliste pour laquelle, une vérité objective et que l'on pourrait discerner n'existant pas, il ne reste d'autre issue que le choix entre l'acceptation de l'autorité et le chaos. En affirmant que la vérité nous est accessible, que l'homme peut connaître, donc être libre, l'empirisme et l'intellectualisme classiques se trouveraient à l'origine de la plus grande révolution intellectuelle et morale que l'histoire ait connue. Mais la source des formes modernes de l'autoritarisme et du fanatisme se trouveraient aussi en eux, et ceci peut se comprendre selon Popper pour peu qu'on observe les implications logiques de la thèse de la « vérité manifeste ».

En effet, si la vérité existe, comme l'affirme cette thèse, si elle peut toujours être reconnue comme telle tant qu'on nous la montre nue, si la tâche consiste seulement à dévoiler la vérité, à la dé-couvrir, alors il faut élaborer une sorte de théorie de l'ignorance qui explique les difficultés que trouve l'homme dans la réalisation de cette tâche. La théorie de la « vérité manifeste » devait donc supposer l'existence de résistances à la découverte de la vérité, ou l'activité de puissances qui rendent difficile et même empêchent que la vérité soit appréhendée par l'homme. Bref, cette doctrine suppose, dit Popper, une « théorie conspirativiste de l'ignorance ». En ce sens, peu importe que l'empirisme situe dans l'observation, et dans l'intuition intellectuelle l'intellectualisme, la source dernière de toute connaissance. Ils partagent la croyance qu'il existe, entre les sources dernières de notre connaissance (les sens et la raison), quelque chose comme une région où peuvent agir d'une manière décisive des puissances qui déforment ou empêchent la manifestation de la vérité objective. Cette « théorie conspirativiste de l'ignorance » se serait présentée au cours de l'histoire sous deux formes principales: l'une, représentée par le marxisme, affirmerait que l'erreur est le résultat de la pression capitaliste exercée sur les consciences au moyen des idéologies. L'autre forme serait représentée par la croyance protestante dans la conspirativité de l'église catholique.

Mais l'empirisme et l'intellectualisme classiques se ressemblent encore plus selon Popper par l'affirmation qu'il y a des sources dernières de la connaissance ou, plus précisément, par la conception selon laquelle des questions de vérité empirique peuvent être posées en termes de questions d'origine. Si nos sens ou notre raison ne peuvent pas se tromper — et remarquons, signale Popper, que cette affirmation considère les sens ou la raison comme des autorités d'un nouveau type —, alors l'erreur doit trouver son origine dans le mécanisme du langage que nous employons comme véhicule de l'interprétation. Ou, plutôt, puisque le langage nous est donné dans une large mesure, cette origine doit se trouver dans nos conventions humaines. Depuis Bacon et sous son influence, l'idée — formulée d'abord par les Grecs — que la Nature est divine et toujours vérité, et que toute erreur ou fausseté vient de ce qu'il y a de trompeur dans les conventions humaines, cette idée aurait joué un rôle fondamental dans l'histoire du problème gnoséologique.

Or, s'il existe quelque chose comme une vérité objective et si la source dernière de la connaissance est présente dans tous les hommes, une réflexion sur les conditions de la vérité peut et doit être originellement exercée dans le sujet et ceci en deux sens: d'abord, sous forme d'interrogation sur le sujet « authentique » de la connaissance; ensuite, comme réflexion qui peut et doit être menée dans l'intériorité du sujet. En d'autres termes, la thèse de la « vérité manifeste » qui caractérise pour Popper l'empirisme et l'intellectualisme classiques implique ce que nous avons appelé une philosophie du *cogito*.

Le concept d'une « théorie conspirativiste », tel que nous le trouvons chez Popper, apparaît dès lors susceptible d'être associé à celui que recouvre une hypothèse de l'aliénation. Que cette association soit fondée est prouvé par ailleurs par le fait que les deux formes décelées d'une hypothèse de l'aliénation correspondent aux deux arguments principaux qui sont à la base d'une « théorie conspirativiste » pour Popper. Rappelons-nous en effet que c'est sur le plan du langage chez Husserl, chez Lukàcs sur celui des relations sociales, que se trouve le domaine d'action du mécanisme de l'aliénation.

Comment le « rationalisme critique » de Popper se définit-il ?

En opposition à l'empirisme et à l'intellectualisme classiques, ce rationalisme rejette la thèse de la « vérité manifeste » et, par là même, l'existence de sources dernières de la connaissance. Toute source, dit Popper, toute suggestion sera la bienvenue, le progrès de la connaissance étant essentiellement une modification de notre connaissance antérieure. La question: « Quelles sont les sources dernières de la connaissance ? », propose-t-il, doit être remplacée par celle-ci: « Comment pouvons-nous localiser et éliminer l'erreur ? » En d'autres termes, la question précise sur le plan gnoséologique ne se réfère pas pour Popper aux sources mais à l'examen de la connaissance: les questions concernant la vérité empirique doivent être posées en termes de questions de méthode.

Le tableau suivant nous montre les principales oppositions dans lesquelles s'organise cette problématique.

Philosophie du *cogito*		Philosophie « objectiviste »
Sujet — Objet		Sujet / Objet
(Lukàcs)	(Husserl)	(Popper)
Sujet pluriel	Sujet singulier	—
Question : Comment trouver la vérité?		*Question :* Comment trouver l'erreur ?
Tâches : — Localiser le sujet.		— *Critique* de la conception de la « vérité manifeste ».
— Décrire la façon dont le sujet produit ses objets.		— *Critique* de la conception selon laquelle des questions de vérité empirique peuvent être posées en termes de questions d'origine.
Primauté de l'*intérrogation sur le sujet.*		Primauté de l'*intérrogation sur la méthode.*
Conceptions attachées au *processus* d'appréhension de l'objet.		Conception attachée aux *conditions* de l'intelligibilité de l'objet.
Hypothèse de l'aliénation :		— *Critique* des « théories conspirativistes » sous leurs deux principales formes:
— sur le plan des relations sociales.	— sur le plan du langage.	— « conspiration du langage »
		— « conspiration de la société ».

Il est important de signaler de quelle façon les arguments critiques de Popper touchent directement les méthodes dites essentialistes et mettent en relief la connexion logique existant entre les présupposés fondamentaux de ces méthodes et ceux qui se trouvent à la base d'une certaine forme de philosophie du *cogito*.

Ces arguments ont comme point de départ la reconnaissance d'une analogie étroite entre la signification des mots, des termes ou des concepts et la vérité des énoncés ou des propositions. La signification, souligne Popper, n'est pas tout à fait indépendante de l'histoire ou de l'origine. Sans doute existe-t-il une signification familière que l'on appelle « véritable » ou « correcte » en ce sens qu'elle est la signification originelle. Mais si l'origine peut évidemment déterminer la

« véritable » signification d'un mot, il ne peut aucunement déterminer la véritable définition d'une idée, encore moins les « principes » de base qui sous-tendent nos démonstrations, donc notre connaissance scientifique. Lorsque, conclut Popper, nous voyons que les définitions ne formulent jamais aucune connaissance de base, nous voyons aussi la rupture de la connexion logique posée par l'essentialisme entre le problème de l'origine et celui de la vérité empirique. Or, affirmer la possibilité de formuler de « véritables » définitions — au sens d'énoncés qui fournissent la signification d'un terme en même temps que l'essence propre d'une chose — suppose accepter l'existence de sources autorisées de notre connaissance et, par là même, la conception selon laquelle la vérité est manifeste [63].

La substitution par Popper aux questions d'origine des questions de méthode, où nous voyons l'expression d'une opposition radicale à toute forme de philosophie du *cogito,* peut être décelée aussi dans les notes consacrées à Kant dans *The Open Society and Its Enemies* [64]. Popper oppose ici l'« activisme » gnoséologique qu'implique la théorie kantienne des catégories, à l'attitude « passive » qui découle de la croyance empiriste classique pour laquelle la meilleure façon d'éviter l'erreur est d'adopter une attitude entièrement réceptive. Il souligne la justesse de la position kantienne en ce qui concerne l'abandon de l'insoutenable idéal d'une science libérée de tout genre de présupposés. Mais si Popper accepte cet enseignement kantien, à savoir qu'il n'est pas possible en science de partir de rien, il rejette le caractère fini, vrai et immuable de l'« appareil des catégories » : la sélectivité est pour Popper guidée par des théories, et les prémisses « dernières » sur lesquelles reposent les théories sont perfectibles, cette perfectibilité étant une fonction du seul progrès scientifique.

Cette différence en ce qui concerne la nature des présupposés est cruciale parce que, d'abord, en rejetant l'existence d'un cadre immuable de l'« appareil » intellectuel du sujet, Popper peut nier la possibilité d'une réflexion portant sur les conditions subjectives — au sens de conditions inhérentes au sujet — de la connaissance: la recherche du sujet cognitif « authentique » devient dès lors inutile. En second lieu parce que la considération du progrès scientifique comme un processus autonome et celle de l'objectivité scientifique comme une question de méthode écarte tout historicisme ou tout sociologisme en ce qui concerne la variabilité du système des catégories.

---

[63] La thèse selon laquelle il y a une réalité essentielle et dernière — dont l'origine se trouverait dans la conception d'une explication dernière (en termes de définitions d'essence) — est l'objet de la critique de POPPER surtout dans *Three Views Concerning Human Knowledge.*

[64] Cf. Karl POPPER, *The Open Society and Its Enemies,* chap. 23, chap. 25, I et note 3 au chap. 25.

La conception kantienne d'un « appareil » fini, vrai et immuable de catégories correspondait à la notion d'un sujet universel ou, comme le souligne Popper, à la croyance dans l'unité du genre humain. L'historicisme hégélien détruit cette unité universelle sans pour autant détruire la notion de sujet, bien au contraire. De même chez Marx où la notion de sujet possède une détermination socio-historique précise. C'est dans le privilège de la réflexion purement méthodologique que s'opère la dissolution du sujet.

Mais la reformulation popperienne du problème gnoséologique en termes de problèmes de méthode non seulement écarte la nécessité d'une réflexion portant sur les déterminations subjectives — au sens signalé — de la connaissance, elle implique aussi la négation de l'existence de déterminations propres à l'objet et ceci, par exemple, au sens que des niveaux spécifiques de la réalité n'admettent pas une « dialectique » spécifique dans la relation sujet-objet. On peut alors comprendre pourquoi le fondement ontologique de la distinction « sciences de la nature-sciences de l'esprit », que nous avons vu dans la conception historiciste de Dilthey et de Rickert, ne peut pas être trouvée chez Popper. En ce sens, le qualificatif d'historiciste décerné à la conception de Popper en vertu de la symétrie existant entre cette distinction des sciences et celle de notre auteur, entre savoir généralisant et savoir individualisant, obscurcit une différence fondamentale, riche en conséquences.

La dissolution du fondement ontologique de l'analyse historique est donc, en ce sens, ce qui caractérise d'une manière adéquate une conception « objectiviste » et, plus particulièrement, les perspectives néo-positivistes [65].

18. L'INTERPRÉTATION POPPERIENNE DE L'HISTOIRE HUMAINE.

C'est dans ce contexte philosophique général et, plus exactement, à partir de ce principe qui se trouverait à la base d'une méthodologie de la connaissance scientifique, le principe de réfutabilité, que Popper a élaboré une interprétation de l'histoire de la société humaine.

Rappelons l'essentiel de ce principe: la vérification scientifique d'une hypothèse ou d'une théorie ne consiste que dans la tentative de les réfuter, dans l'effort d'y déceler l'erreur. Ce principe s'oppose à celui qui est à la base de la conception selon laquelle la tâche de

---

[65] On peut aussi dès lors comprendre que des antinomies du genre structure / processus, dont l'exemple nous a été fourni par G. Bergmann, ne sont que des simples variantes d'une attitude épistémologique unique.

la science consiste à accumuler des preuves à l'appui d'une hypothèse ou d'une théorie, bref, à essayer d'établir ou de prouver leur vérité.

Or, s'il s'agit bien en science de déceler l'erreur plutôt que d'affirmer la vérité, il s'ensuit que l'attitude scientifique est essentiellement critique, qu'elle rejette, par principe, tout dogmatisme, encore plus qu'elle rejette toute connaissance qui se voudrait définitive même si celle-ci est fondée sur des preuves obtenues par l'application de la méthode expérimentale. Et ceci est en correspondance avec l'asymétrie qui caractérise les deux voies possibles de vérification d'une hypothèse universelle car, tandis qu'une seule preuve contraire suffit logiquement à discréditer la vérité de l'hypothèse, un nombre illimité de preuves en sa faveur ne peut établir cette vérité d'une façon tout à fait sûre.

Cette attitude critique n'aurait pas toujours présidé à la recherche du savoir. Si elle caractérise la pensée occidentale moderne, elle n'a pas toujours suivi son développement. Ainsi l'attitude critique serait née en Grèce, aurait été re-découverte par la Renaissance et se serait installée dans la science moderne dont elle aurait permis justement le prodigieux enrichissement que nous constatons aujourd'hui.

Popper étudie dans *The Pre-Socratics and the Rationalist Tradition* la façon dont la discussion autour du problème cosmologique s'est développée chez les anciens philosophes grecques et, spécialement, chez les philosophes de l'école ionienne. Ce que montre cette étude selon notre auteur c'est que, à l'encontre de l'opinion d'origine baconienne selon laquelle la connaissance scientifique a comme point de départ l'observation, la plupart des hypothèses et des théories cosmologiques grecques — et les meilleures parmi elles — n'ont rien eu ou presque rien à voir avec l'observation car elles ont été construites à partir d'une analyse rationnelle des théories précédentes. Ainsi, par exemple, l'hypothèse d'Anaximandre que la terre est suspendue dans l'espace et l'explication qu'il en fournit n'ont point d'analogie dans le domaine des faits observationnels. Ainsi la théorie parménidienne d'une réalité inchangée serait fondée sur une preuve de nature purement logique. Cette théorie pourrait même être décrite comme la première théorie cosmologique à structure hypothético-déductive.

L'histoire du problème cosmologique chez les anciens Grecs serait donc l'histoire d'une discussion critique, et ce serait justement ce criticisme qui nous permettrait d'élaborer une histoire du développement des idées chez les anciens Grecs. Il s'agit pour Popper d'une histoire particulièrement riche car nous trouvons depuis Thalès jusqu'à Platon au moins, une nouvelle philosophie dans chaque génération, une nouvelle cosmologie « d'une originalité et d'une profondeur étonnantes ».

C'est la tradition d'une discussion critique qui aurait rendu possible cette richesse de la jeune philosophie grecque. Et l'originalité de l'école ionienne résiderait en ceci, qu'à la différence de la plupart des écoles primitives dont la tâche était celle d'imposer une doctrine définie et de la préserver à l'état pur (l'exemple, chez les anciens Grecs, nous en serait fourni par l'école italienne fondée par Pythagore), l'école ionienne et celle d'Elée ont développé une tradition d'encouragement de la discussion critique non seulement entre des écoles différentes mais aussi, ce qui est plus important, à l'intérieur d'une même école. Le créateur de cette tradition a été pour Popper, Thalès, qui l'aurait fondée sur un rapport d'un nouveau genre entre le maître et le disciple [66].

Il s'agirait, à la rigueur, de quelque chose de plus que de la création d'une tradition de réflexion philosophique particulière. En effet, la substitution de l'attitude qui oppose des théories et analyse celles-ci avec un esprit critique, à l'attitude qui consiste à transmettre une théorie ou un mythe, signifierait la naissance de la réflexion philosophique elle-même [67].

La rupture du dogmatisme qui se produit dans la nouvelle tradition fondée par Thalès et, plus concrètement, l'apparition d'un pluralisme de doctrines, éveilleraient nécessairement chez les penseurs l'idée que nos tentatives de trouver la vérité ne peuvent pas atteindre un terme final, que notre connaissance est, avant tout, une connaissance conjecturale et que celle-ci consiste en hypothèses, en suppositions plutôt qu'en des vérités finales. Ils éveilleraient, enfin, chez les penseurs, l'idée que le criticisme et l'attitude critique sont les seuls moyens de nous rapprocher de la vérité. Cette attitude, ajoute Popper, préparera et rendra possible le rationalisme éthique de Socrate pour qui « la recherche du savoir effectuée par une discussion critique était, en elle-même, un mode de vie — le meilleur qu'il connaissait [68] ».

La naissance de la philosophie est contemporaine avec la création, pour la première fois dans l'histoire de l'humanité, de ce que Popper appelle une « société ouverte », et cette création pourrait même être interprétée comme une réaction face à l'écroulement d'un type de pensée caractéristique d'une société « fermée ».

En effet, le trait essentiel d'une société « fermée », « tribale » ou « collectiviste » résiderait dans l'attitude magique face aux coutumes sociales, autrement dit dans le fait que ce qui mérite le nom

---

[66] Cf. Karl POPPER, *The Pre-socratics and the Rationalist Tradition*, p. 166-167.
[67] Cf. ID., *The Open Society and Its Enemies*, chap. 10, IV.
[68] Cf. ID., *The Pre-socratics and the Rationalist Tradition*, p. 172.

d'attitude « correcte » est toujours une attitude clairement déterminée par des tabous ou des institutions magiques qui ne peuvent pas devenir l'objet d'une considération critique. A cette attitude correspondrait une rigidité particulière car les changements, relativement peu fréquents, apparaîtraient sous la forme de « conversions » avec, comme conséquence, l'introduction de nouveaux tabous magiques. Bien entendu, nous ne pourrions y trouver rien d'équivalent à un problème moral authentique. Le modèle sociologique d'une société aristocratique est un système où la division sociale est fortement poussée et l'absence totale d'initiative et de responsabilité individuelle en dehors des cadres de conduite fixés par le groupe.

Or, une société organisée d'une telle façon ne pourrait trouver un fondement que dans la croyance que toutes les régularités de la vie sociale ne sont pas différentes de celles de la nature. C'est pourquoi l'élément principal de l'attitude magique face aux coutumes sociales réside, pour Popper, justement dans l'identification entre convention sociale et loi — cette dernière étant conçue, nous le savons, comme une régularité stricte et invariable —.

Une société « ouverte » se caractériserait, en revanche, par la forme démocratique du pouvoir politique, par une haute mobilité sociale, par l'individualisme et par un dualisme critique exprimé dans l'idée que les institutions humaines sont le produit de l'action de l'homme, qu'elles ne sont pas naturelles mais conventionnelles et que c'est l'être humain — chaque être humain — qui est responsable de leur fonctionnement. Athènes a été pour Popper le premier exemple historique d'une société « ouverte », et si le premier pas conduisant du tribalisme à l'humanisme a été franchi à Athènes, alors le point de départ de la civilisation occidentale se trouve à Athènes [69].

Quelles ont été pour notre auteur les causes qui ont rendu possible de franchir ce pas ? Peut-être la plus importante de ces causes, nous dit-il, a été le développement des communications et du commerce maritimes. Et l'on doit tenir compte par ailleurs du fait que le commerce « semble être une de ces formes où l'initiative et l'indépendance individuelles peuvent se développer même à l'intérieur d'une société à structure encore tribale [70] ».

Il nous faut noter l'analogie que trouve Popper entre une société « fermée » et un organisme. En effet, cette société ressemblerait à une tribu en ce qu'elle constitue une unité dont les membres non seulement se trouvent liés par des rapports semi-biologiques, à savoir

---

[69]   Cf. ID., *The Open Society and Its Enemies,* chap. X, 1.
[70]   Cf. ID., *ibid.,* chap. X, II.

la parenté, la vie en commun, une participation équitable aux travaux du groupe, etc., mais aussi en ce que les membres se trouvent placés à des points fixes — et figés — de la structure sociale. C'est pourquoi les théories organicistes ou biologiques peuvent être appliquées à ces sociétés dans un degré considérable, et c'est la raison pour laquelle, ajoute Popper, la plupart des tentatives effectuées en vue d'appliquer de telles théories à notre société « ne sont que des formes voilées de propagande en vue d'un retour au tribalisme ». Or, puisqu'il n'y a rien dans l'organicisme qui correspond aux caractéristiques d'une société « ouverte » — et, spécialement, au rapport de compétition entre ses membres qui s'exprime dans la lutte de classes — il est évident, conclut notre auteur, que les théories organicistes sont fondées sur une analogie fausse [71].

C'est donc dans une conception où légalité et causalité se trouvent assimilées et où la légalité n'est conçue que sous la forme d'une détermination stricte et universelle, que nous pouvons comprendre la correspondance postulée par Popper entre les théories organicistes (et, en général, toutes les formes du totalisme) d'une part, et d'autre part l'idéologie d'une société « tribale » ou « collectiviste ». La revendication de l'individualisme méthodologique et la négation de la thèse qui affirme l'existence de lois spécifiquement historiques (et, spécialement, des lois de succession et de tendances) apparaît dès lors comme le fondement d'une conception de la société « ouverte » qui n'est autre chose que la conception d'une société capitaliste.

Il ne s'agit donc pas pour Popper de débarrasser l'étude de l'histoire humaine de toute « philosophie », mais d'une philosophie qui prétendrait, d'une part, être l'expression d'une histoire humaine pensée comme un tout — et comme un tout unique —; d'autre part, à être la seule expression valable de cette histoire. L'antinomie néo-positiviste du fait et de la valeur qui était formulée au niveau logique comme impossibilité de déduire un jugement de valeur d'un jugement de fait, et au niveau épistémologique comme impossibilité de fonder les jugements de valeur d'une façon scientifique, cette antinomie acquiert une nouvelle expression: le domaine des valeurs est conçu comme un domaine autonome, indépendant de celui des faits, plus exactement, de celui des faits historiques. La dichotomie du fait et de la valeur trouve donc son expression la plus pure au niveau ontologique dans l'affirmation qu'aucune signification — et par là aucune normativité — n'est immanente à l'histoire.

---

[71] Cf. ID., *ibid.*, chap. X, I.

Conclusion

19. SUJET ET HISTOIRE.

L'aboutissement de la démarche réflexive de Popper montre que la question fondamentale autour de laquelle se développe toute notre problématique est bien celle du rapport entre la pensée et l'action sociales et historiques.

Peut-il y avoir un sujet qui soit, en même temps, celui de la connaissance et de l'action? A quelles conditions peut-on poser un sujet chez qui ce dédoublement se trouve aboli? Quel est, avant tout, le sujet qui ne peut être pensé que sous la forme de ce dédoublement?

La première conclusion que nous pouvons tirer de l'analyse de la conception de Popper peut être formulée de la façon suivante: dès que cette philosophie objectiviste intègre dans son système la question de la connaissance sociale et historique, la neutralisation du sujet ne peut plus consister dans l'élimination de la notion de sujet dans le système: cette neutralisation qui définit une philosophie objectiviste doit être achevée par d'autres voies et s'exprimera sous des formes différentes.

L'originalité de la conception de Popper réside justement dans les formes spécifiques dans lesquelles s'exprime cette neutralisation du sujet. Elles peuvent être organisées autour de deux paires d'antinomies de nature épistémologique: savoir théorique / savoir historique et explication / interprétation.

La première antinomie est fondée sur une décision de caractère conventionnel: on affirme non seulement que l'histoire est une connaissance du singulier et du particulier mais aussi que toute connaissance du singulier et du particulier doit être appelée historique. Elle exige, à son tour, une caractérisation de la façon dont la connaissance du général doit être formulée, autrement dit, une définition de la proposition légale. Sur cette définition sera fondée la négation de l'existence de lois historiques. Or, l'impossibilité d'une connaissance portant sur des régularités générales intrinsèques à l'histoire humaine exprime la dissolution du fondement ontologique d'une histoire qui ne peut plus être pensée comme un tout, comme une totalité.

L'antinomie de l'explication et de l'interprétation reprend, dans une nouvelle synthèse, les conséquences de l'antinomie savoir théorique / savoir historique: l'histoire reste, désormais, au-deça de la science, tandis que la sociologie trouve sa place au-delà de l'histoire.

Il devient dès lors compréhensible que toute connaissance de l'histoire, parce qu'elle se rattache au terme interprétatif de cette antinomie, ne peut fonder aucune prédiction valable ni devenir, par là-même, la base scientifique d'une action sociale quelconque; tandis qu'une connaissance sociale, parce qu'elle se rattache au terme explicatif de la dichotomie, ne peut fonder qu'une « sociotechnique opportuniste » qui, à la manière de la technique physique, considère les fins — les valeurs — comme des éléments étrangers à une pratique sociale scientifique.

La dichotomie de l'explication et de l'interprétation renvoie donc à celle, fondamentale, du fait et de la valeur qui apparaît, dès lors, comme le fondement dernier de l'antinomie de la connaissance et de l'action sociales et historiques chez Popper.

Quelle forme spécifique a pris l'antinomie néo-positiviste du fait et de la valeur dans cette conception « objectiviste » ?

Le domaine des valeurs est conçu comme un domaine autonome, indépendant de celui des faits car aucune normativité n'est immanente à l'histoire. Or, bien que l'histoire manque de fins nous pouvons, dit Popper, imposer des fins à l'histoire, et bien qu'elle manque de signification nous pouvons lui en donner une. La démarche de notre auteur aboutit à une situation dans laquelle la pensée de l'histoire et l'action humaine ne peuvent être conçues que comme pensée et action d'un sujet porteur de valeurs, mais dans laquelle aussi les valeurs du sujet pratique échappent à toute détermination historique aussi bien que les valeurs du sujet de la connaissance historique échappent à toute détermination sociale.

D'une part donc, la constitution d'une histoire apparaît dépendante d'une philosophie dont le caractère conjectural vient de ce qu'elle repose sur un choix de valeurs qui ne subit aucune détermination objective. D'autre part la constitution d'une science sociale n'apparaît plus possible qu'à condition d'éliminer toute sorte de jugement de valeurs dans le système du savoir. La deuxième conclusion que nous pouvons tirer de l'analyse de la conception de Popper peut donc s'exprimer dans la formule suivante: la neutralisation du sujet aboutit, dans cette conception « objectiviste », à une rupture entre les sciences sociales et la discipline historique considérée dès lors comme une « quasi-science ». Or, le sujet qui ne peut pas être éliminé du système mais qui ne peut alors être posé que sous la forme d'une antinomie de la pensée et de l'action sociales et historiques est, chez Popper, l'individu.

Nous avons vu le rôle central que la notion d'individu joue dans une philosophie de l'histoire et dans une théorie de la connaissance

sociale chez Popper. Elle caractérise le concept d'une « société ouverte » par opposition à celui d'une « société fermée » et permet d'interpréter l'histoire comme la lutte pour établir une société « ouverte ».
Elle fournit par ailleurs le fondement d'un individualisme méthodologique qui s'oppose au totalisme ou « collectivisme » méthodologique.

Nous avons vu, aussi, que la notion d'individu n'a pu naître pour
Popper que dans le cadre d'une société à structure marchande et que
cette notion occupe par conséquent une place privilégiée dans l'idéologie d'une société capitaliste. Du point de vue de l'individu, l'histoire
ainsi que la structure de la société ne peuvent être l'œuvre de l'homme
que dans un certain sens: dans le sens qu'elles ne sont ni l'œuvre de
Dieu ni l'œuvre de la nature, mais le résultat d'actions et de décisions
humaines. Mais tant l'histoire que la structure d'une société sont
essentiellement *et ne peuvent être* dans cette perspective que les sous-
produits indirects, non volontaires et fréquemment non voulus de ces
actions [72]. Et c'est la troisième conclusion à laquelle nous conduit
cette conception « objectiviste ».

Ne s'agit-il pas cependant d'une conclusion semblable à celle à
laquelle Marx lui-même arrive ? N'est-ce pas Marx qui signala, peut-
être pour la première fois, que les résultats des actions humaines individuelles constituent une histoire et une structure sociale étrangères
à la conscience et à la volonté des hommes ? Où réside donc la différence entre la conception « objectiviste » de Popper et celle, « collectiviste » ou « totaliste » dont l'exemple nous est fourni, selon Popper,
par le marxisme ?

Notre auteur signale dans la note 11 au chapitre 14 de *The Open
Society and Its Enemies* que cette différence réside dans la méthode
que l'on propose d'appliquer à l'étude des faits sociaux: tandis qu'il
s'agirait pour Marx d'une méthode conduisant à des explications
« totalistes » (c'est-à-dire, à des explications qui font appel à la notion
de totalité, aux propriétés des totalités et aux relations entre
elles), il s'agirait pour Popper d'une méthode qui part du principe
selon lequel les éléments derniers de toute explication d'un fait social
sont les individus, les propriétés d'individus et les relations entre
ceux-ci.

Cette formulation du problème de la méthode ne dit cependant
rien sur ce qui est essentiel dans la conclusion de Marx, à savoir le
rapport que celle-ci maintient avec l'histoire elle-même. Car si l'histoire et la structure d'une société sont, pour Marx, les sous-produits
indirects, non volontaires et fréquemment non voulus des actions hu-

---

[72] Cf. Karl POPPER, *The Opens Society and Its Enemies,* chap. XIV.

maines, c'est dans la mesure où le sujet n'est conçu que sous la forme de l'individu.

Or, cette conception reflète une possibilité historique de la conscience sociale ou, dans des termes que nous empruntons à Goldmann, la « conscience possible » d'une classe sociale à un moment historique donné [73]. La condition donc d'un sujet où l'antinomie de la connaissance et de l'action sociales et historiques se trouve abolie est, dans cette perspective marxiste, une condition historique: c'est l'histoire, c'est-à-dire la société à un moment historique donné, qui peut permettre l'apparition d'une conception « totaliste » et rendre possible un contrôle conscient du processus socio-historique. Mais l'acteur social, le sujet de l'histoire, ne peut alors, selon Lukàcs, être qu'un sujet pluriel: le prolétariat.

Dans une perspective lukàcsienne, la conception de Popper exprimerait une vision objective du monde mais d'une part, cette objectivité serait celle d'une certaine conscience sociale: de la conscience pour laquelle le sujet social ne peut être conçu que sous la forme de l'individu. D'autre part, cette objectivité serait celle d'une conscience « fausse » car la pensée de la totalité qui seule rend possible la découverte du sens de l'histoire — de la réalité historique authentique qu'est la tendance de l'histoire — exige un sujet social pluriel. Aussi du point de vue individualiste l'histoire doit-elle être dépourvue de toute signification intrinsèque, et ce d'une façon nécessaire.

Ce qui différencie donc une philosophie « objectiviste » d'une conception marxiste n'est pas seulement l'opposition entre l'individualisme et le totalisme méthodologiques mais, plutôt, le rôle que joue l'histoire dans chaque système. Or, ce rôle se trouve préfiguré dans les prémisses mêmes du système en question: dans la présence ou l'absence de la notion de sujet, dans la conception du sujet lorsque la notion de celui-ci fait partie du système.

On comprend dès lors qu'une conception individualiste et subjectiviste conséquente puisse rejoindre, en ce qui concerne la pensée de la société et de l'histoire, les conclusions auxquelles aboutit une certaine philosophie objectiviste. Nous trouvons dans les positions soutenues par Von Hayek un exemple particulièrement instructif de cette conception qui mérite d'être notée.

Pour Von Hayek, en effet, il existe une forme spontanée d'utilisation de toutes les connaissances individuelles dont le résultat est « supérieur » aux résultats délibérément voulus: le marché. Nous retrouvons donc cet organisme qui, comme le remarque Lukàcs, a

---

[73] Cf. L. GOLDMANN, *Sciences humaines et Philosophie*, chap. III, III.

pour fonction de remplir aveuglement la tâche planificatrice et dans lequel le prix (c'est-à-dire, la forme immédiate de l'échange de marchandises) apparaît comme la forme abrégée et condensée de la relation sociale. Nous retrouvons des forces et les lois qui les régissent, qui s'opposent à l'homme comme autant de puissances insurmontables: « Il est essentiel pour la croissance de la raison, dit Von Hayek, que nous nous inclinions en tant qu'individus devant des forces et obéissions à des principes que nous ne pouvons espérer pleinement comprendre et dont dépendent pourtant le progrès et même la sauvegarde de la civilisation. » Nous retrouvons, enfin, une éthique de la conscience réifiée telle que décrite par Lukàcs: une éthique abstraite, simplement normative, qui n'a qu'un caractère impératif, qui demeure un pur devoir-être, et qui est en rapport avec l'existence d'un monde que l'homme ne peut pas pénétrer: « L'acceptation par tous de règles formelles est, en fait, termine Von Hayek, la seule alternative à la direction d'une volonté unique que l'homme ait encore découverte [74]. »

Face aux solutions proposées par Popper et par Lukàcs au problème de l'histoire, celle de Husserl a une spécificité qui devient pleinement compréhensible à partir du moment où elle apparaît, d'une part, comme une solution élaborée à l'intérieur d'une forme particulière de philosophie du *cogito,* d'autre part, comme la solution d'une philosophie qui s'oppose à toute forme de perspective « objectiviste ». En d'autres termes, l'originalité que présente la théorie husserlienne de l'histoire peut se définir comme une valeur positionnelle.

Cette valeur varie cependant suivant les divers niveaux de coupure que permet la comparaison des systèmes. Il est dès lors possible d'élaborer une organisation particulière des ressemblances et des différences qui n'abolit pas pour autant la détermination par laquelle un système devient le cas d'un schème conceptuel. Au contraire, cette organisation particulière permet d'expliquer le caractère central que possède une thématique donnée à l'intérieur du cas en question et l'exigence logique qui conduit celui-ci à se définir par rapport à une certaine problématique.

La discussion qui se développe chez Husserl et les néo-positivistes sur la nature et la méthode de la psychologie est, à cet égard, particulièrement significative. Le thème de la psychologie occupe pour Husserl une position privilégiée dans l'histoire de la philosophie moderne. Ce privilège découle d'une façon directe du fait que le sujet producteur y est conçu comme un sujet singulier et que la recherche du « véritable » sujet singulier organise la totalité de l'histoire de la

---

[74] F. VON HAYEK, *Scientisme et Sciences sociales,* p. 109-111.

philosophie moderne. Cette recherche rencontrerait cependant son obstacle majeur dans la tendance toujours présente de concevoir le sujet singulier sous la forme de l'individu empirique et de penser la fonction productrice du sujet comme une activité psychologico-empirique.

La localisation du sujet sur un plan transcendantal n'est pas cependant sans conséquences sur l'étude de l'activité psychologique elle-même: puisque le sujet transcendantal — la subjectivité transcendantale — n'est pas hors de l'individu empirique (bien qu'il ne se confonde pas non plus avec celui-ci), la forme de son activité doit pouvoir être dégagée à partir de l'étude de l'activité subjective empirique ou, plus exactement, la découverte de la forme essentielle d'activité de la subjectivité empirique doit permettre la découverte du « véritable » sujet singulier. « Aussi comprenons-nous, en effet, dit Husserl, qu'entre psychologie et philosophie transcendantale il y a une association interne indissoluble, ce qui permet de prévoir la possibilité d'un chemin vers une philosophie transcendantale partant d'une psychologie concrètement élaborée [75]. » Mais, en même temps, « la rupture de l'attitude naïve qu'opère l'attitude transcendantale phénoménologique provoque une transformation significative, et significative pour la psychologie elle-même [76] ». La proposition d'une psychologie d'un nouveau genre accompagne donc nécessairement la conception d'un sujet singulier qui ne doit pas être assimilé à l'individu empirique.

Or, à partir du moment où l'activité productrice du « véritable » sujet se localise sur un plan transcendantal, l'idée d'une histoire à son tour transcendantale, qui ne coïncide pas avec l'histoire empirique et qui dévient l'histoire essentielle, apparaît comme la seule réponse possible chez Husserl.

Ainsi, indépendamment du système de ressemblances qui permet de définir la conception de Husserl et celle de Lukàcs comme deux cas d'une philosophie du *cogito,* l'opposition husserlienne empirique / transcendantal permet de rapprocher, à un certain niveau de coupure entre les systèmes, les conceptions de Lukàcs et de Popper. En effet, la classe sociale est, chez Lukàcs, un sujet empirique, et la neutralisation du sujet que nous trouvons chez Popper s'opère dans la perspective d'un sujet empirique: l'individu.

Peut-on en conclure qu'une conception transcendantale du sujet singulier suffit à fonder la possibilité de saisir le sens « véritable » de l'histoire — fût-ce celui d'une histoire qui n'est pas dans les événements empiriques ? L'analyse de la conception husserlienne nous

---

[75] Cf. E. Husserl, *Krisis,* B, 58.
[76] Cf. id., *ibid.*, B, 59.

montre la nécessité d'une précision supplémentaire: le sujet de l'histoire n'est pas la subjectivité transcendantale mais, plutôt, l'intersubjectivité transcendantale « intercommuniquée dans la fonction ». La notion du sujet singulier peut alors être maintenue à condition d'affirmer ce que nous avons appelé une thèse organiciste, à savoir que l'intersubjectivité opère à la façon d'une subjectivité, de sorte qu'elle peut être regardée, suivant les termes de Husserl lui-même, comme une « personne d'ordre supérieur ».

L'opposition à toutes les formes d'une théorie organiciste nous la trouvons aussi bien chez Von Hayek que chez Popper. Dans les deux cas elle exprime une position générale que nous pouvons qualifier d'individualiste, soit parce que celle-ci fait partie d'une philosophie du *cogito* individualiste et subjectiviste conséquente, soit parce que cette position s'inscrit dans une philosophie « objectiviste » dans laquelle la neutralisation du sujet s'opère dans la perspective d'un sujet empirique: l'individu. Or, la signification méthodologique de cet individualisme peut aussi être précisée d'après la définition du rôle et de la nature de la psychologie que nous trouvons chez ces auteurs.

Chez Von Hayek, en effet, une critique de la psychologie objective accompagne le rejet de l'attitude « scientiste » en sciences sociales, dont l'expression la plus caractéristique se trouve dans les efforts qui ont été faits pour se passer de notre connaissance des structures de la conscience. Or, si cette connaissance fournit les données sur lesquelles doit être fondée l'explication des actions humaines qui en dépendent, il s'agit bien d'une connaissance de la subjectivité — individuelle — qui ne peut donc conduire en sciences sociales qu'à une méthode définie par Von Hayek comme individualisme subjectiviste par opposition aux méthodes totalistes et objectivistes.

Chez Popper, par contre, l'opposition à toutes les formes d'une théorie organiciste s'exprime dans un individualisme logique qui, comme nous l'avons vu, accompagne le rejet d'une position psychologiste en sciences sociales et conçoit les sciences sociales comme sciences autonomes, spécialement vis-à-vis de la psychologie.

Cet individualisme, qu'il soit psychologique ou logique, fait cependant partie dans les deux cas d'une conception de l'histoire ou, plutôt, de l'historique qui s'exprime, d'abord, dans l'antinomie de deux formes du savoir. La démarche réflexive dont le point de départ est constitué par cette antinomie aboutit chez Popper à une affirmation portant sur le caractère conjectural de toute reconstruction théorique de l'histoire humaine. Un ordre nouveau de ressemblances et de différences peut donc être établi entre les systèmes, qui distingue, d'une part, la possibilité d'une reconstruction théorique de l'histoire « véritable » chez Husserl et Lukàcs, d'autre part, l'impossibilité de saisir quelque chose comme le sens « vrai » d'une histoire unique chez Popper. Aussi les déterminations fondamentales du concept de l'histoire sont-elles décelables dans chaque cas à l'intersection d'un certain nombre de lignes de tension qui organisent le champ d'une problématique.

L'étude que nous avons entreprise dans une perspective comparativiste nous permet de poser qu'une méthodologie de l'histoire est bien le sous-produit d'une conception philosophique. Pouvons-nous en conclure à l'unidirectionalité du rapport entre philosophie et science ?

Notre enquête montre qu'à chaque variante d'un schème conceptuel est associé, à titre de savoir paradigmatique, un des grands domaines du savoir scientifique constitué :

Sciences paradigmatiques	Sciences formelles (mathématiques et logique).	Sujet singulier.	Philosophie du *cogito*.	Schèmes conceptuels.
	Sciences sociales.	Sujet pluriel.		
	Sciences de la nature.	—	Philosophies « objectivistes ».	

Ce caractère de paradigme que chacune de ces sciences possède dans les systèmes implique une véritable détermination de la philosophie par la science, car cette détermination s'exerce au niveau des prémisses mêmes de chaque variante d'un schème conceptuel.

C'est, en effet, la forme du rapport entre le sujet et l'objet noué dans une pratique scientifique particulière qui motive la présence ou l'absence de la notion de sujet dans le système et le concept de celui-ci lorsque la notion de sujet fait partie du système. Rappelons-nous que le rapport sujet-objet conçu par Husserl et Lukàcs comme un rapport où l'objet est défini essentiellement comme œuvre d'un sujet, comme terme de l'activité ou de l'opération de celui-ci, repose sur la découverte d'un trait commun aux rapports sujet-objet idéal (formel) et sujet-objet social car c'est dans les deux cas, un rapport de « production ». Par contre, la tendance à neutraliser le sujet que nous trouvons chez les néo-positivistes peut se comprendre comme une tendance susceptible de se développer de façon conséquente dans une philosophie axée sur le problème épistémologique des sciences de la nature, car l'abstraction que ces sciences pratiquent à l'égard de tout ce que les sujets ajoutent à la nature constitue une condition nécessaire de leur développement.

Le rapport entre le sujet et l'objet noué dans la pratique scientifique est exprimé sous la forme du mode particulier de la détermination légale qui domine — ou caractérise — chaque région du savoir scientifique:

Domaines du savoir	Sciences formelles (mathématiques et logique).	Téléologie.	Formes de la détermination légale.
	Sciences sociales.	Interaction.	
	Sciences de la nature.	Causalité.	

Cette caractérisation implique une théorie de la science, plus exactement, une conception dans laquelle non seulement le rapport entre le sujet et l'objet noué dans une pratique scientifique est posé sous une forme particulière et spécifique, mais aussi dans laquelle cette forme particulière et spécifique possède un caractère privilégié. Or, c'est sur le plan philosophique que l'on devrait situer cette théorie de la science: le rapport entre philosophie et science subirait alors son dernier renversement.

Quelles sont les hypothèses sur lesquelles repose ou dans lesquelles s'exprime le privilège accordé à une forme particulière du rapport entre le sujet et l'objet?

Dès le moment où l'on suppose qu'il existe une corrélation stricte entre idéalité formelle et vécu psychique et que les rapports nécessaires entre les idéalités formelles relèvent des rapports nécessaires entre des phénomènes de conscience, dès ce moment devient possible la conception d'un savoir portant sur toutes les catégories concevables de réalités objectives, tout comme il devient possible d'élargir la perspective selon laquelle on considère la conscience (le sujet) concernée par les seules généralités formelles jusqu'à une conscience (un sujet) embrassant toutes les catégories d'objectivités en général. L'idée d'un sujet singulier absolu apparaît chez Husserl comme l'universalisation à toutes sortes d'objets des propriétés du sujet producteur des mathématiques et de la logique.

Chez Lukàcs, c'est l'idée selon laquelle seule la praxis — sociale — permet, par opposition à l'activité théorique, l'appréhension totale de l'objet, qui sous-tend la conception d'un sujet pluriel absolu. La production du monde social qui s'accomplit dans la praxis devient alors ce niveau de réalité où connaissance et conscience coïncident intégralement, où le sujet et l'objet sont identiques parce que ce niveau est celui du processus d'auto-production du sujet social.

Enfin, c'est chez Popper dans une conception de la loi qui répond aux caractéristiques de la loi naturelle, que nous trouvons l'expression du privilège accordé à une forme particulière de rapport entre sujet et objet, caractérisé par l'antinomie de la pensée et de l'action ou, suivant les termes que Lukàcs emprunte à Hegel, par un concept de l'objet qui se définit toujours comme « être autre ».

Dès lors devient compréhensible le rôle que joue la science, non pas seulement dans l'élaboration de certaines philosophies, mais aussi dans l'interprétation historique que ces philosophies elles-mêmes élaborent. Car si, par exemple, la naissance de la philosophie et, partant, celle d'une humanité d'un nouveau genre se situe pour Husserl et pour Popper en Grèce, c'est parce qu'en Grèce naît un mode nouveau de connaissance, la connaissance scientifique et, partant, une nouvelle forme de rapport entre le sujet et l'objet. Or, ce qui fait la nouveauté de cette connaissance et caractérise celle-ci comme science est, avant tout, pour Husserl, l'ordre nécessaire qu'instaure, pour la première fois dans l'histoire, la géométrie grecque — la première science éidétique —; pour Popper, un criticisme fondé sur la découverte grecque du caractère hypothétique du savoir empirique.

Ces hypothèses sur lesquelles repose ou dans lesquelles s'exprime le privilège accordé dans chaque système à une forme particulière du rapport entre le sujet et l'objet admettent une partition fondamentale: d'une part, le domaine des objets sociaux et celui des objets idéaux se trouvent assimilés en vertu du concept de « production » car, dans les deux cas, l'objet est l'œuvre d'un sujet, le terme de son activité ou opération. D'autre part l'objet, en vertu de son caractère de « nature », devient « être autre » par rapport à l'individu.

C'est cette partition fondamentale qui explique les deux grandes conceptions de l'histoire qui s'affrontent au terme de notre enquête: d'une part, la conception selon laquelle le sens de l'histoire se constitue et peut, par là-même, être saisi à partir d'un lieu absolu: raison ou conscience de classe prolétarienne. D'autre part, la conception selon laquelle l'individu, qui ne peut jamais définir qu'un lieu relatif, ne peut, par là-même, qu'attribuer un sens — parmi l'infinité de sens possibles — à une histoire — parmi l'infinité des histoires possibles —.

Banfi a signalé l'« analogie empirique » qui sous-tend chez Husserl une véritable « cristallisation métaphysique » de la pensée: « ... l'idée limite de l'universalité et de l'autonomie rationnelle est transposée en un concept représentatif et ce dernier est contaminé par une intuition empirique [77]. » Mais chez Lukàcs aussi, l'idée « limite » d'une totale auto-détermination humaine apparaît semblablement transposée en un concept « représentatif » : soit sous la forme de raison, soit sous celle de conscience prolétarienne, il s'agit, en effet, dans les deux cas, de la traduction d'un caractère processuel dans la substantialité d'un être. Et c'est cette substantialité qui sous-tend, à son tour, la conception d'une histoire unitaire, progressive, unidirectionnelle, cumulative et homogène.

20. SUJET ET DISCOURS HISTORIQUE.

Faut-il donc abandonner la notion de sujet et se satisfaire d'un pluralisme du sens qui retire au savoir de l'histoire toute possibilité d'une objectivité ?

Si nous postulons l'identité *partielle* entre le sujet et l'objet [78], le sujet apparaît d'une part comme plongé dans un réseau de déterminations historiques dont il peut changer le cours seulement dans une certaine mesure — bien que, peut-être, d'une façon toujours croissante —; il apparaît donc, d'autre part, comme producteur de systèmes qui ne recouvrent pas le domaine entier de la détermination historique.

Mais quel peut être alors ce lieu privilégié où le sujet se dévoile comme produit et producteur d'une histoire qui n'est jamais ni le seul réceptacle des significations ni la source pure du sens, sinon le discours historique lui-même ?

« ... le langage est la conscience réelle, pratique, existant aussi pour d'autres hommes, existant donc alors seulement pour moi-même aussi [79] [...]. » C'est donc d'abord par la mise en ordre que seul le langage, par sa nature même, est susceptible d'effectuer que le sujet peut dégager son identification au milieu des choses et des rapports qu'elles entretiennent, bref se constituer et se manifester en tant que tel. C'est ensuite par cette situation à laqulle il accède, grâce au discours historique qu'il compose, que le sujet peut articuler sa propre demande et, ce faisant, fixer la condition d'une production historique qui lui était interdite tant qu'il restait caché ou absent dans un tissu inextricable d'événements.

C'est donc en devenant historien au sens le plus large du terme, c'est-à-dire en se rapportant à une histoire qui n'est plus dès lors le seul vécu des événements mais leur prise en charge consciente, que le sujet se dévoile à lui-même en tant que tel. Mais c'est aussi de ce

---

77 A. BANFI, *Husserl et la Crise de la Civilisation européenne*, p. 423.
78 L. GOLDMANN, *Sciences humaines et Philosophie*, p. 17.
79 K. MARX, F. ENGELS, *L'Idéologie allemande*, p. 59.

lieu du discours historique qu'il se dévoile à nous-mêmes comme sujet. C'est alors que nous pouvons le reconnaître non seulement comme producteur d'une histoire — consciente autant que vécue —, mais aussi comme le produit d'une histoire qu'il assume au niveau de la réflexion pour pouvoir la maîtriser au niveau du réel.

On comprend dès lors l'impossibilité d'éliminer la notion de sujet dans un système qui ne recherche pas l'exclusion du problème de l'Histoire — c'est-à-dire du discours historique —, comme il est compréhensible que la condition suffisante pour pouvoir mettre en pratique cette élimination ne peut consister que dans le refus d'une réflexion portant sur la forme et la nature de ce genre de discours.

Il ne s'agit donc nullement et, en tout cas, il n'en est question que par voie de conséquence, du problème de l'histoire en soi: que des processus soient décelables, que des changements se produisent modifiant l'ordre et la composition du réel, bref, que des événements surviennent tant dans la nature physique que dans la société, personne ne sera tenté de le contester. Lorsqu'on parle de « peuples sans histoire », il n'est pas possible d'en parler comme de peuples qui ne connaîtraient pas le changement et resteraient en deça ou en dehors de l'ordre événementiel: aucun d'entre eux comme aucun élément du monde physique ne peut faire front à la loi irrésistible du changement des choses. Lorsqu'on parle de peuples sans histoire on ne peut se référer qu'à des peuples qui ne se sont pas engagés dans la construction d'un discours historique, autrement dit, d'un discours visant à dégager l'identification du sujet.

Cette identification est donc, d'abord, une affaire de langage parce que c'est à travers l'univers des signes que l'ordre, c'est-à-dire la signification est accordée aux choses; mais c'est plus exactement du discours historique dont il est question, parce que seul ce discours permet au sujet de sortir de la capture imaginaire — bien qu'effective — d'un langage qui le cache ou dont il est absent. Langage des mythes d'abord qui pose l'ordre événementiel dans un temps et dans un espace à jamais accessible — pour celui qui les raconte, donc qui les crée —; langage des sciences objectives ensuite dont la condition d'existence est la sujétion ou la subordination de l'ordre événementiel à celui de la règle légale, universelle.

S'agit-il cependant d'une figure unique que nous décelons dans et par le langage de l'Histoire ? Autrement dit, faut-il penser que le sujet est purement et simplement celui du discours historique en général ?

Si c'est dans le langage de l'Histoire que le sujet s'auto-dévoile et se montre à nous-mêmes en tant que tel, c'est dans un discours historique spécifique qu'il assume sa forme spécifique. Et cette assomption est inhérente à la nature même de ce discours, car l'apparition et la situation du sujet dans le discours historique ne peut se faire que par rapport à un autre, autrement dit par la négation d'un autre en tant que sujet.

Cette négation ne peut, bien entendu, être que l'énoncé d'une situation dont le langage est sa prise en charge consciente: la capture imaginaire est effective parce qu'elle est aussi une capture matérielle. Il a fallu que l'autre soit nié dans l'histoire matérielle pour qu'un discours historique puisse être formulé. Le langage de l'Histoire ne renvoie pas par conséquent à l'histoire en général mais à une histoire spécifique — à une certaine histoire matérielle — qui débute avec la négation de l'autre en tant que sujet.

Ce déplacement de l'axe problématique qui se produit avec la substitution des questions sémiotiques amène comme première et principale conséquence, d'une part à éliminer la notion de légalité au profit de celle de signification; d'autre part, à poser la signification comme notion centrale de l'analyse. Cette notion cesse dès lors d'être liée aux faits pour se définir comme ce qu'elle est au sens strict: une propriété du langage. Si une signification historique peut être rattachée à certains faits, ce sera donc dans la mesure où l'énoncé de ces faits a été inséré dans un système spécifique d'énoncés: le langage de l'Histoire. Et la spécificité de ce langage vient du seul fait que l'ordonnance des événements — la production de la signification, bref la construction d'une Histoire — est reglée par la présence du sujet. La tâche philosophique cruciale, qui s'impose dès lors et que nous ne commençons qu'à apercevoir, est d'élucider cette objectivité singulière propre au discours historique.

Le discours de l'Histoire n'est donc pas le dernier « refuge » du sujet, mais le seul parce que le véritable. Il ne peut donc non plus ne pas l'être. Mais tout comme il ne l'a pas été un jour du fait de sa non-existence, rien ne le prédestine à toujours l'être. La disparition du sujet serait alors la conséquence de la disparition du discours historique. Mais lorsque l'homme cessera de parler le langage de l'Histoire, ce sera simplement parce que l'autre aura cessé d'être nié dans l'histoire.

OUVRAGES CITÉS.

ARISTOTE, *Organon*, tome IV; *Les Secondes Analytiques*, Paris, Libr. phil., Vrin, 1947.
— *Poétique*, Paris, Les Belles-Lettres, 1932.

AYER, A. J., *Language, Truth and Logic* (1936), Londres, Gollancz, 1946.
— *Logical Positivism*, Glencoe, Ill., U.S.A., The Free Press, 1959.

BANFI, A., *Husserl et la Crise de la Civilisation européenne*, dans *Husserl*, Cahiers de Royaumont, Phil. n° 3, Paris, Les Éditions de Minuit, 1959.

BERGMANN, Gustav, *Philosophy of Science*, Madison, The University of Wisconsin Press, 1957.

BIEMEL, W., *Les Phases décisives dans le Développement de la Philosophie de Husserl*, dans *Husserl*, Cahiers de Royaumont, Phil. n° 3, Paris, Les Éditions de Minuit, 1959.

BUNGE, Mario, *Causality*, Harvard University Press, 1959.

CARNAP, Rudolph, *Der logische Aufbau der Welt*, Berlin, im Weltdreis Verlag, 1928.
— *Die physikalische Sprache als Universalsprache der Wissenschaft*, dans *Erkenntnis*, II, 1931.
— *Uberwindung der Metaphysik durch logische Analyse der Sprache*, dans *Erkenntnis*, II, 1932. *La science et la métaphysique devant l'analyse logique du langage*, dans *Act. scient. et ind.*, Paris, Hermann, 1934.
— *Psychologie im physikalischer Sprache*, dans *Erkenntnis*, III, 1932-1933.
— *Philosophy and Logical Sintax*, Londres, Kegan Paul, 1935.
— *Testability and Meaning*, dans *Philosophy of Science*, 1936-1937.

CHILD, Arthur, *Thoughts on the Historiology of Neo-positivism*, dans *The Journal of Philosophy*, vol. LVII, n° 20-21, 1960.

DILTHEY, W., *Einleitung in die Geiteswissenschaften* (1883), *Introduction à l'étude des sciences humaines*, trad. L. SAUZIN, Paris, Presses universitaires de France, 1942.

GOLDMANN, Lucien, *Recherches dialectiques*, Paris, Gallimard, 1959.
— *Sciences humaines et Philosophie*, Paris, Presses universitaires de France, 1952.

HEMPEL, Carl, *Problems and Changes in the Empiricist Criterion of Meaning*, dans *Revue internationale de Philosophie*, vol. 4, 1950.

HEMPEL, Carl — OPPENHEIM, Paul, *The Logic of Explanation*, dans *Philosophy of Science*, 15, 1948.

HUSSERL, Edmond, *Logische Untersuchungen* (1913), *Recherches logiques*, trad. H. ELIE, Paris, Presses universitaires de France, 1959.
— *Ideen zu einer reinen Phänomenologie und phänomenologischen Philosophie* (1913), *Idées directrices pour une Phénoménologie*, trad. Paul RICŒUR, Paris, Gallimard, 1950.
— *Philosophie als strenge Wissenschaft* (1911), *La Philosophie comme Science rigoureuse*, introd., trad. et commentaire par Quentin LAUER, Paris, Presses universitaires de France, 1955.
— *Lettre du 16-11-1930*, publiée par DIEMER dans *Les Études philosophiques*, 1954.
— *La philosophie comme prise de conscience de l'humanité*, trad. Paul RICŒUR, *Deucalion*, III, 1950.

— *Die Krisis der europäischen Wissenschaften und die tranzendentale Phäno-menologie*, édité par W. BIEMEL pour les Archives Husserl, La Haye, Nijhoff, 1954. *La crise des sciences européennes et la phénoménologie transcendan-tale*, première partie, trad. GERBER, *Les Études Philosophiques*, p. 127-159, 229-301, 1949 (cité sous *Krisis*).

LUKÀCS, Georg, *Geschichte und Klassenbewusstseins. Studien über marxistische Dialektik* (1923), *Histoire et Conscience de Classe. Essais de dialectique marxiste*, trad. AXELOS-BOIS, Paris, Les Éditions de Minuit, 1960.
— *Der Junge Hegel und die Probleme der Kapitalistichen Gesellschaft*, Berlin, Afbau, 1954.
— *Die Zerstörung der Vernunft, La Destruction de la Raison*, Paris, L'Arche, 1958.

MARX, Karl, *Das Kapital* (1867), *Le Capital*, trad. ROY, Paris, Éditions sociales, 1948.

MARX, Karl — ENGELS, F., *Die deutsche Ideologie* (1845-1846), *L'Idéologie allemande*, Paris, Éditions sociales, 1968.

MILL, Stuart, *System of Logic*, New-York, Harper and Bros., 1874.

NEURATH, Otto, *Soziologie im Physikalismus*, dans *Erkenntnis*, vol. II, 1931-1932.

PAP, A., *Elements of Analytic Philosophy*, New-York, The MacMillan Co., 1949.

POPPER, Karl, *Logik der Forschung* (1935), *The Logic of Scientific Discovery*, with new appendices and new footnotes, New-York, Harper & Row, 1959.
— *The Poverty of Historicism* (1944-1945), *Misère de l'Historicisme*, trad. H. ROUSSEAU, Paris, Plon, 1956.
— *The Open Society and Its Enemies*, 4ᵉ éd. revue et augmentée, Princeton, New-Jersey, Princeton University Press, 1950.
— *Three Views Concerning Human Knowledge*, dans *Contemporary British Philosophy*, H. D. LEWIS (éd.), Londres, Allen & Unwin, 1956.
— *On the Sources of Knowledge and Ignorance*, dans *Proceedings of the British Academy*, XLVI, 39, 1961.
— *The Presocratics and the Rationalist Tradition*, dans *Conjectures and Refu-tations*, New-York, Basic Books, 1963.

RICKERT, H., *Die Grenzen der naturwissenschaftlichen Begriffsbildung*, Tübingen, J. C. B. Mohr, 1929.

RICŒUR, Paul, *Husserl et le sens de l'histoire*, dans *Revue de Métaphysique et Morale*, LIV, 1949.

RUSSEL, B., *Human Knowledge*, New-York, Simon and Schuster, 1948.

SCHUTZ, Alfred, *Le Problème de l'Intersubjectivité transcendantale chez Husserl*, dans *Husserl*, Cahiers de Royaumont, Phil. n° 3, Paris, Les Éditions de Minuit, 1959.

STEVENSON, C. L., *The Emotive Meaning of Ethical Terms*, dans *Mind*, 1937.

TOULEMONT, René, *L'Essence de la Société selon Husserl*, Paris, Presses univer-sitaires de France, 1962.

TRAN-DUC-THAO, *Phénoménologie et Matérialisme dialectique*, Paris, Éd. Minh-Tân, 1951.

VON HAYEK, Friedrich, *Scientism and the Study of Society* (1952), *Scientisme et Sciences sociales*, trad. R. BARRÉ, Paris, Plon, 1953.

WAHL, Jean, *L'Ouvrage posthume de Husserl : la Krisis. La crise des sciences européennes et la phénoménologie transcendantale*, Paris, C.D.U., 1961.

WERKMEISTER, W. H., *Seven Theses of Logical Positivism Critically Examined*, dans *The Philosophical Review*, 1937.

WHITE, Morton, *Historical Explanation*, dans *Mind*, vol. 52, 1943.

WITTGENSTEIN, Ludwig, *Tractatus logico-philosophicus*, Londres, Routledge & Kegan Paul, 1951.

ZILSEL, Edgard, *Physics and the Problem of Historico-sociological Laws*, dans H. FEÏGL — M. BRODBECK (éd.), *Readings in the Philosophy of Science*, New-York, Appleton-Century-Crofts, Inc., 1953.

N.B.:   Lorsque l'édition française d'un ouvrage est citée dans cette biblio-graphie, les notes correspondent à cette édition, sauf pour la *Krisis* dont seuls les premiers paragraphes ont été édités par les *Études philosophiques.*

TABLE DES MATIÈRES

Achevé d'imprimer

aux ateliers de

L'IMPRIMERIE LE DROIT LTÉE

375, rue Rideau, Ottawa, Ont. K1N 5Y7

le 14 septembre 1973